JM190528

頭のいい人になる

具体⇄抽象

ドリル

元デロイト コンサルタント

権藤悠

はじめに

「ちゃんと考えている」の正体は「具体と抽象」

「ちゃんと考えてる？」

社会人になってから、何度も言われてきました。

たとえば、資料を上司に提出したときはこんな感じです。

私　「書きました！」
上司「矛盾が多い！」

私　「直しました！」
上司「全体の流れがわかりにくい！」

私　「流れを直しました！」
上司「構造的になってない！　まとまってない！　余計な情報が多い！」

そして、上司は言うのです。

「ちゃんと考えてる？」

新卒で入った会社で、採用人事として働いていたときも同じです。
1日13面接はして、どんどん人材を渡していました。
けれども、やっぱり言われてしまうあの言葉。

「ちゃんと考えてる？」

よく考えて推薦しろと、事業部長に怒られる日々でした。

自分としては、「え……？」という感じです。
なぜなら「自分はデキる」と思っていたから。

頭のいい人とは「具体・抽象力」がある人

受験生時代も学生時代も、それなりに成果を出してきました。だけど、今になって振り返ると、それらは圧倒的な行動力によってもたらされていただけでした。

受験勉強は、参考書の問題をひたすら解いて乗り越えました。とにかくたくさん問題を解いて、答えを覚えるんです。ちゃんと自分の頭で考えていたというよりは、体にしみこませていく感じです。

外資系コンサルティング会社であるデロイトに転職できたのも、過去問を解きまくった結果です。デロイトでコンサルタントをしていたと言うと「すごいですね」と言われることが多いのですが、実際はかなりポンコツでした。現に、冒頭でお伝えした資料の例は、デロイトに入ったころのやりとりです。

そんなポンコツぶりだったので、デロイトでは解雇寸前まで行きました。
「権藤は仕事ができないから、まずいんじゃないか」という空気が出来上がって、役員面談をすることになったのです。

　けれども、その面談で役員の方は優しく諭してくださいました。「年齢とか役職とか関係なく、周りの人ができていることを観察して、冷静にアドバイスをもらって勉強してごらん。それをやり続けたら成長するよ」と。

　それから、私はおかしなプライドを捨て、ゼロから学ばせていただくつもりで、周りの優秀な方たちを観察することにしたのです。
「頭のいい人は、どういう思考法をしているのだろう？」と。

　そして、たどり着いた答えが「頭のいい人はみんな、具体・抽象力がある」ということだったのです。

頭のいい人は、頭の中にピラミッドツリーがある

　頭のいい人の頭の中を探るにあたって、私は彼らに様々な質問をしました。

「なぜ○○さんは、そんなに速く洗練された資料を作れるんですか？」
「タスクの管理はどうしているんですか？」
「なぜああいう会議の場で、お客様に鋭い洞察を示せるんですか？」
「ふだんどんなことを考えながら仕事をしているんですか？」

　そして、その答えをひたすらメモメモメモ……。でも、その様子を見た相手からは「そのメモって量が多いから読み返せないよね？　結局忘れちゃうんじゃない？」と言われる始末。

たしかに、その通りでした。頑張ってメモしても、記憶としてなかなか定着せず、頭の中に残るのは「結局何なんだ？」というモヤモヤだけ……。

なぜそうなっていたのか、今ならわかります。**当時の私の頭の中は実に平面的だったのです。**喩えるなら、だだっ広い草原に、文字情報が散らばっている感じ。だから、**遠くまでは見えないし、必要な情報を見つけ出すのも苦労します。**

けれども、成果を出している人たちの頭の中は、それとはまったく違います。**彼らはみな、頭の中でピラミッドをイメージしていたのです。ピラミッドには引き出しのような階層がいくつもあって、どの情報をどの階層に格納するかを考えながら整理整頓していたのです。**

そのことに気づいて、私は大きな衝撃を受けました。「たしかに、頭の中にピラミッドをイメージしておけば情報を整理しやすくなるな」と。

何か新しい情報が入ってきたときに、適当に頭に入れるのではなく、すでにどこかの階層にある情報と関連付けて格納すればいいのです。

詳細はPROLOGUE以降でお伝えしますが、「具体・抽象力」とは、簡単に言うとこのように、頭の中でピラミッドがイメージできることです。

これって、オフィスのデスクと同じですよね。デスクの上に書類をただ置いていくだけだと、すぐにぐちゃぐちゃになるし、何がどこにあるかわかりません。それに対して、ちゃんと書類を分類してファイルや引き出しにしまっていけば、すぐに必要な物を取り出せるし、空間を有効に使えるからキャパシティも増えます。

それ以来、私は自分の頭の中にもピラミッドをイメージすることを心がけるようになりました。**その結果、解雇寸前だったこの私が、なんと、社内でも１％しか取れないＳ評価をいただくことができたのです**（ちなみ

にそのとき、先述の役員面談をしてくださった方から「よく頑張ったね、権藤くん」と言っていただいて、ちょっと涙が出そうになりました）。

具体・抽象力があると人生が豊かになる

　というわけで、私はもともと優れた思考力があったわけではありません。けれども、周りの優秀な方々の思考法を観察し、分析し、実行することで、大きく成長できたと感じています。

　その結果得た、最も大きな恩恵は、人生が楽しくなったことです。

　もともとやる気はあるので行動力はありました。けれども、それは結局、誰かに操作されていたに過ぎなかったんです。「議事録を取っておいて」「会議室を片づけておいて」など、言われたことをその通りにしかできない。相手の意図や物事の本質を見抜けず、具体的に指示されたことしかできない。そんな私は、ただ操作されるだけ、代わりはいくらでもいるモブキャラのようなものでした。

　でも、今は違います。自分が主体となって、物事を、人生をコントロールすることはできるんだという実感があります。これは決して、自分自身の能力が上がって一人でなんでもできるようになったということではありません。むしろ逆です。

　これまでは、なんでも自分一人でやろうとして、ひたすら行動していました。でも、やっぱり自分一人でできることって限られるんですよね。それを自覚したうえで、他の人の力を借りる。「今足りないのはこの力だから、あの人の力を借りよう」というふうに、状況を俯瞰できるようになりましたし、そのためのコミュニケーションも以前よりは円滑に取れるようになりました。

　私は、このように具体・抽象力の大切さに気づいたおかげで、仕事のや

りがいや人生の充実感が右肩上がりで増しています。

　本書に、それを叶えてくれたエッセンスをぎゅっと詰め込みました。

「あるある」な悩みをドリル形式で62問掲載

　本書は、特にこんな方におすすめです。

- 頑張っているのに、なぜか成果が出ない
- 人から「説明がわかりにくい」と言われる
- 会話がかみあわないことが多い
- 交渉が苦手
- 部下に適切な指示を出せない
- 新しいアイデアが浮かびにくい
- 資料作成に時間がかかる
- 日々、やることや考えることが多すぎてパンク状態
- もっと効率的に時間を使いたい

　これらの悩みを解決に導く思考力クイズを、ドリル形式で62問掲載しています。難易度も★～★★★★★で設定し、多忙なビジネスパーソンがスキマ時間に取り組みやすいように構成を工夫しました。問題文のシチュエーションも、日常生活やビジネスシーンの「あるある」を取り上げているので、登場人物になりきって楽しく解いていただけると自負しています。

　また、「頭がいい人は、頭の中にピラミッドツリーがある」というのはどういうことかがわかるように、なるべく図を用いて解説をしています。

　1日1問解くだけでも、確実に力がつきます。あなたのペースで気軽にトライしてみてください。

Contents

目　次

PROLOGUE
なぜ「具体と抽象」が 大切なのか？

PART 1
具体化思考ドリル

PART 2
抽象化思考ドリル

PART 3
具体 ⇄ 抽象ドリル

なぜ「具体と抽象」が大切なのか？

「具体化思考」って、なんだ？

「具体化思考」とは、言葉や事柄の構成要素を分解する思考法です。**ピラミッドツリーを下に作っていくイメージ**です。物事がどんどん細分化していったり、横に枝分かれしていったりすることで、抽象的な物事を細かく分解し、鮮明にすることができます。

　本書では、具体化思考をさらに４つに分けています。この４つの要素をドリルで解いていくことによって、具体化思考がまるっと身につくことを目指しました。

　本書が定義する具体化思考はこの４つ。

- ・分解思考
- ・相違思考
- ・分析思考
- ・推定思考

　一つずつ説明していきます。

細かく分ける「分解思考」

　分解思考というのは、**言葉や物事を細かく分けていく思考法**です。定義は具体化思考そのものとほぼ同じであり、具体化思考の本丸と言えるでしょう。

【具体化思考】

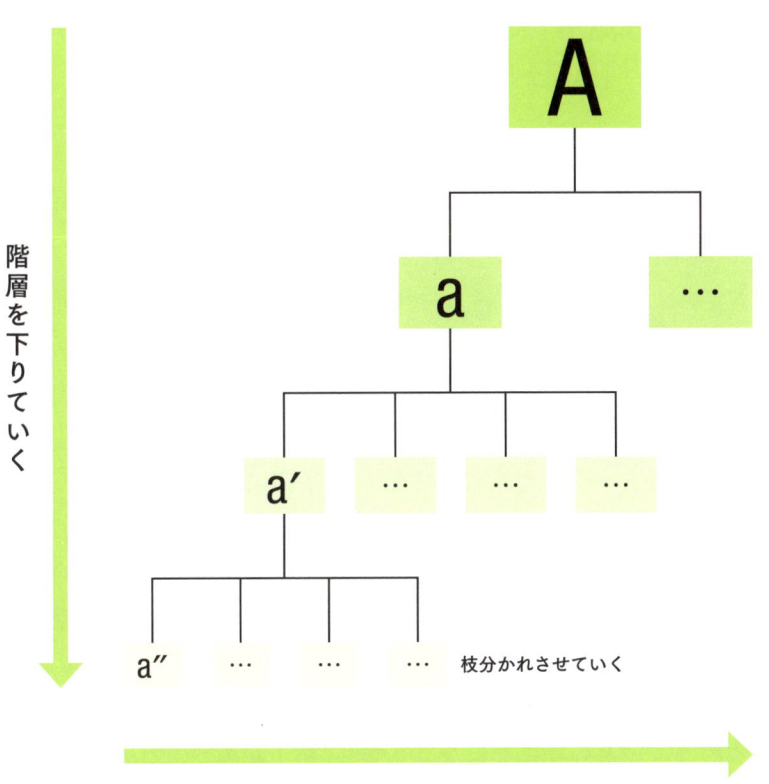

階層を下りていく

枝分かれさせていく

抽象的な物事や概念が鮮明になる

　たとえば、「昆虫」というものを分解すると、チョウやハチ、テントウムシなどに分解できます。「昆虫」が頂点にあるピラミッドから、一つ下の階層に下りるイメージです。

そこに位置するものたちもさらに分解できます。「ハチ」を分解すると、スズメバチやアシナガバチ、ミツバチなどに分けることができます。これは、ピラミッドでいうと３つ目の階層に位置します。

　これは無機的な例なので、ある程度知識がないとできない面はあります。けれども、「分解思考」で最も大切なのは、ざっくりした抽象的な物事を細かく分けていく感覚を身につけることです。

　ビジネスシーンにおいては、抽象的な課題に頻繁に出くわします。「環境に優しい新製品の企画書を出して」とか「いい感じに進めておいて」とか。「え？　環境に優しいとは？」「いい感じとは？」というふうに、ふんわりしすぎていて考えようにも考えられないことって、たくさんありますよね。あるいは、「なんか最近調子が悪い」というように、対自分においても抽象的な課題にぶち当たることはよくあります。

　いずれにおいても、分解することが解決の糸口になります。たとえば「環境に優しい」であれば、再生可能な素材を使うとか、長持ちする設計にするとか、色々なアプローチに分解できます。「いい感じ」の場合は、重視すべき点や期限を確認したりして、相手が思い描いている「いい感じ」の構成要素を細かく見ていくと、「いい感じ」の解像度が上がります。また、調子が悪いというのが、具体的には頭が痛いということなのであれば、頭痛薬を飲めばよいということになります。「調子が悪い」という抽象的な状態を、「頭が痛い」というふうに分解するわけです。

　このように、抽象的な言葉や事象、概念など、それだけではふんわりしていてよくわからないことは、細かく分ければ対処しやすくなります。つまり、分解思考は、具体的な思考・行動・実践に移す足がかりになる思考法だということです。この思考を使わないと、漠然とした状態のままになってしまうので、行動につながりにくくなり、当然、結果も出にくくなります。

違いを探す「相違思考」

「相違思考」は、**違いを探す思考法**です。たとえば、合コンに参加したとします。自己紹介をするときに、男性の参加者は自分を含めてみんなマッチョだとしましょう。そうすると「趣味は筋トレです」と言っても、あまり個性をアピールできません。なぜなら、残りの男性たちもおそらく似たような趣味を持っているからです。そんな中、バキバキのマッチョなのに「趣味は読書です。最近感銘を受けた本は、ドストエフスキーの『罪と罰』です」なんて言う人がいたら、存在感は一気に際立つでしょう。

要するに、単体だと特徴が見えにくいものを、あえて他のものと比べて「違いを見つける」ことで、特徴を浮き彫りにするのです。 これができるようになると、自分の強みを見つけたり、自社の製品の良さを見つけたりして、差別化できるようになります。日々の仕事の人事評価に活用できる考え方や、就職や転職活動でも使えますし、仕事なら商品のPR等にも使えます。反対にこの相違思考ができないと、行動や表現がありきたりになってしまうので、大勢の中で抜きん出ることが難しくなります。

特性を明確に理解する「分析思考」

「分析思考」は、**分解思考と相違思考の両方を使って、物事の構成要素や関係性、特性を明確に理解する思考法**のことです。たとえば、営業成績がふるわないときに、課題を分解したり、優秀な人との比較などを通して、どうすれば成績を伸ばせるのかという道筋を描くようなイメージです。つまり、分析思考は課題解決のためのスキルだということ。分析思考ができないと、壁に当たったときにどうすればいいかわからず、挫折しやすくなると言えるでしょう。

不確実な問いに仮説を立てて答えを導く 「推定思考」

「推定思考」は、**抽象的な問いや材料の少ない問題に対して、自分なりの推察、仮説をもとに具体的な状況をイメージして課題を解決する思考法**です。これは、外資系のコンサルティングファーム企業や金融企業、IT や総合商社などの採用試験で問われることが多い思考法で、いわゆる「フェルミ推定」と呼ばれるものです。

　たとえば、「日本に電柱は何本ありますか」というような問題が出された場合。実際は、こんなことは調べないとわかりません。でも、面接官が問うているのは正確な答えではなく、どのようなプロセスで答えを導き出すかという頭の使い方です。日本にある電柱の数を出すためには、身近な事例から自分の中で仮説を立て、少しずつそれを積み上げていき、おおよその答えを出すしかありません。具体的には、日本は47都道府県あるよなぁ→そのうちの一つを例にとって考えてみよう→日本の平均的な都道府県はどこだろう？→東京や大阪は大きすぎるし、鳥取や島根は小規模すぎる。だから○○を基準にして考えてみよう→その都市は何人ぐらいが住んでいて、どのぐらいの間隔で電柱があるんだろう……。こんな感じで、ざっくり仮決めしながら答えをたぐりよせていくのです。

　このプロセスにおいては、要素を分解したり、他との違いを比べたり、分析したりするので、「推定思考」は、具体化思考の総決算だと言えるでしょう。

【具体化思考の種類】

	説　明	この思考ができるとどうなるか	この思考ができないとどうなるか
分解思考	言葉や物事を細かく分けていく思考法	・物事の鮮明なイメージを言語化できる ・相手に伝わりやすくなる ・抽象的な事柄から具体的な思考・行動・実践に移せる ・数字や定量・定性、プロセスに落とせる	・頭の中がモヤモヤしている ・漠然とした行動になり成果が出にくい ・細かいプロセスに分けられず、目標が現状とかけ離れてしまう ・行動が進まない
相違思考	違いを探す思考法	・他の事柄と比較することで、そのものならではの特徴を浮かび上がらせることができる ・差別化できる ・自分の強みがわかる ・新しいアイデアやアプローチが生まれやすい	・表現がありきたりになる ・行動が似たりよったりになる ・個性を発揮しにくい ・他者との違いに気づきにくい
分析思考	分解思考と相違思考の両方を使って、物事の構成要素や関係性、特性を明確に理解する思考法	・目標を明確に描ける ・課題を解決できる ・意思決定の精度が上がる ・チームとの連携が円滑になる	・目標が曖昧なため、途中で方向性がぶれやすい ・同じ問題を繰り返す ・意思決定がそのときの気分で決まる ・チームでの認識のズレが生じやすくなる
推定思考	抽象的な問いや材料の少ない問題に対して、自分なりの推察、仮説をもとに具体的な状況をイメージして課題を解決する思考法	・ぱっと聞いただけではわからないことを自分なりに推定できる ・仕事を推し進める力が上がる ・仕事に対して主体的になる	・わからないからできないという思考停止状態になる ・指示がないと動けない

　推定思考ができるようになると、未知の抽象的なことに対しても、仮説を立てながら実行、改善して物事を進めていけるようになります。反対に、推定思考ができないと、わからないからできない、進まないということになります。ビジネスシーンではスピードが重視される場面も多いので、仮決めして進めていく力がないと、チャンスを逃しかねません。

「抽象化思考」って、
なんだ？

「抽象化思考」というのは、**共通点を見つけるということが軸となる思考法**です。言葉や事柄の共通点を探すことによって、より上位の概念へ集約していったり、個別具体に枝分かれしているものをグルーピングしたりします。抽象化思考が身につくと、データの中からパターンや傾向を発見できるようになるので、鋭い洞察力が手に入ります。「つまり、こういうことだよね」というように、本質を見抜けるようになるのです。

　本書では、抽象化思考を4つに分類しています。

・共通点思考
・分類思考
・要点思考
・法則思考

　一つずつ、説明していきましょう。

隠れた共通点を見つける「共通点思考」

「共通点思考」は、**ものとものの間に隠れている共通点を抽出する思考法**のことです。

【抽象化思考】

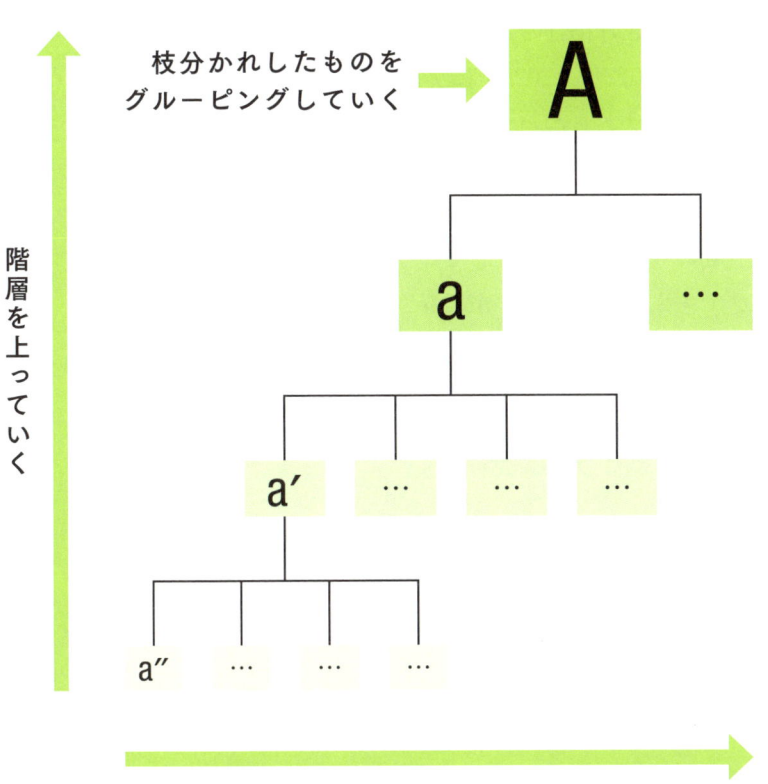

枝分かれしたものを
グルーピングしていく

階
層
を
上
っ
て
い
く

個別具体な事象のキモが明確になる

　たとえば、スズメバチ、アシナガバチ、ミツバチという言葉からは、「ハ
チ」という共通点を見つけることができます。個別具体な物事の共通点を
見つけて、一つ上の階層に上がり、抽象化するイメージです。具体化思考

で説明した「分解思考」の真逆となる頭の使い方だと思ってください。

「共通点思考」は無機的な例だけではなく、もちろん日常やビジネスシーンにおいても役立ちます。たとえば、「ハット首脳会談」というプロジェクトをご存じでしょうか。これは、ピザハット、イエローハット、リンガーハットの3社が、8月10日の「ハットの日」を盛り上げるためにコラボしたというもので、2022年と2023年に実施されました。この3社の共通点は、お察しの通り「ハット」という言葉です（ちなみに、2024年は「ハト」もOKになったようで、「ハトのマークの引越センター」も仲間に加わっていました）。

「ハット」という共通点に着目してコラボレーションをするなんて、とてもユニークですよね。単純ですが、なかなかない発想だと思います。

　共通点思考があれば、こんなこともできてしまうのです。

整理整頓する「分類思考」

「分類思考」は、**グループにして整理整頓する思考法**です。またの名を「ファイリングする思考法」と言います。たとえば、パソコンのデスクトップに「A社：スケジュール」「A社：企画書」「A社：担当者一覧」というファイルがあったら、「A社」というフォルダを作ってそこにひとまとめにするイメージです。

　分類思考が身につくと理解力が上がります。物事を整理整頓できるから、「これはあれと同じことだな」と、すんなり頭に入ってくるのです。また、記憶力も良くなります。仮に情報が30個あった場合、一つ一つ覚えるのは大変ですが、それが大きく3つのグループに分かれていたら、断然覚えやすくなりますよね。新しく31個目の情報が入ってきたとしても、「これは2つ目のグループに分類できるな」というふうに整理できるので、記憶しやすくなります。このように頭の中で整理ができていれば、必要なときにその都度パッと取り出せるので、仕事のスピードも上がるでしょう。

　逆に、分類思考ができないと、頭の中がすべて箇条書きになっているので、量が多すぎて覚えられず、ミスも発生しやすくなります。以前の私はメモ魔でしたが、その理由は分類思考ができていなかったからだと思います。ミスをするのが怖くて、とりあえず全部メモを取る。だけど、メモの枚数が増えるだけで、頭にちっとも入らないし、まったく同じ場面なんて普通は来ないので、メモの使い道もない。本当に空回りしていたと思います。でも、分類思考が身につけば、かつての私のような方も大丈夫。段々頭の中にフォルダが出来上がり、パターンを振り分けるようになり、タスクを構造的に覚えたり、一見様々に起きている課題の対処法を見出すことができます。ドリルを解いて力を磨いてください。

「つまり、○○だ」を導き出す「要点思考」

　「要点思考」は、**具体的な情報をもとに、物事の芯となる部分を抽出する思考法**のことです。たとえば、上司から長々と指示をされたときに、結局何を大事にすればいいのかを考える。あるいは、メールを送るときに件名を考える。要するに「つまり、○○だ」と考える思考法だということです。

　「つまり、○○だ」ができるようになると、コミュニケーション力も上がります。というのは、結論から伝えられるようになるからです。プレゼンテーションなどでも、結論を先に言うことが推奨されていますよね。結論を先に言うことによって、聞き手はその後の説明が頭に入りやすくなるからです。頑張って伝え方の勉強をして「結論を先に言うことが大事」という知識を得たところで、自分の中で要点を抽出できていなければ実践しようがありません。人から説明がわかりにくいと言われる人は、伝え方の勉強をする前に、自分の中で「つまり、○○だ」を抽出する要点思考を磨くことが欠かせないと言えるでしょう。

　また、要点を見抜けるようになると、**自分が注力すべきことがわかる**と

いうメリットもあります。たとえば「電話は嫌いだけどメールは平気」「プレゼンは苦手だけど企画書は褒められる」という人がいた場合、この人は「つまり、書くことが向いている」と推察できます。それがわかれば、営業をするにしても電話をかけまくるのではなく、提案書をメールで送るなど、その人の強みを活かした戦術が取れるようになるでしょう。

成功する法則を導き出す「法則思考」

「法則思考」というのは、**成功する法則を導き出す思考法**です。たとえば、「自分は営業成績が悪いから、良い人の真似をしよう」と思ったときに、法則思考がないとたとえば「ナンバーワンの人の服装や髪型、持ち物などを徹底的に真似しよう」という発想になります。しかし、これはただ外見の真似をしているだけで、実に表面的です。そのナンバーワンの人はそれが合っていたのかもしれないけれど、自分に合うかはわかりません。だから、やってみて合わないとわかったら、また別の優秀な人を真似る、それも合わなかったらまた別の人を真似る……という、具体的な行動を積み重ねることになるでしょう。これでは、時間も労力も大幅にロスしてしまいます。

　いっぽう、法則思考を使うと、このような発想になります。

「うまくいっているトップ5の人の共通点を探そう」

【抽象化思考の種類】

	説　明	この思考ができるとどうなるか	この思考ができないとどうなるか
共通点思考	ものとものの間に隠れている共通点を抽出する思考法	・物事の本質を理解しやすくなり、理解の幅が広がる ・異なる領域にある知識をつなげることで、アイデアや解決策が生まれやすくなる ・情報を体系的にまとめられる ・他人と共通の話題を見つけることでコミュニケーションが円滑になる	・知識が断片的になりがち ・異なる分野で得た知識を活用できず、応用力が低くなる ・情報が細分化されすぎているため、物事の全体像を把握できない ・他人と距離感が生まれやすい
分類思考	グループにして整理整頓する思考法	・理解力が上がる ・記憶が定着しやすくなる ・優先順位をつけるのがうまくなる ・問題が発生したときに、どこから手をつければいいかわかる	・頭の中が全部簡条書きで整理されない ・うっかりミスをしやすい ・物理的にも片づけが苦手 ・大事なことがパッと出てこない ・全体像が把握しにくい
要点思考	具体的な情報をもとに、物事の芯となる部分を抽出する思考法	・何に注力すればいいかがわかる ・相手に要点から伝えることができるのでコミュニケーションが円滑になる ・効率的に行動できる ・ミスを防ぎやすくなる ・プレゼンや報告がうまくなる	・物事のポイントがわからない ・応用が利かない ・優先順位をつけにくい ・話に説得力が生まれない ・目的を達成しにくい
法則思考	成功する法則を導き出す思考法	・洞察力が得られる ・物事の本質を見極められる ・パターンや傾向を発見できる ・重要な要素や関係性を見つけ出せる ・独自の発想が持てる	・わからないからできないという思考停止状態になる ・指示がないと動けない

その観点で調査をすることで、たとえば、うまくいっている人は必ず、

・事前に相手を調べておき、商談の最初5分でなぜ相手に自分が会いた

かったかや、相手の考え方の何が素敵かを述べている
・商談の半分を「顧客が何をしたいか聞く時間」にしていて、構造を整理して話していた。結果、提案の時間は全体の1/4に満たなかった

→結果、数十分で信頼関係を構築し、相手のしたいことを引き出しやすくし、鋭く深い提案につなげられている。
などを見出せるでしょう。

このやり方であれば、優秀な人たちの行動や考え方など、キモとなる部分を見つけることができるので、普遍的ですし、応用が利きます。逆に「うまくいっていないワースト5の人の共通点を探す」ことで、失敗防止策が見えてくるでしょう。

「具体⇄抽象思考」って、なんだ？

「具体⇄抽象思考」というのは、**具体と抽象を行き来する思考法**のことです。解決したい状況や伝える相手に応じて何が大切なのかを見極めて、具体と抽象を行き来しながらピントを合わせるのです。

　たとえば、部屋を散らかしっぱなしの子どもがいたとして、親が「部屋を片づけなさい」と怒ったとします。でも、何度言っても子どもは「もう片づけたよ」と片づけようとしない。そこで今度は「人形は上から2段目の引き出しに入れて、ブロックは3段目の引き出しに入れてごらん」と言ったとします。すると子どもはちゃんと片づけることができた……。

　この事例から何を言いたいのかというと、この親は、まさに具体⇄抽象思考を使っているということです。「部屋を片づけなさい」という言葉は抽象的です。子どもは「部屋は片づいている」という認識ですが、まだ床に人形やブロックが置いてある。具体的に言わないと伝わらないことが多いのです。つまり、このとき親が見ている世界（抽象）と、子どもが見ている世界（具体）は異なっていたということ。そこで、子どもが見ている世界にピントを合わせるために、親は具体の世界に下りてきて、具体的にやり方を伝えたのです。そのうえで一緒に部屋を見ながら親から「今の床にも机にも何もない状態を『部屋が片づいた状態』と言うんだよ」と伝え、子どもが具体的に理解することで初めて「部屋が片づいた状態」という抽象的な言葉への解像度が二者間で揃うのです。

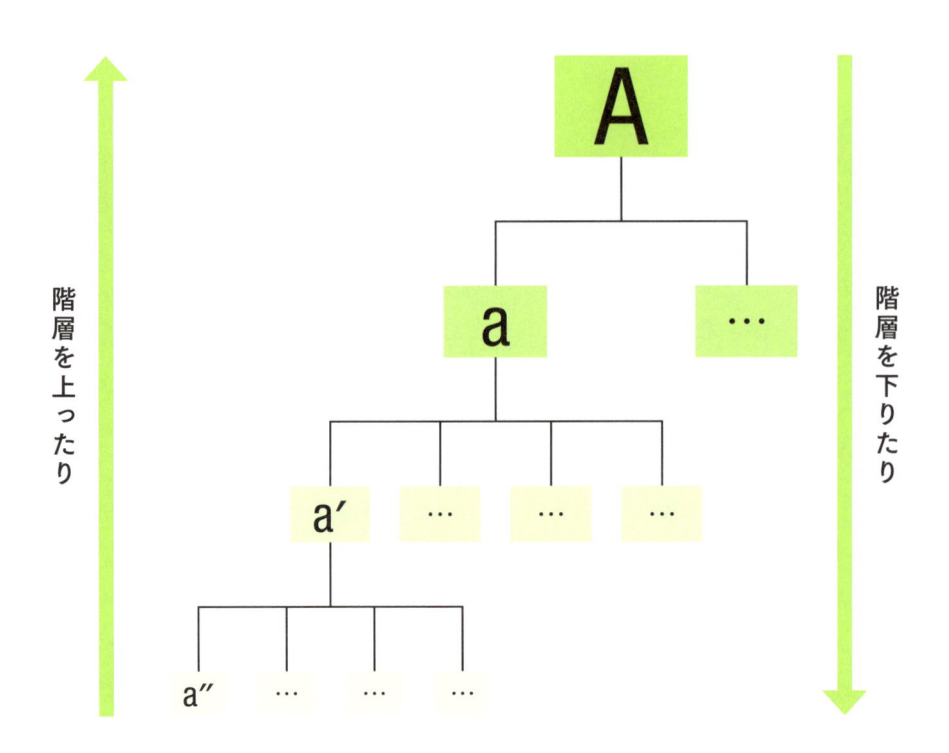

【具体⇄抽象思考】

具体と抽象を行き来することで
ピントが合う

　実際に著者の娘とのやりとりでも解像度を揃えながらコミュニケーションを取ることを大事にしています。

　このように、**具体⇄抽象力があると、解像度を揃えることができるため、状況に応じて適切な対策が取れ、コミュニケーションが円滑になるという**

メリットがあります。 また、実務面でもターゲットが求めていることにピントを合わせて商品開発を行えるようになるなど、広い範囲でメリットがあると言えるでしょう。

　本書では、具体⇄抽象思考を以下の４つに分けています。

・メタ認知思考
・説明思考
・比喩思考
・具体→抽象→具体思考

　一つずつ説明していきます。

自分を客観視する「メタ認知思考」

「メタ認知思考」というのは、**自分が見ている世界を客観的に見る思考法**です。自分自身も、そのときどきに応じて、具体の視点で見ていたり、抽象の視点で見ていたり、ピラミッドツリーのどのレベルにいるかは異なります。それを客観視するのです。

　たとえば仕事でうまくいかないときに自分を客観視してみる。すると、「具体的なことにとらわれすぎていたから、もう少し抽象の視点で見てみよう」とか、「抽象的にしか理解していなかったから、具体の世界へ下りていって行動に落とし込もう」など、自分の行動を振り返りやすくなります。また、自分を客観的にとらえることで「他者から見ている自分」も見えてくるので、たとえば自分では良かれと思っていた行動が、他者からするとありがた迷惑だったと気づくなど、他者との認識のズレを解消することにも役立ちます。

　メタ認知思考ができないと、気付きを得られずにぐるぐる同じところを

回ってしまうことになります。そのため、仕事の成果や、自分自身の成長になかなかつながらないと言えるでしょう。また、自分を客観的に見られないがゆえに、空気が読めない言動をしてしまう恐れもあります。

相手が見ている世界を見る「説明思考」

「説明思考」というのは、相手が見ている世界にピントを合わせて、自分が伝えたいことを伝える思考法です。たとえば、営業部がシステム開発部に、顧客のニーズに合わせたシステムを開発してほしいとお願いするとします。このとき、営業部の人間が、「今月中に○○と△△な機能があるシステムを作ってほしい」と伝えるだけでは、相手は YES と言いにくいでしょう。なぜなら、営業部の人間は「○○と△△な機能」という抽象の世界を見ていますが、システム開発部の人間は専門家です。それゆえ、具体の世界が鮮明に見えています。その結果、「○○の機能を開発するためには□□と××を作る必要がある。□□には10日かかって、××には7日かかる。だからスケジュール的にきつい。無理」という判断に至るかもしれません。

　そこで大切になってくるのが「説明思考」です。先の例で言うと、システム開発部の人間が見ている具体の世界にピントを合わせて、相手に寄り添う形でお願いし、自分たちがシステム開発部ほど要望の具体が見えていないことを前提として相談をするのです。簡単に言うと、相手の目線に立って説明、力を借りる、ということです。「説明思考」が身につくとコミュニケーションを工夫できるので、仕事や物事を円滑に進められるようになります。段々と相手の具体の世界をとらえ、同じ目線の解像度で議論ができるようになります。

ものや経験に喩えて表現する「比喩思考」

「比喩思考」というのは、抽象的な概念や複雑な感情を、具体的なものや

経験に喩えて表現する思考法のことです。たとえば、サッカー好きな外国人の友達に「武士道」を説明する場合。武士道で重んじられている「正直であること、弱い人を助けること、自分の行動に責任を持つこと」をもとに、「武士道は『サッカーのフェアプレー精神』のようなもの」と喩えるような感じです。このように、相手にも自分にも共通のわかりやすい事柄に置き換えることで、「ああ、そういうことか」と相手に鮮明にイメージをしてもらうことができます。

「比喩思考」は、1対1の対話はもちろん、スピーチや講演などの多数の聴衆に向けた場において、大いに役立つ思考法です。先ほどの「説明思考」は、相手が見ている世界に寄り添う必要がありました。そのため、10人いて、それぞれ違う階層のレベルを見ている場合はピントを合わせるのが難しくなります。それに対して「比喩思考」は、共通する事柄を用いるので、誰もが鮮明にイメージすることができます。説明が上手な人は「たとえば」をよく使います。それによって、納得感と共感を得やすくなるからです。**「比喩思考」ができないと、伝わりにくいために共感を得られず、相手からすると他人事になりがちです。**そのため、何かをお願いする場面においても、なかなか行動に移してもらえません。

課題解決・目標達成に使う「具体→抽象→具体思考」

「具体→抽象→具体思考」というのは、**エレベーターのように具体と抽象を行き来したり、具体A→抽象→具体Bへ下りてくるというように、ピラミッドツリーを循環する思考法**のことです。たとえば、前者のエレベーターのような使い方としては、資格試験に合格したいときを例にするとわかりやすいかもしれません。資格試験に合格するためには、自分の状況を分析して（具体化）、洞察して（抽象化）、日々の行動に落とし込む（具体化）必要があります。自分を出発点として、最終的に自分のところに下りてくるわけです。

【具体⇄抽象思考の種類】

	説　明	この思考ができるとどうなるか	この思考ができないとどうなるか
メタ認知思考	自分が見ている世界を客観的に見る思考法	・感情のコントロールがうまくなる ・多角的な視点を持てる ・無駄な行動が減る ・自分を成長させられる ・他者との認識のズレを解消できる ・TPOに合わせた行動が取れる	・自己評価が偏りやすい ・同じようなミスを繰り返す ・他者との誤解や摩擦が増える ・新しい状況に適応しにくい
説明思考	相手が見ている世界にピントを合わせて、自分が伝えたいことを伝える思考法	・相手の理解度が上がる ・共感を得やすくなる ・不要な誤解や対立が減る ・相手の成長を促しやすくなる	・自分本位の説明になり伝わらない ・誤解や混乱を招きやすい ・信頼を損ねることがある ・話がかみあわない
比喩思考	抽象的な概念や複雑な感情を、具体的なものや経験に喩えて表現する思考法	・相手が多数でも伝わりやすい ・納得感と共感を得られる ・複雑な概念を簡潔に伝えられる ・相手の記憶に残りやすい ・相手の心に響きやすい	・相手の興味がわきにくい ・話に説得力が出ない ・共感を得られず、お願い事をしても行動に移してもらえない
具体↓抽象↓具体思考	具体と抽象を上がったり下がったりする思考法	・新しい発見やイノベーションが生まれやすくなる ・汎用的なスキルが向上する ・視点が広がり柔軟な発想ができる	・固定観念にとらわれやすくなる ・柔軟な対応がしにくい ・試行錯誤するだけで行動できない

　後者の循環型は、出発点と着地点が異なるのが特徴です。出発点は異分野（自分以外）で、着地点は自分の分野（自分）です。一見、自分とは関係がない世界の成功法則を自分ゴトとして転換し、活用するのです。エレベーター型も循環型も、これまでの思考法を土台として使うので、具体⇄抽象思考の総仕上げとなる思考法だと言えるでしょう。

「頭のいい人」とは、結局「具体・抽象力」がある人

　本書のタイトルには「『頭のいい人』になる」という言葉が使われています。さて、「頭のいい人」とはどのような人を指すのでしょうか？

- 学歴が高い人
- 知識が豊富な人
- 論理的思考力がある人
- 地頭がいい人

色々な考え方があると思います。

　どれも間違いではないでしょう。しかし私は**「頭のいい人」というのは結局、具体・抽象力がある人だと感じています。**なぜなら、「頭のいい人」というのは、様々な視点で物事を多面的にとらえ、未来を切り拓いていける人だと思うからです。

　今は、AIの発展や変化の多い世界情勢などによって、未来が見えにくい時代です。ひと昔前であれば「この流れだったらこんなふうにしたらいいよね」というように、正解が見えやすかったのに対して、現在は、何が課題か、正解かわからない中、自分で課題を見つけ出し、解決していかなくてはなりません。

ところが私たちは、学校でそんなことは習っていません。最近の子どもたちは探究学習などを通して、思考力を磨く機会があるようですが、私（30代）の時代にはそんな授業はありませんでした。

　私たち世代が学校教育で受けてきたのは、「1 + 1 = 2」という世界。問題を与えられ、そこには必ず一つの答えがあり、それを導き出すという訓練です。たしかに、これは論理的思考力を鍛えるという意味では有効です。けれども、私自身は、論理的思考力だけではビジネスシーンで壁にぶち当たってしまいました。ビジネスの現場は、数字や論理では解決できない曖昧さを大いにはらんでいるからです。ここに、論理的思考力を絶対視することの落とし穴があると感じています。

論理的思考力だけではビジネスシーンで活躍できない

　学校教育で、「1 + 1 = 2」という、答えが決まった問題をひたすら解かせる訓練は、同じ論理的思考力の人間を生産するには効率的な手法だと思います。**しかし裏を返すと、みんな同じ答えしか出すことができません。**しかも、それを今はコンピューターが簡単にやってくれる時代です。ですから、人間たる価値というものを考えると、与えられた条件をもとに、たった一つの正解を導き出す論理的思考力というものの価値は、相対的に下がっていくのではないでしょうか。もちろん、論理的思考力に長けている人は素晴らしいです。けれども、そこだけに注力していると、これからの社会を生き抜いていくのは難しくなるかもしれません。

　たとえば、大手企業の経営者など、ビジネスシーンでトップを走っている方々は、数字を見ることはもちろんですが、論理だけで物事を見ていることは少ないです。論理的思考力だけに頼るのであれば、数字を見て誰でも成功するでしょう。それが最も合理的だからです。けれども、数字に表れないこと、顧客や現場の感性や感情など、現場の声を聞かないとわから

ないこともあります。数字という表面的な部分からは見抜けなかった本質が現場の声を聞くことで見えてくることもあるでしょう。**そうやって、本当に頭のいい人というのは、マクロの世界と現場の世界、抽象と具体を行ったり来たりすることで、本質を見抜いてアクションを起こし、未来を切り拓いていくのです。**

（本論は決して「論理的思考力」そのものを否定するものではありませんし、具体・抽象力のうちに論理的思考力も含まれます。ただ、論理的思考のみにフォーカスを置くと見逃してしまう「こと」がある、という点を申し上げております。）

ちなみに、地頭がいい人というのが稀にいます。具体・抽象力とはひと味違う、頭の良さがここにはあります。しかし残念ながら、地頭の良さは先天的なものだと思います。要は遺伝です。だから、地頭がいいというのは素晴らしいことなのですが、鍛えるのは難しいと言わざるを得ません。その点、具体・抽象力は、今からいくらでも鍛えることができます。あなたが20代でも30代でも、40代でも50代でも、凝り固まった考え方をときほぐして、脳を解放してあげればいいだけだからです。それを叶えてくれる問題を、PART1・2・3に掲載しています。

具体・抽象力はGAFAやコンサルでも求められている

GAFA（Google、Apple、Facebook〔現 Meta〕、Amazon）や外資系コンサル、大手金融、総合商社などの採用試験では、ケース面接というプロセスがあります。**ケース面接で問われているのは、具体・抽象力があるかどうかです。**

どんなことが行われるのかというと、面接官から具体化、抽象化それぞれを問うような問題をパッと出されて、一定の時間が与えられた後に答えさせられる。さらに、答えを言った後に、面接官と一緒に具体抽象を使っ

てコミュニケーションを取りながら、より良い答えを作っていく。その2段構えで頭の使い方を見られています。

　たとえば、「ラーメン屋の売上を2倍にするにはどうすればいいか？」という問題が出された場合。これは売上を2倍にするということを分解しなければいけないので、具体化思考が必要です。そして、客数、単価などの要素に分解した後に、じゃあその中のどこを伸ばすんだというところで、鋭い洞察を通して成功法則を導き出さなくてはいけません。ここでは抽象化思考が必要です。このように、目的に合わせて具体抽象を行き来しながら、ソリューションを出すという形になります。

　ケース面接のポイントは、論理的思考力が求められているわけではないということです。「AだからB」がわかればいいということではなく、Aがわからない場合にどうするか、Bがわからない場合に何をするかということが問われています。だから、こちらから質問していいんです。「ラーメン屋というのは、日本の東京エリアで、たとえば神田のラーメン屋という設定でいいですか？」というふうにまずは具体化する。そうやって前提を確認しているということも評価されるわけです。

　ですから、とにかくその場で論理的思考力だけを使って答えを出せばいいということではなくて、思考プロセスの中で具体化、抽象化が使えているか、柔軟性があるかということが見られているのです。

大切なのは、自分がどこの世界の住人なのかを見極めること

　私はデロイト出身とはいえ、当時珍しい経歴（ベンチャー企業で泥臭く働いてきた経歴）だったため、運良く受かった人間です。当時の私に上記のような具体・抽象力があったわけではありません。ですから、こんな私

が具体・抽象思考について力説しても、説得力に欠けるかもしれません。

けれども、そんな私だからこそわかることもあります。あのころの自分の苦しみがわかるから、この本を作っているのです。行動力だけで乗り切っていた自分、超具体の世界の住人だった自分でも理解できるようにクイズを考えました。

本書のクイズには、簡単なものもあるし、難しいものもあります。
自力で解ける問題もあるし、一人では解きにくい問題もあります。

でも、それがドリルというものです。
難しい問題や、一人では解けない問題があったとしても、解説を読みながら頭の使い方をなぞってみてください。そうすれば、段々とその頭の使い方が自分の中で確立されていきます。

　理想は、具体化思考、抽象化思考、具体⇄抽象思考、この３つをバランスよく身につけることです。けれども、そこに完璧を求める必要はありません。大切なのは、自分はどこの世界の住人なのかを自覚することです。ドリルを解いてみて、たとえば、自分は具体化はできるけど、抽象化がうまくできないとわかれば、抽象化が得意な人と組めばいいんです。補完し合えばいいんです。

　さぁ、いよいよ次の章からドリルがスタートします。
　ドリルという特性上、正解例は載せていますが、答えは一つではありません。あなたが出す答えも、一つの答えです。**大切なのは、思考を巡らせて、ちゃんと具体的に、抽象的に、考えてみるということ。**「そう考えればいいのか」という頭の使い方を知ることです。解説を読むだけでも力はつくので、あなたのペースで進めていってください。

具体化思考
ドリル

Concrete Thinking
Drills

抽象的な言葉や事柄の構成要素を分解する。
それが具体化思考です。

頭のいい人は、曖昧な状態を放置しません。
ふんわりした言葉や、わかるようでわからない概念などを
自分なりに具体化します。

そうやって解像度を上げない限り、
適切に対応できないことを知っているからです。

この章では、下記の4つに分けて、
具体化思考を多面的に鍛え上げていきます。

・分解思考
・相違思考
・分析思考
・推定思考

それぞれを解く足がかりとなる「思考のコツ」も用意しました。
まずはこれを見て、大まかな頭の使い方をイメージしてみてください。
あくまでもイメージなので、ご参考程度に。

なお、すでにお伝えした通り、考え方は無限にあります。
この本の通りに解けなくても落ち込む必要はありません。
やってみて、頭を使う。
そのことに意味があります。

分解思考

抽象的な言葉や事柄を細かく分けていく思考。

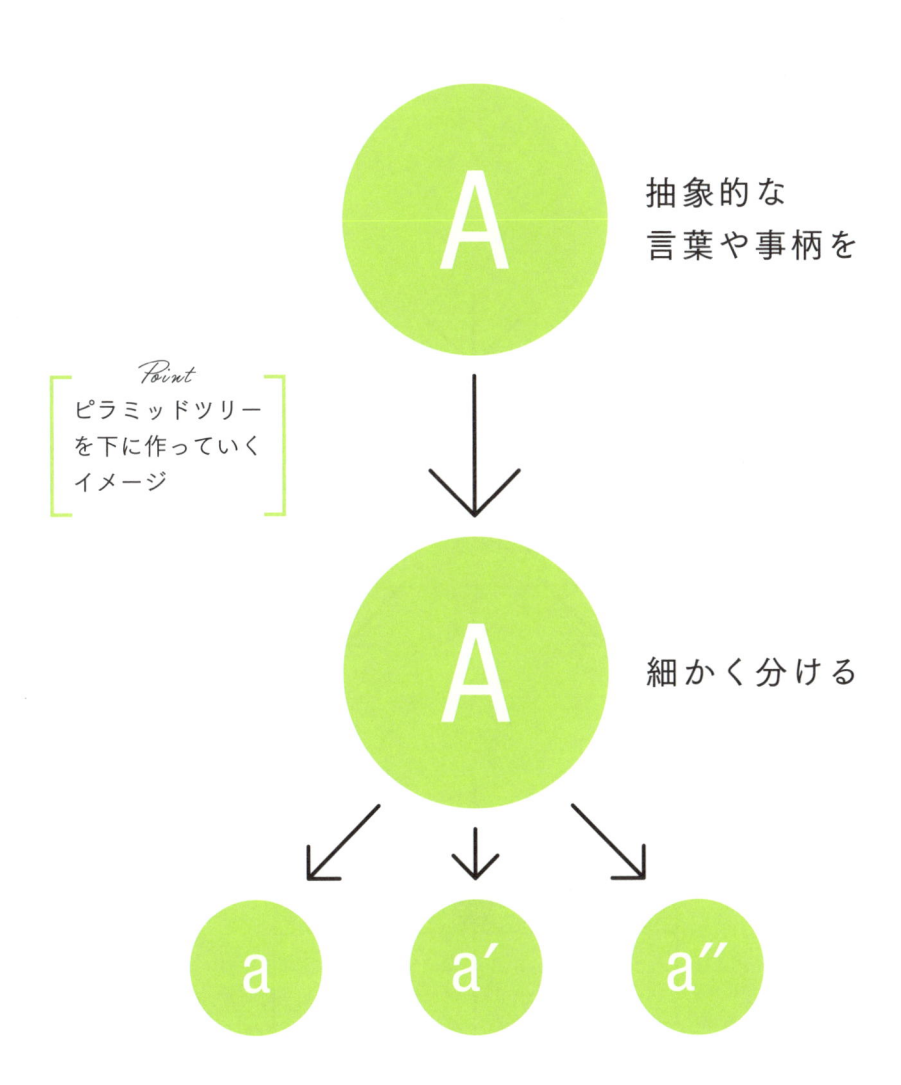

抽象的な
言葉や事柄を

Point
ピラミッドツリー
を下に作っていく
イメージ

細かく分ける

相違思考

違いを探す思考。単体だと特徴をあげにくいときに、
他のものと比較することで特徴を浮き彫りにする。

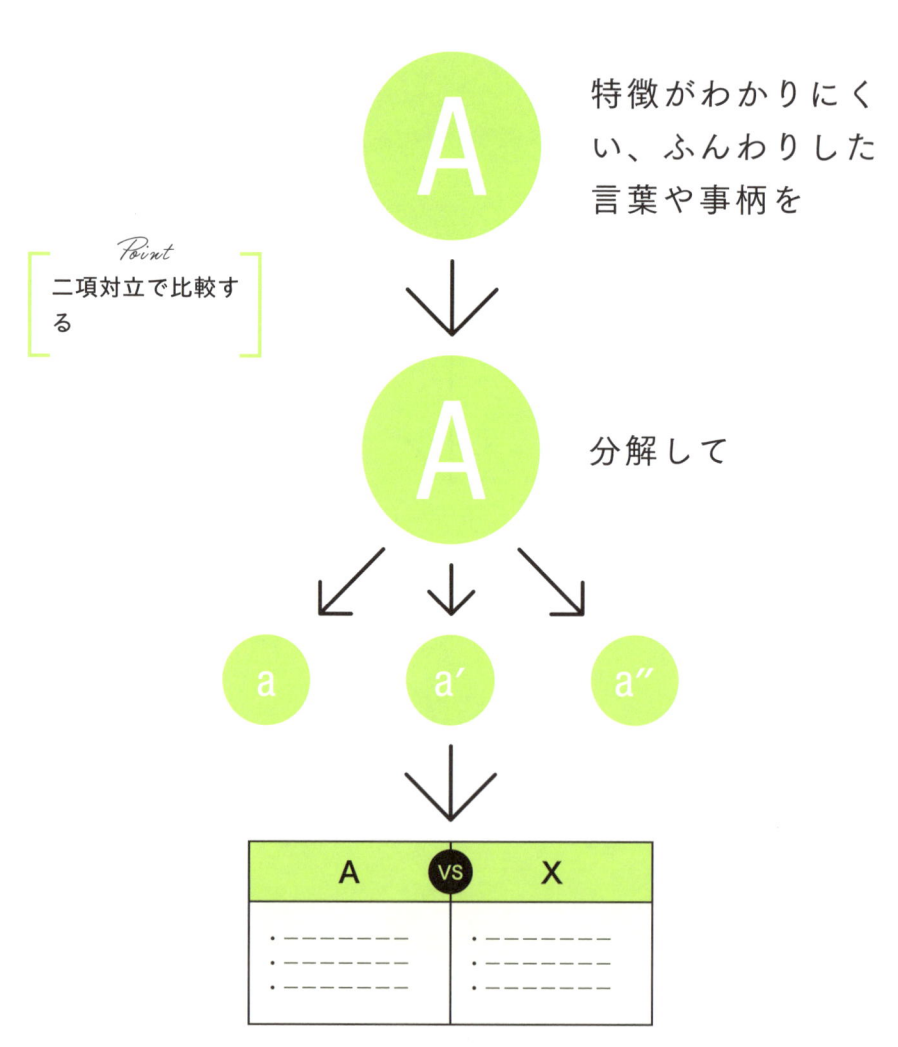

他の何かと比較する

思考のコツ

分析思考

物事を細かく分解したり、比較したりすることで、
分析したい対象の構成要素や関係性を明確にする。

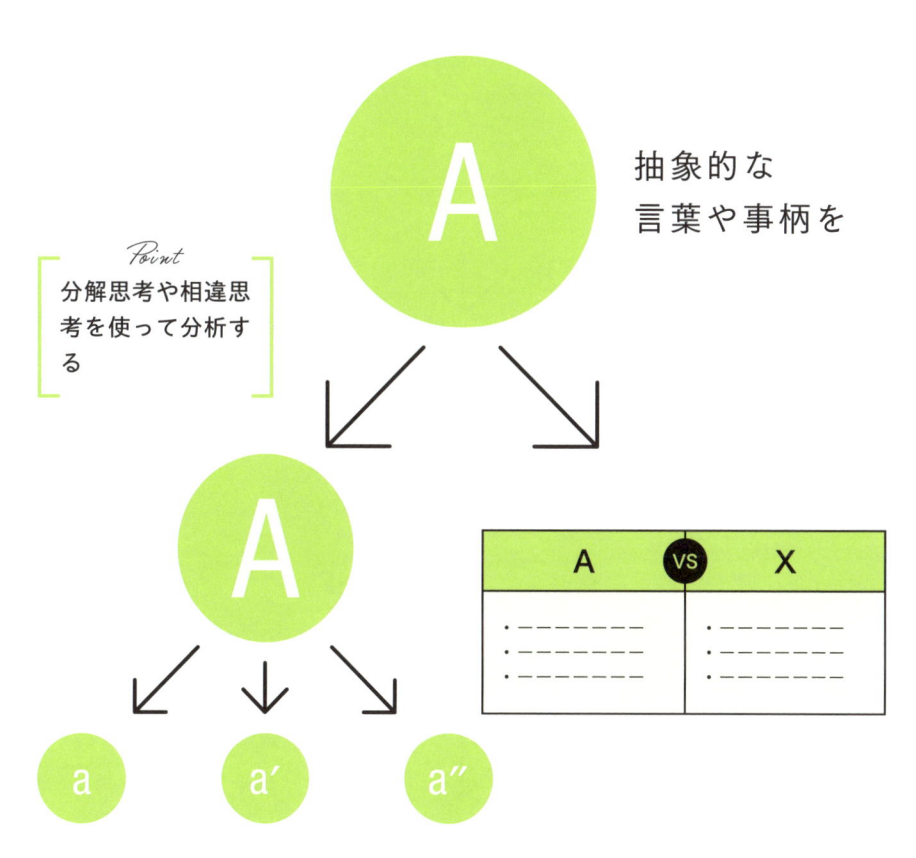

抽象的な
言葉や事柄を

Point
分解思考や相違思
考を使って分析す
る

細かく分けたり比較したりして
特性を明確にする

推定思考

抽象的な問いや材料の少ない問いを、
推察、仮定をもとに具体的にイメージしていく。

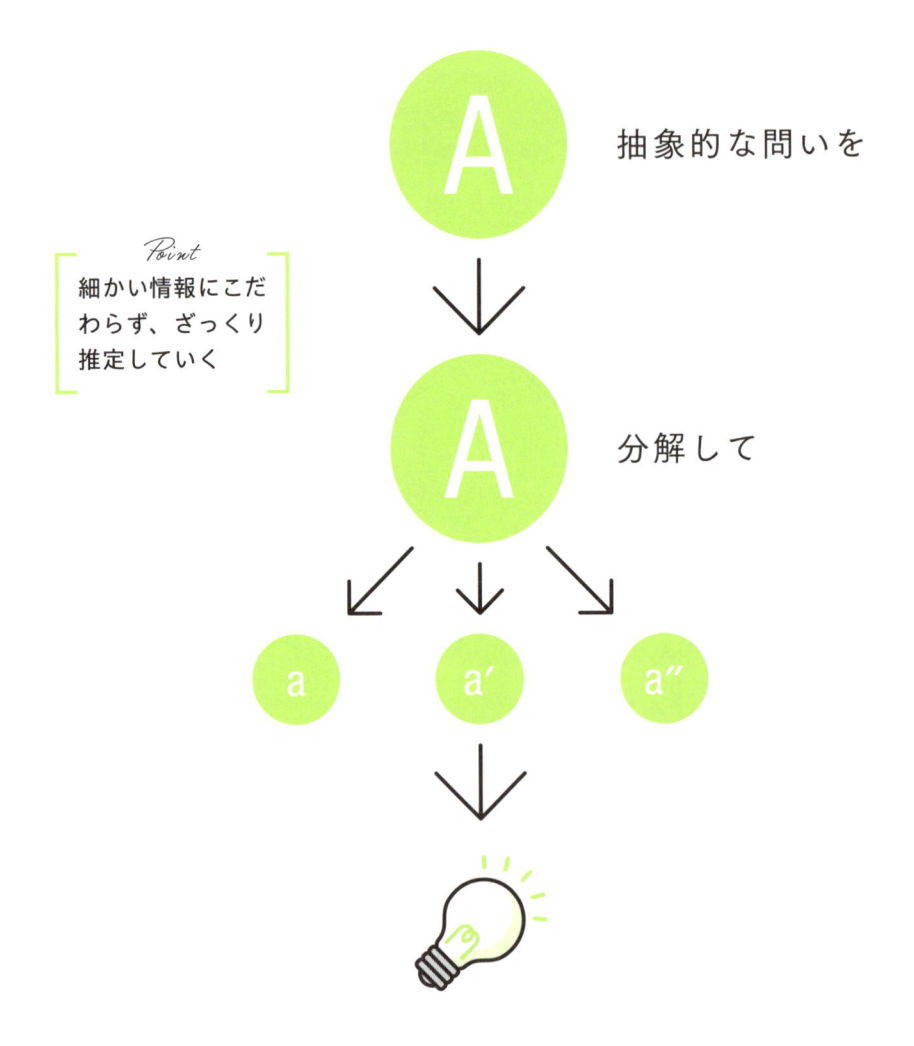

A　抽象的な問いを

Point
細かい情報にこだ
わらず、ざっくり
推定していく

A　分解して

a　a′　a″

段階的に推定していく

言葉を分解できるか？

まずは肩慣らしです。具体化思考の基本となる、
ピラミッドツリーを下に下りていく感覚を身につけましょう。

「生物」を分解できるか？

「動物が好き」「犬が好き」「チワワが好き」と言っている3人がいます。どの人の発言が最も具体的でしょう。なぜそれが最も具体的なのかがわかるように、「生物」を出発点とするピラミッドツリーを作成してください。

抽象的な物事を、違うもので分ける

　問題文にある３人のうち、最も具体的な発言は「チワワが好き」である
ことは簡単にわかると思います。なぜなら、固有名詞だからです。さっそ
く、「生物」から「チワワ」という固有名詞に至るまでのピラミッドツリー
を作成してみましょう。**大切なのは階層を意識することです。**生物を分解
していく場合、まずは「動物」「植物」「菌類」……に分けることができます。
さらに、このうち「動物」を分解すると「哺乳類」「魚類」「鳥類」……に
分けられます。さらに、このうち「哺乳類」を分解すると、「犬」「猫」「猿」
……となります。チワワは犬の具体的な種類なので、「犬」の下に紐づく
ことになりますね。

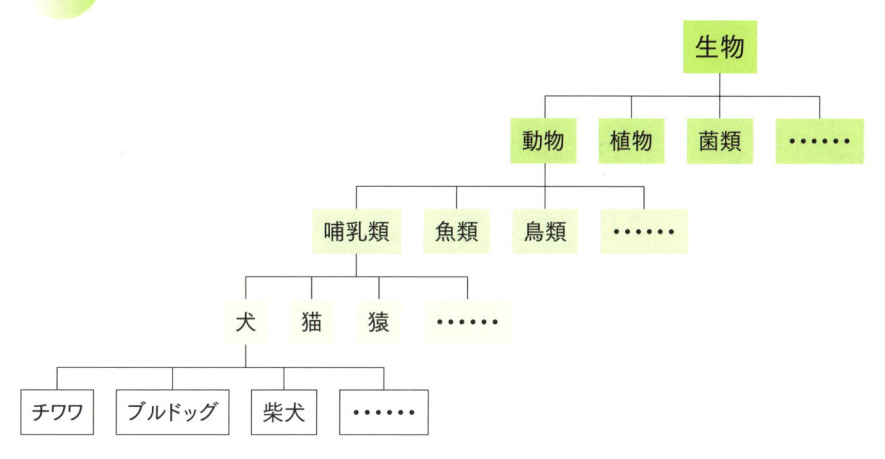

ま と め

このように一つの大きな概念を、階層化・細分化していくと、物事が細かく見えてくるようになります。

2

瞬時に具体例を列挙できるか？

会議やブレストなどで、具体例を挙げなくてはいけないことはよくあります。
ピラミッドツリーを瞬時に下りていく練習をしましょう。

ネット環境がなくても
行える仕事は何？

オフィスで PC 作業中、急にネットが落ちました。復旧するまでは
しばらく時間がかかりそう。そこでひとまず、ネット環境がなくても
できる仕事をすることにしました。何があるでしょう？

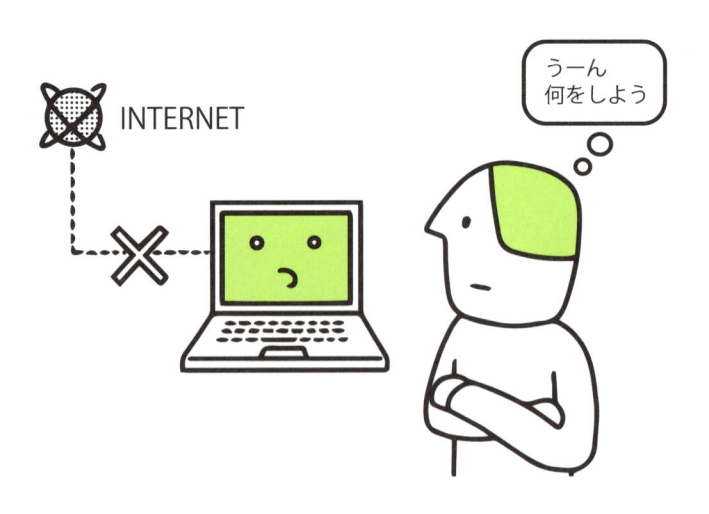

HINT 大きなカテゴリーから考えていく

大きなカテゴリーから考える

　ざっくりカテゴリーを分けて、そこからピラミッドツリーを下に下りていってみましょう。たとえば、以下のようなカテゴリーで分けた場合、どんなことがそれぞれ紐づいていくでしょうか。下記のカテゴリーが1層目だとした場合、3つの階層になるように分解して、合計4つのピラミッドツリーを作成してください。なお、内容はカテゴリー間で重複してもかまいません。

例 ➡ カテゴリー（1層目）

・作業内容　・仕事の対象　・仕事のツール　・成果物の種類

例 ➡ カテゴリー別のピラミッドツリー

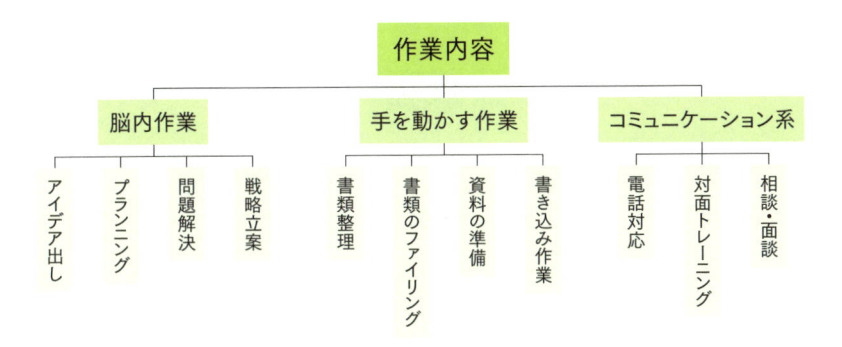

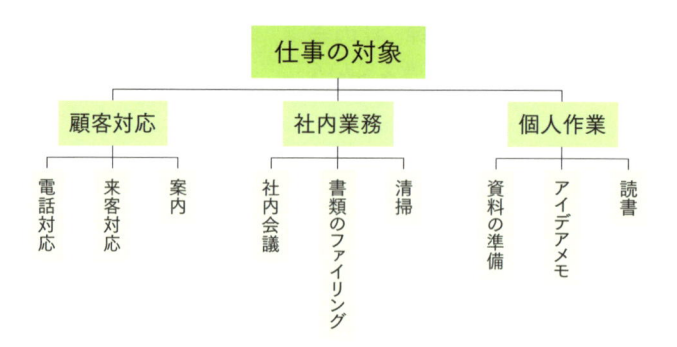

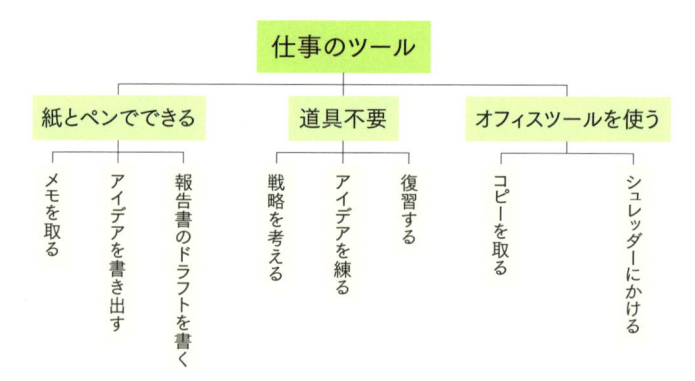

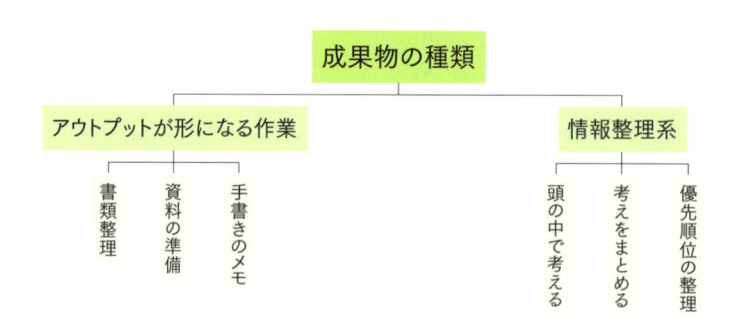

正解例 アイデア出し、書類整理、社内会議、電話対応、面談……など（ピラミッドツリーで出てきた内容）

ま と め

最初からポンポン出てこなくても大丈夫。このようなトレーニングを積んでいけば、いざというときに具体例が自然に思いつくようになります。

Column

数に制約をつけると答えが出やすくなる

　分解思考においては、**数に制約をつけるというのも有効な手段**です。「具体的に挙げよ」とだけ言われると、１つ２つで思考が停止するかもしれません。けれども、たとえば「５つ」と数が決まっていたら、なんとか５つはひねり出そうと頭がフル稼働するからです。ビジネスの事例で言うと、私の友人にリクルートや楽天などで数々のサービスの事業開発を手掛けてきたマネージャーの方がいます。その方は、社内でチームのトレーニングをするときに「売上の指標を20個挙げなさい」というように、必ず具体的な数字を挙げているそうです。ピラミッドツリーを意識して階層を下に作っていくのが分解思考ではありますが、そのための**とっかかりとして、まずは具体的に挙げる練習をする**というのも、具体化思考を育むためには非常に有効だと言えるでしょう。

特 徴 を 分 解 で き る か ？

頭の中に漠然としたイメージはあるんだけど、
うまくアウトプットできないことってありますよね。
今回はそんな「困った」を救う問題です。

イ メ ー ジ を ア ウ ト プ ッ ト せ よ

　あなたは大手家電メーカーで働いています。「AI を搭載した新しい
冷蔵庫」というテーマでアイデアを提出することになりました。しか
し、「AI が搭載されているから色々便利そう」という、ふわっとした
ことしか思い浮かびません。具体的にどんな機能を搭載したらよいか
考えてみてください（実現可能性は無視して OK です）。

 **HINT** 抽象的な特徴を具体的な機能に分解する

各機能がもたらす具体的なメリットを考える

STEP 1 特徴を分解する

・食べ物を保管する

・冷やす

・長持ちさせる

・新鮮に管理する

　これらを前提に、AI だとどんなことができるのかを考えていきたいですよね。たとえば、こんなふうに考えてみてはいかがでしょうか。「AI でできそうなこと」というのは、「人の代わりにできる」→「人がやっていることを自動化する」と、とらえてみる。

　つまり、**「人間がやっていること」を具体化して、それを AI に代わりにやってもらうと考えればいいのです。** 人間はふだんどんなことをしているか具体化してみてください。

例 ➡ 人間がやっていること

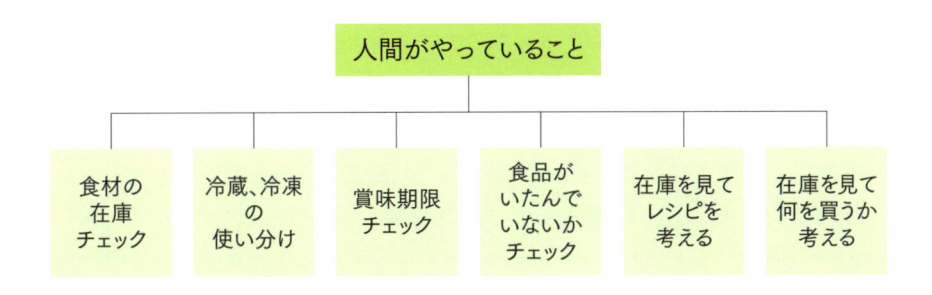

STEP 2 AIが自動化するとどうなるか考える

　STEP1で具体化したことを、AIが自動化するとどんな機能に置き換えられるかを考えていきます。たとえば、在庫を確認する行為は、「食材の自動認識、在庫管理機能」に置き換えられるのではないでしょうか。

例 ➡ AIの機能への置き換え

食材の在庫チェック→食材の自動認識・在庫管理機能
冷蔵、冷凍の使い分け→食品ごとの最適温度自動調整機能
消費期限チェック→消費期限管理・通知機能

正解例 　人間がしていることをAIが自動的に行えるようにする。たとえば、「食材の自動認識・在庫管理機能」「食品ごとの最適温度自動調整機能」「消費期限管理・通知機能」「食品の鮮度予測機能」「レシピ提案機能」「買い物リスト自動生成機能」など。

まとめ

ふわっとしたイメージを、具体的なアイデアに分解する練習をしました。今回は、アイデアを出すというシンプルな練習でしたが、これを企画書レベルにするためには、ユーザーのメリットを明確にすることが求められます。顧客が本当に知りたいのは、単なる機能ではなく、「この製品が自分の生活や業務をどう改善してくれるか」だからです。それをするためには、抽象化思考も必要になってきます。抽象化思考についてはPART2でたっぷり練習するので、楽しみにしていてください。

モヤモヤを分解できるか？

漠然とした不安を感じている……。この状況をどのように分解し、
具体的に考えていけばよいでしょうか。

ペットを飼いたいけど
面倒をみられるか不安

　あなたは社会人3年目で一人暮らし。本当はペットを飼いたいけれど、仕事が忙しくて、お世話できるか漠然と不安を感じています。「ペットを飼いたい」という願望と「仕事が忙しい」という現実の間で揺れ動くあなた……。どのように考えて結論を出せばいいでしょうか？

ペットを飼いたいけど
仕事が忙しくて……

漠然とした願望や不安を具体的な要素に分解する

自分の生活リズムや環境を客観的に分解する

STEP 1 モヤモヤを分解して具体化する

　動物が大好きでペットを飼いたいけれども、「仕事が忙しくて、ちゃんとお世話できそうにないからなぁ……」と諦めている人も多いのでは？たしかに、ペットを飼うかどうかの判断は、単純に「好き」「嫌い」では決められないので難しいですよね。でも、漠然としたその「お世話できないかも……」という不安を分解していけば、解決策が見つかって、ペットと暮らす幸せな生活を実現できるかもしれません。まずは、何を不安に感じているのか、モヤモヤを分解していきましょう。

例 ➡ 不安を分解

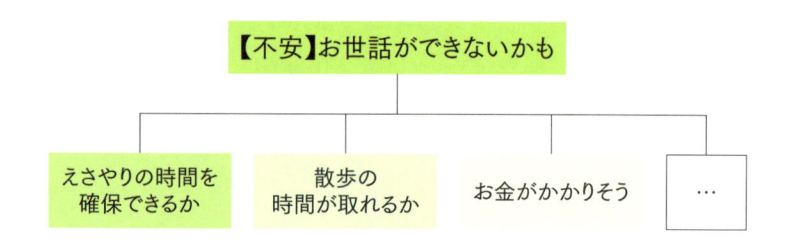

　このように、漠然とした感情を具体的な要素に分解していくと、問題の本質が明確になって対処しやすくなります。それに対して「仕事で疲れているからたぶん無理」、あるいは「仕事で疲れているけどたぶんなんとかなる」というふうに感情的な側面だけに注目して判断すると、現実的な問題を見落として失敗しやすくなるので注意が必要です。

STEP 2 自分の環境に照らし合わせて考える

　つづいて、先ほど分解した要素をもとに、自分の生活リズムや環境に照らし合わせて具体的な課題や解決策を考えていきます。

　たとえば、「えさやりの時間を確保できるか」という不安に対する具体的な課題を考えてみます。そうすると「平日の勤務時間が長い」という課題が思い浮かぶかもしれません。次に、その課題に対する解決策を考えます。すると「自動えさやり機を導入する」という解決策が見つかります。こうして一つずつ不安をつぶして実現可能かどうか検討していくとよいでしょう。

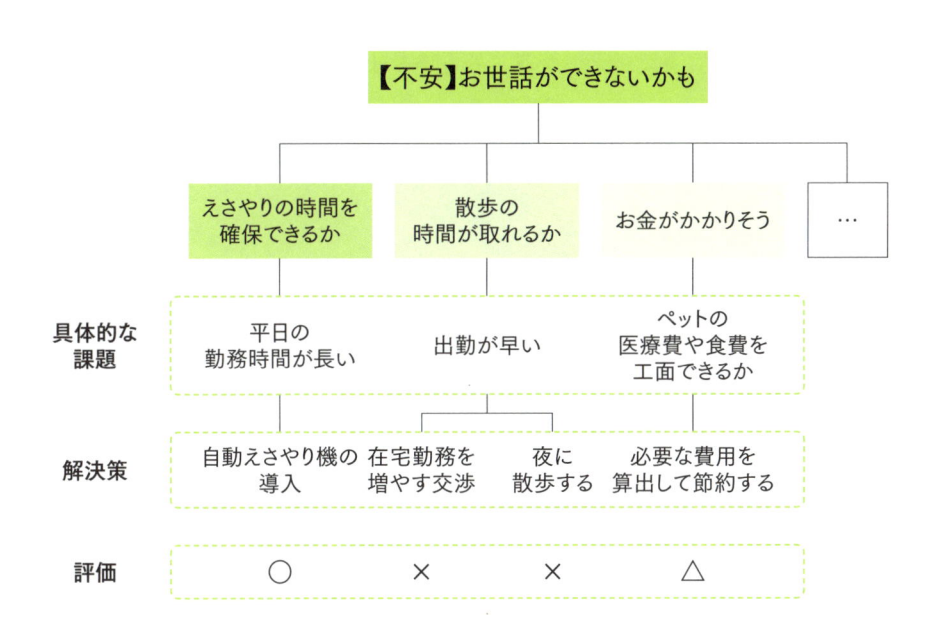

正解例 今すぐは、資金面で難しそうだけど、今月から貯金を計画的にしていき、1年以内には初期費用を貯めて、来年の◯月にペットを飼う！

ま と め

どうでしたか？ 漠然とした不安を分解し、具体化することで、対処がしやすくなったのではないでしょうか。今回は、「不安」の要素を分解していきましたが、そもそもなぜペットを飼いたいと思っているのかという「願望」を分解していくのも大いにアリです。そうすると、

「癒やしを得たい」←観葉植物でもいいのでは？

「寂しさを解消したい」←友達と遊ぶ回数を増やす

など、新たな解決策が見つかることもありますよ。

構成要素を分解できるか？

会議案内のメールを送ったら、
上司や同僚から多くの質問や問い合わせが来てしまいました。
何が足りなかったのでしょうか？

なぜ？
送ったメールに問い合わせが殺到

　あなたは入社1年目の社員です。今週開かれる会議の案内を関係者にメールで送るように上司から指示されました。そこで下記のように送ったところ、送信先の人々から次々と質問や問い合わせが来てしまいました。何がいけなかったのでしょうか？

件名：会議のお知らせ

皆様
お世話になっております。
プロジェクトXの会議を5月20日（水）14時から
行いますので、ご参加ください。

よろしくお願いいたします。

山田

必要な要素を分解する

　会議の案内メールを作成する際は、単に日時と場所を伝えるだけでは不十分です。参加者が必要とするすべての情報を漏れなく、かつわかりやすく伝えることが大事。実は、メールに必要な要素というのは、どんなメールでもほぼ同じです。それは**「5W1H」を意識する**ことで叶います。

【5W1H】

　Who（誰が）

　What（何を）

　When（いつ）

　Where（どこで）

　Why（なぜ）

　How（どのように）

　これを意識することが大事な理由は、**送信者自身が会議の全体像を理解していないと、受信者に適切な情報を提供できないからです。**

　それをするためには、事前に会議に関する情報を可能な限り収集しておくことが大切になってきます。

　失敗しやすいパターンとしては、上司から聞いた情報をそのまま伝えるだけということ。5W1H を頭に浮かべて、不足している情報があるようならば、しっかり情報を収集して全体像を把握しましょう。

　それでは、実際に今回の会議の案内メールに5W1H を当てはめた場合、それぞれどんなことが入ってくるか考えてみましょう。

例 ➡ メールで使える5W1H

Who（誰が）：参加者、主催者
What（何を）：議題
When（いつ）：日時、所要時間
Where（どこで）：場所、オンラインの場合はアクセス方法
Why（なぜ）：会議の目的背景、重要性
How（どのように）：進行方法、必要な準備

　これだけ情報を具体化できれば、問い合わせはぐっと減りそうですよね。このままでも伝わりますが、情報に優先順位をつけてメールの文面を作成すると、より受け手のストレスがなくなります。やっていきましょう。

情報に優先順位をつけて、伝わりやすい順番で文章を作る

　5W1Hで具体化した情報を、優先順位が高い順に並べ替えてみてください。「最重要」「重要」「詳細」「補足」の4段階で分けてみましょう。

例 ➡ 各情報の優先度

最重要情報：会議の目的背景、日時、場所
重要情報：参加者、議題
詳細情報：進行方法、必要な準備
補足情報：背景説明、問い合わせ先

　ここまでの情報をもとに、問い合わせゼロのメールを作成してみてください。

（件名）【要参加】プロジェクト X 中間報告会（5/20 14:00-16:00）

（本文）各位

下記の通り、プロジェクト X 中間報告会を開催いたします。
ご参加をお願いいたします。

日時：5 月 20 日（水）14:00-16:00
場所：会議室 A（10 階）
参加者：各部署リーダー
議題：プロジェクトの進捗報告、課題共有、今後の方針決定
準備物：部署ごとの進捗報告資料（5 月 18 日 17:00 までに提出）
オンライン参加：Zoom にて可能（リンクは別途送付）

ご不明な点は、下記までお問い合わせください。
連絡先：yamada@example.com（山田）

ま と め

いかがでしたか？ 「会議の案内くらい簡単にできる」と思いがちですが、受け手のニーズを満たすメールを作成するのは、意外と難しいものです。でも、このように、まずは情報を具体化してから文章を構造化すれば、誰でも効果的な会議案内メールを作成できるようになります。さらに、単にメールの書き方がうまくなるだけでなく、物事を多角的に見る力も身につきます。「相手は何を知りたいのか」「どんな情報が必要か」を常に考えることで、仕事全般でのコミュニケーション能力が向上していきます。

大切なのは、常に受け手の立場に立って考えることです。自分が当たり前だと思っていることでも、相手にとっては新しい情報かもしれません。また、情報を整理して優先順位をつけることで、相手に伝わりやすいメールになりますよ。

Column

ここまでできたら THE・できる人！ メール作成のポイント

　正解例の文面でも十分ですが、よりパーフェクトなメールを心がけたい場合は、受信者の立場に立って、追加で必要な情報がないかを確認するとよいでしょう。送信者が当然と思っている情報でも、受信者にとっては必要不可欠な場合があるからです。

　失敗しやすいパターンとしては、自分の知識や経験を基準に情報を選別してしまい、新人や初参加者への配慮が不足することが挙げられます。参加者の状況や会議の内容によっては、下記のような情報を記載することも検討しましょう。

例 ➡ **場合によっては必要な情報**

- ・参加者にとって初めての場所であれば、地図や道順の情報
- ・オンライン会議の場合、使用するツールやアクセス方法の詳細
- ・資料の事前送付が必要な場合、その締め切りと送付先
- ・会議の結果として期待されるアウトプット

難易度：★★★

伝えたいことを分解できるか？

「大事なことを伝えたい」と思っても、
具体的に準備していないと言葉にできないことってありますよね。
今回はそんな問題です。

外国人に日本の良さを伝えられるか？

あなたは大学生で英語が得意。しかし、アメリカ人の留学生に「日本のどこに行くのがおすすめ？　連れて行ってよ」と言われたとき、言葉に詰まってしまいました。なんとなく思い浮かびはするものの、具体的に提案ができません。さて、どうすればいいでしょう？

 **HINT** 日本の良さを分解する
文化、食べ物、観光名所に細分化してみる

「日本の良さ」を分解する

　日本に生まれて、ずっと日本で暮らしていると、意外と日本の良さに気づかなかったりします。そのため、外国人から「日本のおすすめ」を聞かれても言葉に詰まってしまうかもしれません。

　そういうときは「日本の良さ」を分解していきましょう。

　どんなふうに分解できるでしょうか？

例 ➡ 日本の良さを分解

・文化

・食べ物

・観光名所

　これらを1層目として、それぞれのピラミッドツリーを作成してみてください。目標は5層です。

例 ➡ 文化のピラミッドツリー

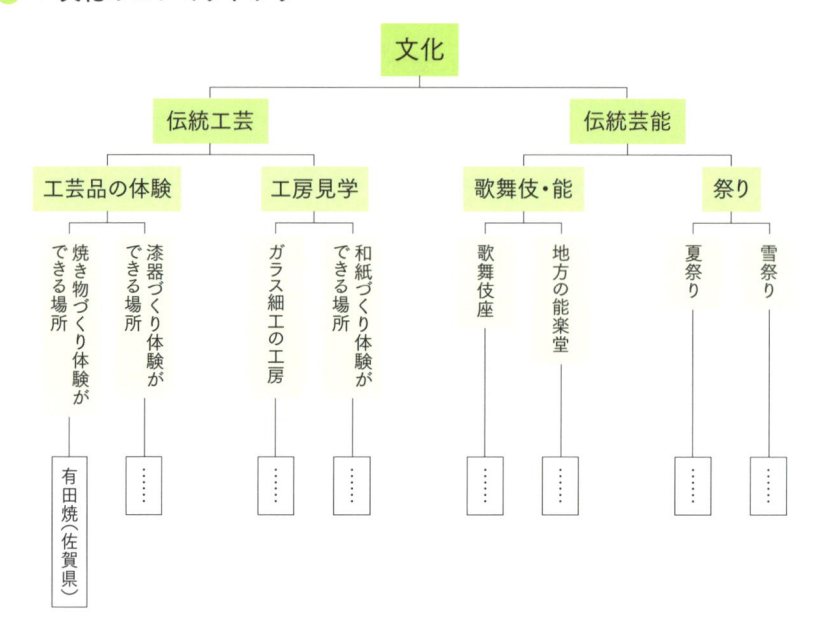

例 ➡ 食べ物のピラミッドツリー

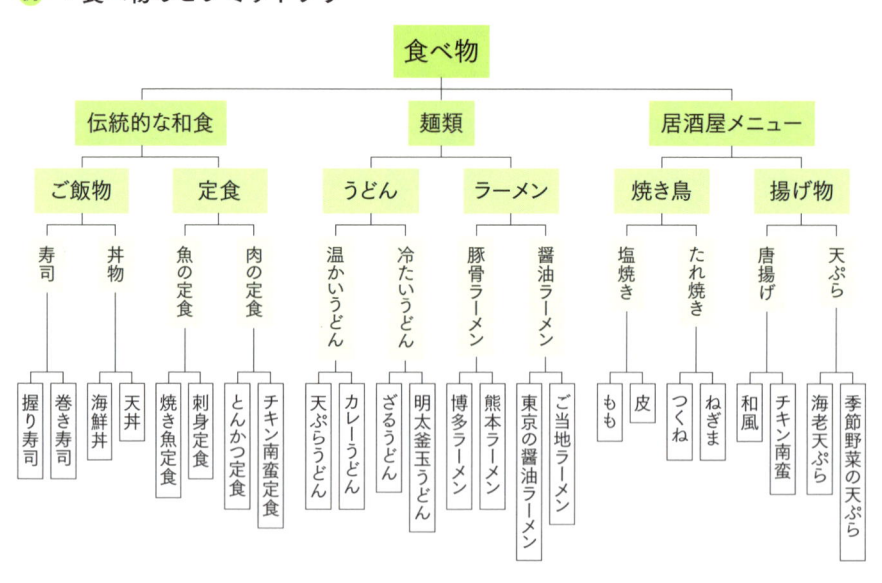

例 ➡ 観光名所のピラミッドツリー

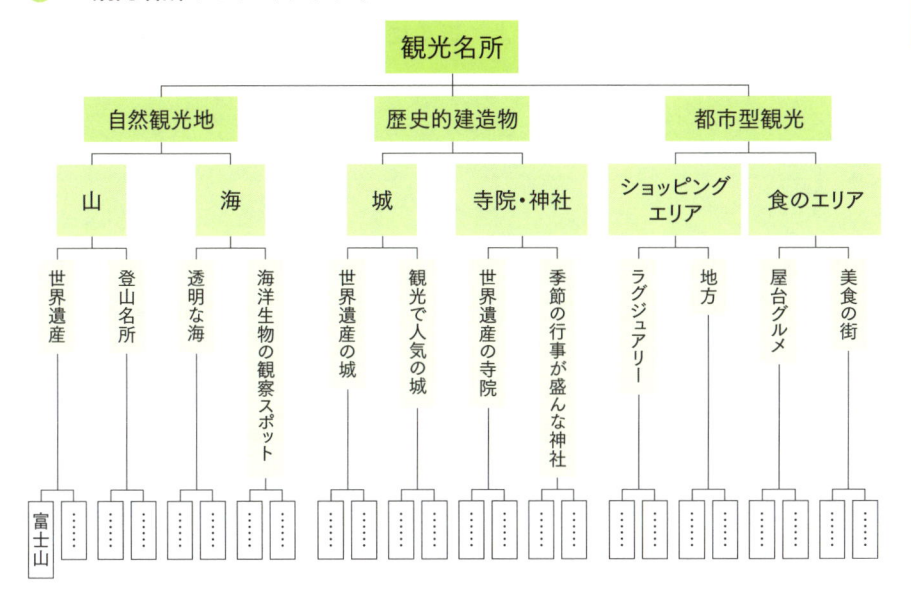

おすすめをしぼりこむ

　色々と要素が出たところで「おすすめ」をしぼりこんでいきます。自分が好きなもののほうが相手にもよく伝わるので、これまで出てきた要素の中で、自分が好きなものをピックアップしてください。それと同時に相手の好みもヒアリングしましょう。アクセスの良さや予算なども考慮するといいですね。

「日本には四季を感じられる山が色々あるんだけど、今の季節なら高尾山がおすすめだよ。近くには寿司屋もあるから、そこにも行ってみよう」

ま　と　め

国や文化が違う人と仲良くなろうと思ったとき、自分たちにとっては当たり前なことを認知・理解することはけっこう難しかったりします。当たり前だと思っていることを改めて分解してみると、新たな発見が生まれますよ。

Column

優秀なコンサルタントは「分解思考」の達人

　デロイト時代に出会った優秀なコンサルタントの方々は、お客様の抽象的な一言に対してものすごく敏感で、分解するための質問をしていきます。たとえば、組織の話をしていると「なかなか採用できないんだよな」と、お客様がポロッとこぼすことがあります。優秀なコンサルタントはそこを見逃しません。ここで行われる単純な分解は「What」で、「どんな人を採用したいんですか？」「中途ですか？ 新卒ですか？ アルバイトですか？」というようなことがあるでしょう。しかし、彼らは「そもそもなぜ採用が必要なのか」という「Why」の問いを自分の中で立てます。そして、「非常にお忙しいのでしょうか？」と聞く。「そうなんだよね」という答えを得ると、「じゃあ、人が足りないことが課題なんでしょうか？　それとも効率的な仕事ができないから人手不足が常に起きているんでしょうか？」というふうに、「根本的な課題は何か」について色々な観点で分解を進めていくのです。

違いを可視化できるか？

ここからは「相違思考」の問題です。
SNSで「いいね」を爆増させるためのアプローチを具体化してみましょう。

SNSで「いいね」がもらえない

「ここのコーヒー美味しい！」（ポチッ）。こまめに SNS に投稿しているのに、「いいね」がほとんどつかない……。

一方、友人は SNS で常に多くの「いいね」を獲得しています。同じような一般ユーザーなのになぜ？　SNS 投稿で、あなたと友人に差がつく理由は何なのでしょうか。

投稿の内容、形式、タイミングなど、様々な角度から観察する

具体的な数値や特徴に注目する

フォロワーとの交流や反応にも着目する

STEP 1 投稿の人気に関わる要素を分解する

　まずは、SNS投稿の人気に影響を与えそうな要素には、どんなことがあるのかを分解していきましょう。「SNSの要素」を1層目として、3層のピラミッドツリーを作成してみてください（ヒント：2層目には次の要素を入れてみましょう。投稿の内容／視覚的要素／文章表現／投稿のタイミング／その他）。

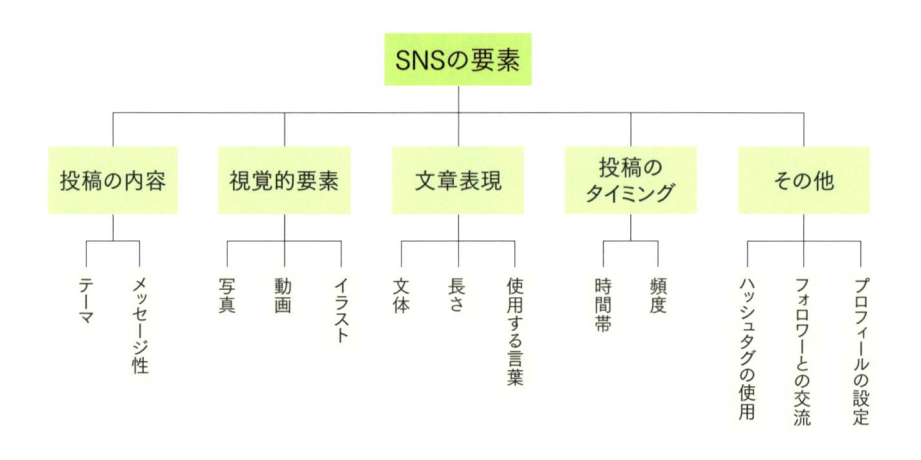

STEP 2 特徴を具体化する

　ピラミッドツリーで細分化された各要素について、友人のSNSではどうなっているかを書き出していきます。その際は、なるべく具体的な表現や数字で記述するのがポイントです。そうすると、たとえばこんなことがわかるかもしれません。

【内容】日常の発見や感動を投稿

【視覚的要素】90％以上の投稿に明るい色調の写真を添付
【文章表現】 １投稿あたり50文字以内、絵文字を３つ以上使用
【タイミング】週に１回以上、平日の朝７時台と夜９時台に投稿が集中
【ハッシュタグ】毎回３〜５個のハッシュタグを使用
【フォロワーとの交流】コメントに24時間以内に返信

STEP 3 自分との相違点を見つける

　STEP2でわかった要素をもとに、自分と友人を比較してみましょう。自分との違いを認識することで、改善のヒントが見つかりやすくなります。

	自 分 VS 友 人	
投稿の内容	自分の趣味の情報が中心	日常の発見や感動
視覚的要素	暗め。影が写り込んでいることもある	90％以上の投稿に明るい色調の写真を添付
文章表現	長文で説明的	１投稿あたり50文字以内、絵文字を３つ以上使用
投稿のタイミング	不定期	週に１回以上、平日の朝７時台と夜９時台に投稿が集中
その他	ハッシュタグはほとんど使用せずコメントにはあまり返信しない	毎回３〜５個のハッシュタグを使用 コメントに24時間以内に返信

STEP 4 なぜそれが人気を獲得しているのかを 考える

　最後に、友人のSNSの特徴が、なぜ「いいね」を集めるのか。その要因を推測していきます。たとえば、友人は「日常の発見や感動」を主に投

稿しています。そこからどんなことが推測できるでしょうか？　おそらく、新鮮な驚きをシェアすることで、共感を得やすかったり、親近感がわいたりするのではないでしょうか。こんな感じで、他にも考えてみてください。

例 ➡ 友人のSNSが人気の理由 ✓

日常の発見や感動 → 共感を得やすい、親近感がわく

明るい色調の写真 → 視覚的に引き付ける、ポジティブな印象

短文と絵文字 → 読みやすい、親しみやすい印象

定期的な投稿 → フォロワーの期待感を高める

ハッシュタグ使用 → 新規フォロワーの獲得につながる

積極的な返信 → フォロワーとの関係性を強化する

正解例　友人の投稿が多くの「いいね」を集める要因は、共感を得やすい日常の発見や感動を題材に、明るい色調の写真と読みやすい短文で表現し、定期的に投稿することでフォロワーの期待感を高めている点にある。

さらに、ハッシュタグの活用で新規フォロワーを獲得し、積極的な返信でフォロワーとの関係性を強化している。これらの特徴が、フォロワーの興味を引き、継続的な反応を生み出している。

まとめ

いかがでしたか？　大切なのは、抽象的な「人気」や「反応の良さ」を具体的な特徴や行動に分解し、客観的に観察することです。具体化思考が身につくと、日常に潜む「なぜ○○なんだろう？」「なんとなく○○だけどよくわからない」というような、ふんわりした問題を解決しやすくなります。そうすれば、もっと日常が楽しくなるし、仕事も楽しくなりますよ。

状況を比較できるか？

ぱっと見は普通なのに、なぜか非常にモテる人っていませんか？
今回は、抽象的な「モテる」という概念を具体化して比較してみましょう。

なぜかモテる友人VSモテない自分

　見た目はごく一般的なのに、明らかに人よりモテている友人がいます。

　そんな友人を密かに羨ましく思っているあなたは、彼がモテる秘密を解き明かし、自分もそちら側の人間になりたいと願っています。友人のどのような特徴や行動が他の人を惹きつけているのでしょうか？

なんで
あいつは
モテる？

HINT
外見だけでなく、内面や行動も含めて幅広く観察する

具体的な言動に注目する

他の人との接し方や場の雰囲気にも着目する

STEP 1 「モテる」要素を具体化する

　まずは、人の魅力に影響を与えそうな要素を可能な限り挙げてみましょう。外見だけにとらわれず、幅広い視点で考えることが大切です。「モテる要素」を1層目として、3層のピラミッドツリーを作成してみてください。

例 ➡ モテる要素のピラミッドツリー

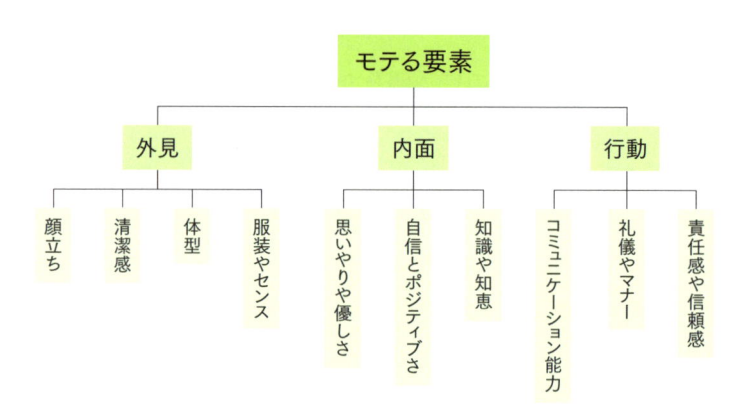

STEP 2 各要素の特徴を具体的に記述する

　STEP1で分解した要素それぞれに対して、友人の特徴を具体的に記していきます。

　主観的で曖昧な表現ではなく、なるべく具体的な行動や数字で客観的に記述することを心がけましょう。

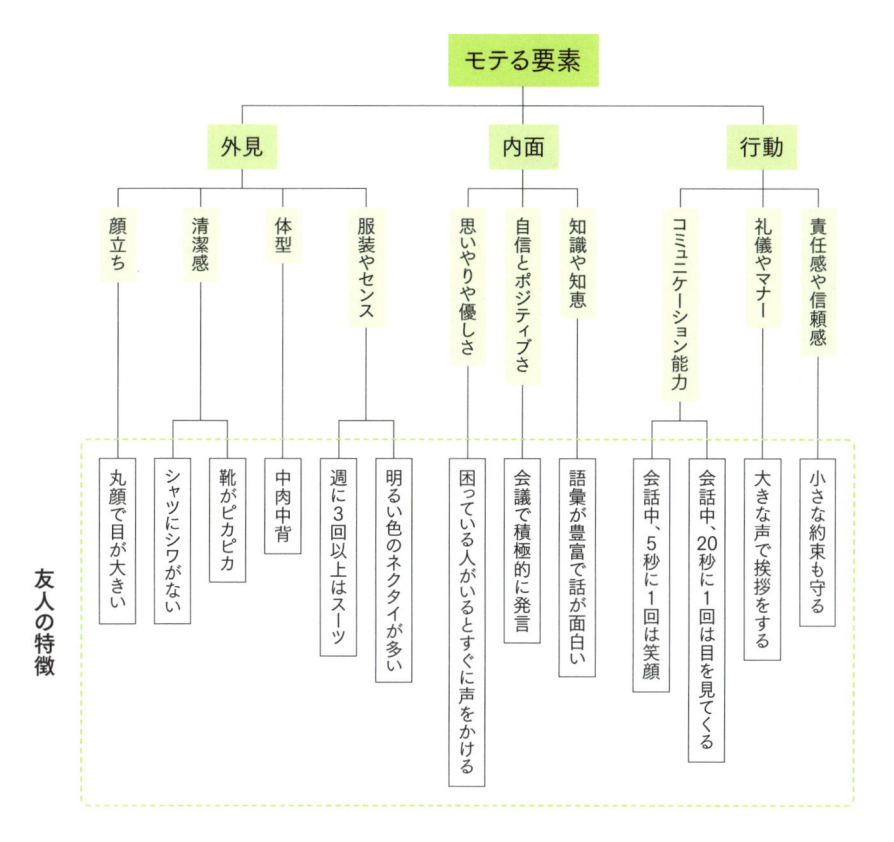

STEP 3 相違点を確認する

　つづいて、あぶり出した友人の特徴を自分と比較してみます。そうすると、彼にあって自分にないものが浮き彫りになります。

	モテる友人 VS	自 分
外見	・丸顔で目が大きい ・シャツにシワがない ・靴がピカピカ ・中肉中背 ・週に3回以上はスーツ ・明るい色のネクタイが多い	・純和風な顔 ・ヒゲ脱毛をして肌がつるつる ・ポロシャツが多い（ちょっとヨレヨレかも） ・173cm、65kg
内面	・困っている人がいるとすぐに声をかける ・会議で積極的に発言 ・語彙が豊富で話が面白い	・受け身 ・会議中は様子を見ていることが多い ・知識量はある（披露はしない）
行動	・会話中、5秒に1回は笑顔 ・会話中、20秒に1回は目を見てくる ・大きな声で挨拶をする ・小さな約束も守る	・笑顔になるのは本当に面白いことがあったときだけ ・相手の目は最初に一度だけ見てそのあとはほとんど見ない ・挨拶は普通にする ・約束は守る

STEP 4 観察された特徴がもたらす効果を考える

　最後に、友人と自分との間で明らかになった相違点をそれぞれポジティブにとらえたときに、なぜそれが魅力的に映るのかを推測します。

【推測の例】

・丸顔で目が大きい→柔らかく可愛らしい印象を与える

・シャツにシワがない→清潔な印象を与え、自己管理ができる人として好印象を持たれる

・明るい色のネクタイが多い→開放的で話しかけやすい雰囲気を醸し出している

・会議で積極的に発言→自信があり、リーダーシップを取れる人だと認識される

・語彙が豊富で話が面白い→人の興味を引き、自然と人が集まる

・会話中、5秒に1回は笑顔→親しみやすさと安心感を相手に与える

・会話中、20秒に1回は目を見てくる→信頼感を抱かせ、親密な関係を築くきっかけになる

正解例 　**友人がモテる理由は、丸顔で大きな目が柔らかくて可愛らしい印象を与えるとともに、シワがないシャツを着用することで、清潔な印象を与えている。また、明るい色のネクタイによって、話しかけやすい雰囲気も醸し出している。さらに、会議での積極的な発言や話の面白さ、頻繁な笑顔やアイコンタクトなどが、人を惹きつける要因となっている。**

ま　と　め

「モテる」という概念を具体化し、その特徴を比較することで、友人がモテる理由を推測することができました。気付きを得ることは、行動するための原動力となります。相違思考で違いを浮き彫りにすることで、気付きを得やすくなりますよ。

似ているものの
違いを出せるか？

この問題を解くことで、異なるものの特性を客観的に把握し、
それぞれの長所・短所を具体的に説明する力が身につきます。

ＴＶとＹｏｕＴｕｂｅの違いを
説明できるか？

　あなたは大手芸能事務所でマネージャーを務めています。担当タレントのＡさんは、ふだんテレビに出演している大御所です。

　ある日、人気YouTubeチャンネルからＡさんへの出演オファーがありました。ところが、Ａさんは「YouTube出演なんて考えられない」と難色を示しています。しかし、あなたはゆくゆくはＡさんのYouTubeチャンネルも作成したいと考えています。

　TVとYouTubeの違いやメリットを具体的に説明し、Ａさんを説得する必要があります。どのように伝えればよいでしょうか？

HINT TVとYouTubeの特性を多角的に比較する

タレントの立場に立って、メリットとデメリットを考える

具体的な事例や数字を用いて説明する

STEP 1 メディアの特性を具体化する

TVとYouTubeの違いを説明し、タレントを説得するためには、両メディアの特性を深く理解している必要があります。「メディア特性」を1層目として、3層のピラミッドツリーを作成してみましょう。

例 ➡ メディア特性のピラミッドツリー

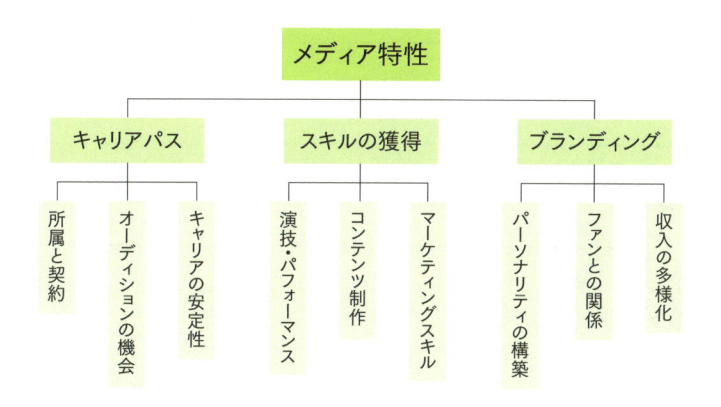

STEP 2 比較する

具体化された特性を、テレビとYouTubeでそれぞれ比較していきます。

たとえば、コンテンツ制作について考えてみましょう。まず、TVの場合は、テレビ局や制作会社のスタッフなどによるサポートが主流です。一方、YouTubeの場合は、基本的には自らコンテンツを企画制作し、編集も行う必要があります。このような感じで、他の特性についてもそれぞれ比較してみてください。

例 ➡ TVとYouTubeの相違点

	TV VS	YouTube
所属と契約	大手プロダクションや制作会社	個人で活動、自由契約が可能
オーディションの機会	定期的なオーディションが行われ、競争が激しい	自主制作や投稿によってチャンスを作れる
キャリアの安定性	安定した仕事を得られる場合が多い	成功するまでの不安定さがある
演技・パフォーマンス	演技は表現力が重視され、専門的なトレーニングが必要	動画制作や編集のスキルも求められる
コンテンツ制作	制作チームによるサポートが主流	自らコンテンツを企画・制作し、編集も行う
マーケティングスキル	宣伝はプロが行う	自分でSNSやマーケティングを活用してファンを増やす
パーソナリティの構築	プロフィールが制作会社によって決まることが多い	自分の個性やスタイルを自由に表現できる
ファンとの関係	視聴者との関係が遠い	コメントやライブ配信を通じて直接的な交流が可能
収入の多様化	主に出演料やスポンサー契約	広告収入、スポンサーシップ、商品販売など多様

STEP 3 リスクと対策を具体化する

　様々な視点で比較したことによって、TV と YouTube の違いを明らかにすることができました。

　YouTube に出演するメリットがなんとなく見えてきたとは思いますが、

これだけでは A さんを説得するにはまだ不十分です。

　なぜなら、A さんから「YouTube なんてコメント欄がどうせ炎上するだろう。そんなのはイヤだ」などと抵抗されるかもしれないからです。

　そこで、YouTube で活動するうえで伴うリスクと、具体的な対策を検討しておきましょう。

　どんなことが考えられるでしょうか？

例 ➡ 伴うリスクと対応策

ネガティブコメント→コメントモデレーション機能の活用、専門スタッフによる管理
炎上リスク→事前の内容チェック、炎上対応マニュアルの整備
プライバシー保護→個人情報の取り扱いに関するガイドラインの作成
著作権問題→権利関係の事前確認、クリエイティブ・コモンズ・ライセンス（CC ライセンス）の活用

　ここまで考えておけば、A さんの不安も和らぎ、YouTube 活動に積極的になるのではないでしょうか。

「Aさん、YouTubeはTVとは異なる魅力があります。視聴者と直接つながることができ、新しい才能を披露するチャンスにもなります。TVで培った知名度を活かしつつ、より自由な表現ができるんです。たしかにリスクはありますが、コメント管理や事前チェックなど具体的な対策を講じることで最小限に抑えられます。まずは試験的に短い動画から始めてみませんか？ 私たちがしっかりサポートします」

まとめ

説明するときは、抽象的な言葉ではなく、具体的な事例や数字を用いると説得力が高まります。相違思考は、新旧のサービスや技術の比較など、様々な場面で活用できます。ぜひ、日常的に物事を比較分析する習慣を身につけてみてください。それが、より説得力のある提案につながります。

波があるものを比較できるか？

この問題を解くことで、自分自身の状態を客観的に分析し、
パフォーマンスに影響を与える要因を具体的に特定する力が身につきます。

なぜ最近、調子が悪いのか？

あなたは最近、自分の仕事のパフォーマンスにムラがあることに気づきました。調子の良い日と悪い日の違いを明確にし、常に良い状態を維持するためにはどうすればよいでしょうか？

調子が良いときの具体的な状況を把握するため、違いを分析してみましょう。

HINT 身体的、精神的、環境的な要因を幅広く考える

具体的な行動や数値で表現する

一日の流れを時系列で追ってみる

STEP 1 調子に影響を与える要因を具体化する

まずは、「調子」という抽象的な概念を具体的な要素に分解していきましょう。「調子」を1層目としてピラミッドツリーを作成してください。目標は4層です。

例 ➡ 調子に影響を与える要因のピラミッドツリー

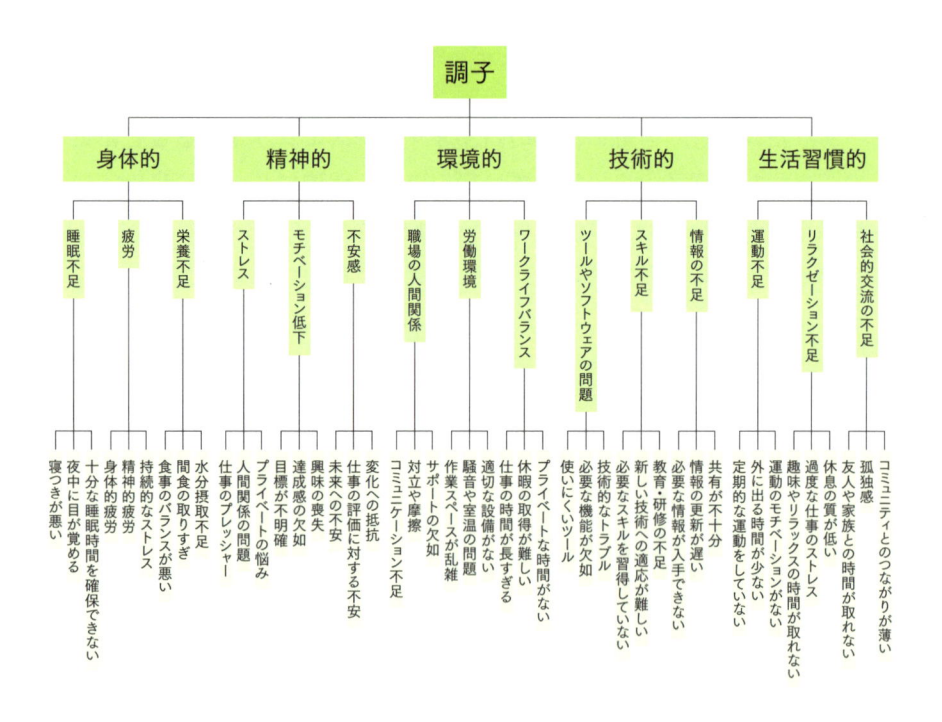

STEP 2 調子の良いときと悪いときの 違いを比較する

　先ほど挙げた項目を、それぞれ調子の良いときと悪いときで比較していきます。その際は、なるべく抽象的な表現を避け、具体的な行動や数値で表現するのがポイントです。

例 ➡ 身体的な比較

	良いとき VS	悪いとき
寝つき	5分以内	約1時間
夜中に目が覚めるか	覚めない	3日に1回は覚める
睡眠時間	7時間	6時間
こり	まあまあある	肩を回すとゴリゴリ鳴る
眼精疲労	気にならない	夕方になるとある
倦怠感	ほとんど感じない	起床直後も体がだるい
食事のバランス	良い。和食が中心	ファストフードが多い
間食	適度に	寝る前にポテチ必須
水分摂取	1時間に1回はしている	2〜3時間に1回はしている

同様に、残りの要素も比較してみてください。

STEP 3 良い状態を再現する方法を考える

　STEP2の結果をもとに、調子の良い状態を再現するための具体的な改善策を考えます。

例 ➡ 改善策

・毎晩10時にアラームをセットし、就寝準備を始める
・デスクに水筒を置き、1時間ごとに水分補給する
・昼食後に15分の仮眠タイムを設定する
・帰宅後のジョギングを習慣化するため、玄関に運動靴を置いておく
※このとき、ものすごく頑張らないと実行できないような改善策を立てると失敗しやすいので注意しましょう。何よりも大切なのは継続することです。そのためにも、まずは「これだけはやろう」と大事なことを1つ決めて、着実に取り組んでみるとよいかもしれないですね（私自身、欲張りすぎて身が持たなくなることがよくあります）。

正解例 調子の良い日は、7時間以上の睡眠後に起床し、9時までに重要タスクに着手。昼食後は15分の仮眠を取り、午後の集中力を維持。帰宅後は30分のジョギングで気分をリフレッシュ。これらを習慣化するため、就寝準備のアラーム設定、デスクへの水筒の配置、仮眠時間の確保、玄関への運動靴の準備など、具体的な行動から改善を始める。

ま と め

これができるようになると、様々な状況の違いを客観的に把握し改善につなげやすくなりますよ。

大切なのは、抽象的な感覚を具体的な要素に分解し、それぞれの要素を客観的に比較すること。そして、分析結果を実際の行動に結びつけることです。そうすれば持続的な改善が可能になります。

この方法を日々の生活や仕事に適用し、少しずつ改善を重ねていくことで、自分自身のパフォーマンスを最大化できるはずです。あなたのベストコンディションを見つけ出し、維持する力を身につけてください。

日常生活を分析できるか？

ここからは「分析思考」の問題です。
多忙なビジネスパーソンは家の中のことが後回しになりがち。
今回はそれを解決していきます。

家事がまわらない

　最近仕事が忙しくて、家を片づけるヒマもなく、料理もままならない状態です。洗濯物は溜まり、冷蔵庫は空っぽ。このままでは健康的な生活が送れません。どうすれば効率的に家事をこなし、スムーズに生活をまわせるようになるでしょうか？

HINT 「家事」を構成する要素を具体化する

効率的に家事をこなせているときと、こなせていないときの違いを考えてみる

時間の使い方と優先順位を見直す

STEP 1 「家事」にはどんなものがあるかを分解する

「家事を頑張らなくては」と思っても、「家事」とは何なのか？　具体的にはどのような作業があるのか？　それがわかっていないと頑張りようがありません。そこで、まずは「家事」を分解してみましょう。

　1層目を「家事」とし、3層のピラミッドツリーを作成してみてください。また、それぞれどのくらい時間がかかっているか書き出してみましょう。

例 ➡ 家事のピラミッドツリー

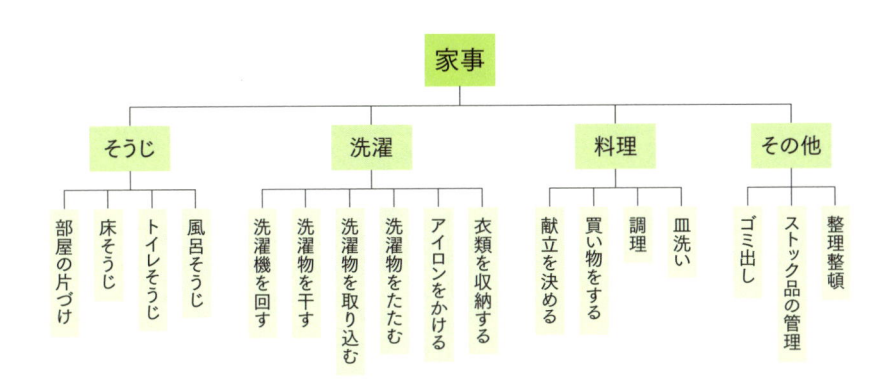

STEP 2 家事がまわっているときVS まわっていないときを比較する

　次に、家事が効率的にこなせているときとこなせていないときの違いを考えてみましょう。たとえば、取り込んだ洗濯物が最近ソファーに山積み

になっているという場合。そうでないときは、こまめに洗濯機を回していて、少量だからすぐに片づけられていた……なんていうことがわかるかもしれません。

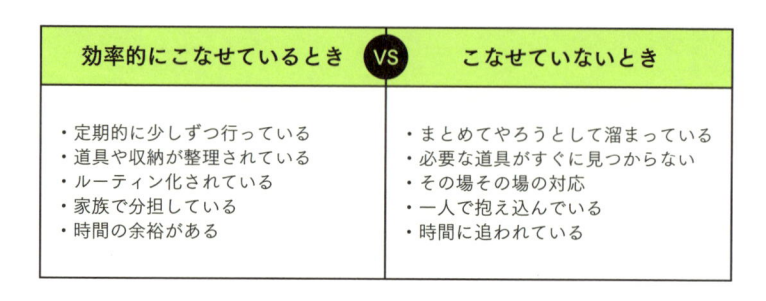

効率的にこなせているとき VS	こなせていないとき
・定期的に少しずつ行っている ・道具や収納が整理されている ・ルーティン化されている ・家族で分担している ・時間の余裕がある	・まとめてやろうとして溜まっている ・必要な道具がすぐに見つからない ・その場その場の対応 ・一人で抱え込んでいる ・時間に追われている

STEP 3 時間の使い方を分析する

　1日の時間の使い方を分析して、家事に捻出できる時間がないか考えていきます。「睡眠」「食事」「通勤」「仕事」「自由」に分けて円グラフにしてみましょう。

例 ➡ 1日の時間の使い方

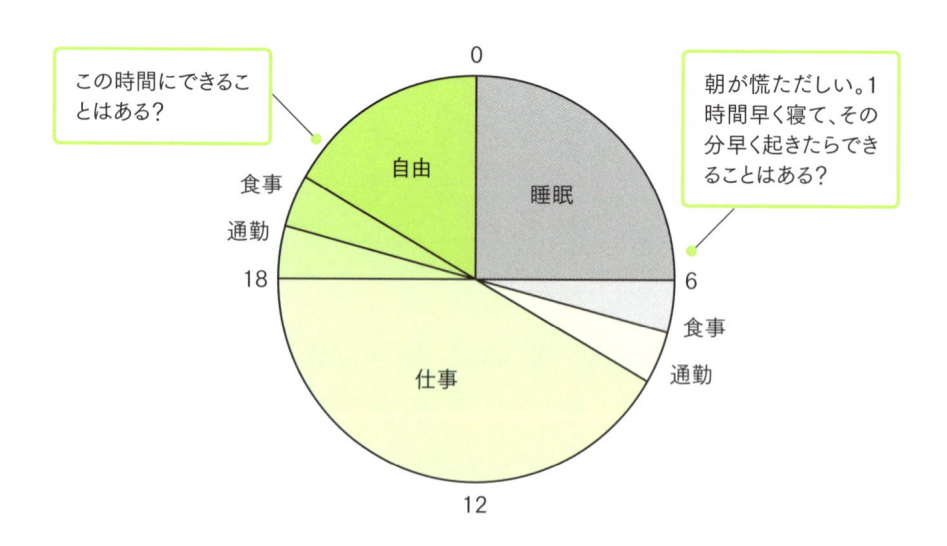

STEP 4　優先順位を決める

　最後に、家事の優先順位を決めていきます。その際は、「頻度」を基準に考えていくとよいでしょう。頻度が高い家事ほど、放置すると家事がまわらないことにつながっていくからです。

　頻度を高・中・低に分けて STEP1で分解した家事をふり分けていきましょう。

例 ➡ 家事の優先順位

毎日必要な家事	・部屋の片づけ ・床そうじ（簡単な掃除機がけや拭きそうじ） ・洗濯機を回す（必要に応じて） ・洗濯物を干す ・洗濯物を取り込む ・洗濯物をたたむ ・衣類を収納する ・献立を決める ・調理 ・皿洗い ・ゴミ出し（地域によって異なる）
定期的に必要な家事	・床そうじ（本格的なそうじ） ・トイレそうじ ・風呂そうじ ・アイロンをかける（必要なとき） ・ストック品の管理（必要に応じて確認） ・整理整頓
時間に余裕が あるときにする家事	・部屋の片づけ（ふだんできない範囲まで） ・ストック品の管理（まとめて点検・補充） ・整理整頓（家具の配置換えや収納の見直し）

　優先順位が決まったら、1日の時間の使い方と照らし合わせ、「どこで何ができるか」を改めて考えてみましょう。

正解例 料理と洗濯が最も問題だと特定。原因は時間の不足とルーティン化されていないこと。食事管理アプリを活用し、週末にまとめて献立を決め、買い物リストを自動生成。オンラインスーパーで定期便を利用し、基本的な食材を自動で届けてもらう。帰宅後すぐに洗濯機を回し、その間に簡単な夕食準備。週末にまとめて下ごしらえをし、平日の調理時間を短縮。そうじはロボット掃除機を活用し、人の手で行う部分は5分単位の「ちょこちょこそうじ」を導入。毎日少しずつ行い、溜まらないようにする。1週間ごとに効果を確認し、方法を調整する。

まとめ

家事がまわらない原因を分析して改善していくことができれば、生活がラクになりますよね。完璧を目指さず、テクノロジーも味方につけて、あなたに合う方法を見つけていってくださいね。

違和感を分析できるか？

違和感がある状況をどうにかしたいと思いつつ、
何も行動できないことってありますよね。
今回は、それを解決に導く問題です。

なぜか家族が不機嫌

　あなたは一人暮らしをしている社会人。最近、実家に帰るたびにお母さんの機嫌が悪いことに気づきました。何か言うとつっかかってくるし、会話もぎこちない。「どうしてこんなに機嫌が悪いんだろう？」と思いながらも、具体的に何が問題なのかわからず困っています。

　この状況をどのように分解し、理解すればよいでしょうか。

抽象的な「機嫌が悪い」を具体的な言動に分解する

自分の行動や周囲の状況変化も含めて広く原因を考える

思い込みや憶測に頼らず、客観的な事実に基づいて分析する

STEP 1 状況を観察して、「機嫌が悪い」を分析する

　思い当たるフシがないのに、なぜか相手の機嫌が悪い……。そういうことってありますよね。そこで今回は「お母さんの機嫌が悪い」というシチュエーションで考えてみたいと思います。

　家族の場合は「なんで機嫌が悪いの？」と聞けば一発で解決するかもしれませんが、職場の人や友人などが相手だと、直接聞きにくいこともありますよね。今回のように抽象的な状況を具体的に分解していけば様々な対人関係の課題に応用できますよ。

　まずは、「なぜか機嫌が悪い」というつかみどころがない状況について、具体的にどのように機嫌が悪いのかを分解していきます。お母さんの様子を観察してピラミッドツリーを作成してみてください。「お母さんの様子」を1層目として、3層にしてみましょう。

例 ➡ 観察ポイントのピラミッドツリー

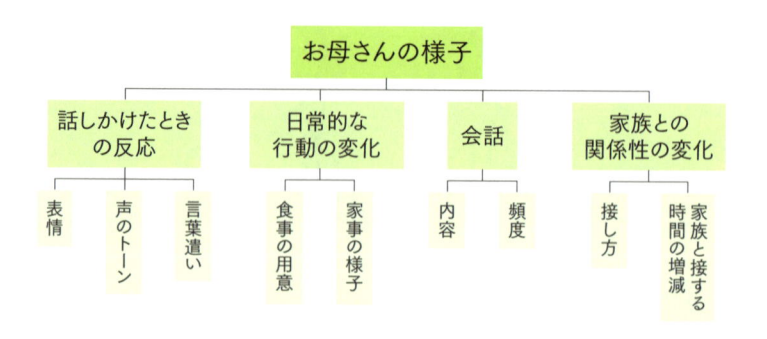

STEP 2 可能性のある原因を列挙する

　観察した具体的な状況をもとに、機嫌が悪い原因として考えられる可能性を挙げていきます。

「話しかけたときの反応」を例にとって考えてみます。

　たとえば、表情は普通で、声のトーンは低く、言葉遣いも普通の場合。怒っているわけではなさそうなので、「疲れている？　もしかすると更年期の影響？」というふうに原因を推理できます。こんな感じで、その他の様子も原因を推理していきます。

STEP 3 原因を見極める

　STEP2で列挙した原因の中で、「たぶん、これが本当の原因じゃないかな？」と思われるものを見極めます。

　見極め方は色々ありますが、たとえばこんなことを基準にしてみてはいかがでしょうか。

例 ➡ 原因を見極める判断基準

- ・観察された状況との一致度（表情が怒っていて声のトーンも低く、言葉遣いも荒い→自分が何かやらかした？）
- ・最近の出来事や変化との関連性（お父さんが定年退職をして家にずっといる→家事のストレスが増している？）
- ・過去の類似事例との比較（数年前、お父さんが休職中にもこんなことがあった→家事のストレスが増している？）

　こんなふうに照らし合わせていくと、「たぶん、これが原因だろう」ということが見えてきます。家族みんなで話し合って、お母さんの家事の負担を減らしてあげましょう。

正解例 最近の出来事や変化との関連性、また、過去の類似事例との比較により、家事ストレスの影響を最有力候補と推測。対策として、家族で家事を分担したり、便利家電を購入するなどして状況改善を目指す。

ま と め

皆さん、お疲れさまでした！　このように分析していくと、家族関係に限らず、様々な人間関係の問題に対処できますね。

大切なのは、主観的な印象を客観的な事実に基づいて分解し、幅広い視点で原因を考えること。そして、仮説を立てて検証し、具体的な行動に移すこと。この方法を繰り返し使うことで、人間関係の問題解決力が確実に向上します。ぜひ、日常生活でも積極的に活用してみてください。

Column

「ベンチャー三田会」で交わされる具体化思考

慶應義塾大学の卒業生たちが親睦を図ったり、損得勘定なしに経営・起業の相談をしたりするために立ち上げられた「ベンチャー三田会」という組織があります。ベンチャーという名前がついている通り、上場企業の経営者から起業中の学生まで集まっています。私はそこの幹事を務めており、月に1回、20名ぐらいの幹事が集まる幹事会議というものが行われているのですが、それが非常に面白いのです。というのは、その場は具体・抽象力の宝庫。この本を作っているから意識が向いているということもありますが、よくよく皆さんの発言を聞いていると、まさに、具体化思考、抽象化思考、具体⇄抽象思考が交わされていると感じました。

たとえば、具体化思考でいうと、「結局、先日の懇親会のオードブルのごはんって残ったの?」みたいな話が出るんです。食べ残しに関する、ちょっとした雑談のように感じるかもしれませんが、実はこれも具体化思考の表れです。私はこの言葉を聞いたとき、「すごい、売上100億円を超える企業の経営者は1円単位もコストを無駄にしない意識なんだ……!」と驚きました。こういう具体的なところをしっかり見ているから、無駄な支出を削ることができるし、より良い使い方、たとえば起業準備中の学生への寄付などができ、細部にわたるこだわりが生まれて、上場を果たすほどの成果を上げられるのではないでしょうか。

心を分析できるか？

心は目に見えないのでとらえにくいですよね。そんなときは、
分析思考を使って段階を踏んで考えていきましょう。

部下のモチベーションが低い

　あなたは中堅企業の課長です。最近、部下のAさんのモチベーションが下がっていると感じます。そのため、生産性も低下していて、業務に支障をきたしています。どのようにしてAさんのモチベーションを上げ、適切に導いていけばよいでしょうか？

HINT モチベーションを構成する要素を細分化する

STEP 1 「モチベーション」を分解する

あなた自身、モチベーションが高いときもあるし、低いときもあると思います。そうした「心の波」はどのようにして引き起こされるのでしょうか？　まずは、モチベーションを左右する要素を分解してみましょう。「モチベーション」を1層目としてピラミッドツリーを作成してください。目標は4層です。

例 ➡ **モチベーションのピラミッドツリー**

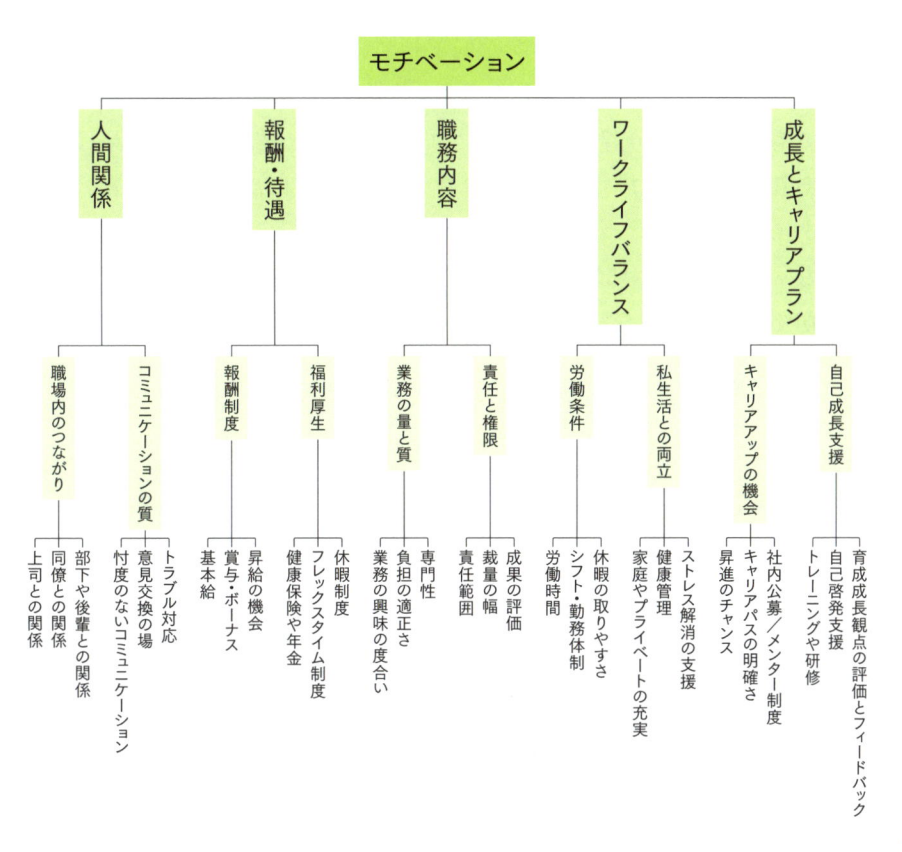

STEP 2 変化を比較する

つづいて、Aさんのモチベーションが低い理由をひもといていきます。STEP1で分解した要素を表にして、Aさんの過去（モチベーションが高かったころ）と現在（モチベーションが低い）を比較してみるとよいでしょう。基本給の額など数字で表せる部分は数字を使うと客観的に判断しやすくなります。

ただし、数字や状況だけで判断するのではなく、1on1ミーティングなども行い、Aさんの気持ちをきちんと聞くことが大切です。

STEP 3 原因を見極める

最後に、STEP2でまとめた変化や、Aさんとのミーティングなどを通して、Aさんのモチベーションが低下している原因を見極めていきます。そのとき、仮に「達成感を感じられない」ということが原因だとわかったとしても、「しっかり達成感を感じていこう！」と鼓舞しても効果はほとんどありません。達成感を感じられない根本原因は、上司である自分の管理スタイルが悪いのかもしれない、適切な仕事を与えられていないのかもしれないなど、深い部分まで思いをはせて、Aさんを導いてあげることが大切です。

正解例 　Ａさんの行動観察から、達成感の不足と仕事の意義の喪失が主な原因だと特定。短期的な成功体験を積ませるため、達成可能な小さな目標を設定。同時に、Ａさんの仕事が全体にどう貢献しているかを明確に伝える。定期的な１on１ミーティングを設け、進捗と気持ちの変化を確認しながら、適宜サポートを行う。

ま と め

人の心の内は見えないからこそ、しっかり分析して寄り添うことが大切です。部下の個性や状況に合わせてカスタマイズしてください（状況を見て第三者がヒアリングするなど、サポート体制も検討してみてください）。

仕事の速さを分析できるか？

「AがいいかBがいいか……。Cという方向性もあるし……」。
判断をスピーディかつ的確に下すのは難しいですよね。
どうすればいいでしょうか。

意思決定をスピーディにするには？

あなたは中堅企業の課長です。最近、自分の意思決定が遅いせいで
チームに迷惑をかけていると感じています。どうすればスピーディに
意思決定できるでしょうか。

HINT
意思決定プロセスを細分化する
遅い意思決定と速い意思決定の違いを比較する
外部要因と内部要因を区別して考える

STEP 1 「意思決定が遅い」という問題を分解する

なぜ、意思決定が遅くなるのでしょうか？ 「じっくり考えたいから」「どの方向性がいいかわからないから」など、理由は色々あるでしょう。

その原因を探るために大切なのは、「意思決定が遅い」という、ふんわりとした問題を具体的な要素に分解していくことです。

意思決定プロセスは、どのような要素で成り立っているでしょう。

5つに分解してみてください。

例 ➡ 意思決定のプロセス

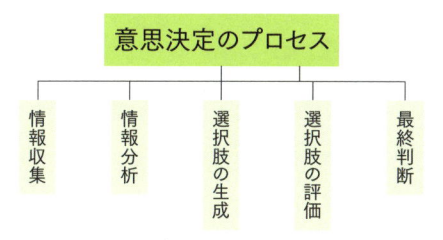

こうして分解するだけでも、どこで遅延しているのかがなんとなく推測できると思います。

STEP 2 速い意思決定VS遅い意思決定を比較する

　つづいて、速い意思決定と遅い意思決定の違いは、どんなところにあるのか考えてみましょう。スピード感、対応力、リスク管理の姿勢の3つの観点から比較してみます。

	速い意思決定 VS	遅い意思決定
スピード感	果断	慎重
対応力	柔軟	完璧主義
リスク管理の姿勢	許容的	回避的

STEP 3 要因を分類する

　最後に、意思決定を遅らせる要因を、外部要因と内部要因に分類してみましょう。というのは、意思決定が遅いのは、その人個人の問題だけではないことも往々にしてあるからです。関係者からの情報が不足しているせいで判断材料が足りていなかったり、ハンコをいくつも押してもらわないといけないせいで、最終決定まで時間がかかっていたりすることもあるでしょう。したがって、内部要因だけではなく、外部要因にも目を向けて原因を分析していくことが大切です。

	外部要因 VS	内部要因
情報収集	必要な情報を提供する部署や関係者が多く、連絡待ちが発生する	情報が不足している不安から過剰に情報を求める傾向がある
情報分析	他分野からの情報が断片的で分析に手間がかかる	分析の手順や基準が曖昧で、基準の設定に時間がかかる
選択肢の生成	他部署や関係者からの承認が必要で、関係者の意見を聞き取るのに時間がかかる	創造的な発想が苦手で、新たなアイデアを生み出すのに時間がかかる
選択肢の評価	他分野からのリスク評価の情報が断片的で分析に時間がかかる	完全にリスクのない選択肢を探そうとして決定が先送りになる
最終判断	上層部の意見や方針が頻繁に変更され、評価基準が変動する	判断ミスを気にしすぎて、決定に自信が持てない

　どうでしょうか。分類した要因を「見える化」することで、どこに焦点を当てればいいかが明確になってくるのではないでしょうか。

　STEP1〜3を通して、たとえば次のようなことがわかったとして正解例をまとめていきます。

【情報収集】必要な情報を集めるのに時間がかかっている可能性がある。

【情報分析】データの解釈に時間がかかっている可能性がある。

【選択肢の生成】十分な選択肢を考えられていない可能性がある。

【選択肢の評価】各選択肢のリスク評価に時間がかかっている可能性がある。

【最終判断】失敗への恐れから決断を先延ばしにしている可能性がある。

正解例 意思決定が遅い主な理由は、情報不足、データ解釈・選択肢の生成・リスク評価を行うスキルの不足、失敗への恐れだと考えられる。情報収集プロセスを改善し、リスク許容度を高めることで、意思決定のスピードアップが期待できる。

> ### ま　と　め
>
> このような分析の仕方が身につくと、複雑な問題も体系的に解決に導いていけるようになります。常に「なぜ？」を問い続け、根本原因に迫る姿勢を大切にしてください。そうすることで、問題解決力が飛躍的に向上するはずです。

大事なポイントを
分析できるか？

「プレゼンが苦手」という人は多いのでは？
この問題を通じて効果的なプレゼンのやり方を分析してみましょう。

「君のプレゼンは長い」と言われて……

あなたは新製品のプレゼンテーションを担当しました。万全の準備をして臨みましたが、帰り際に上司から「話が長い」と一言……。

今後は、どうすれば簡潔にわかりやすく伝えられるようになるでしょうか？

 プレゼンテーションの構造を分解する

長いプレゼンと簡潔なプレゼンの違いを比較してみる

聞き手の立場に立って、必要な情報と不要な情報を区別する

STEP 1 プレゼンテーションの構成要素を分解する

プレゼンテーションを、相手に冗長だと感じさせず、大事なことを印象的に伝えるためにはどうすればいいのでしょうか。シンプルで伝わりやすいプレゼンに必要な要素を分解してみてください。

例 ➡ プレゼンの構成要素

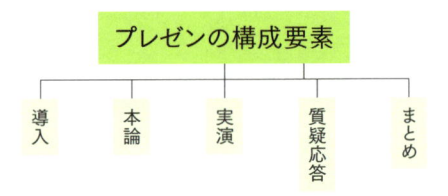

STEP 2 相違思考を使って比較する

次に、無駄に長いプレゼンと、簡潔でわかりやすいプレゼンの違いを比較してみましょう。

無駄に長いプレゼン	VS	簡潔なプレゼン
・詳細な説明が多い ・複数の例を使用 ・技術的な用語が多い ・視覚資料が複雑		・核心をついた説明 ・代表的な例のみを使用 ・平易な言葉を使用 ・シンプルな視覚資料

　この比較から、プレゼンが無駄に長くなる原因としてわかることはなんでしょう。たとえば、不必要な、詳しく複雑な説明ということが推察できるのではないでしょうか。特に、詳細な説明が多くなるというのは、努力家の人に多く見られる傾向です。プレゼン内容を非常に細かく理解しているがために、具体的なことが目につきすぎているからです。そうならないためには次のステップが重要です。

STEP 3 聞き手の立場に立って情報を分類する

　最後に、プレゼンの内容を聞き手にとって必要な情報と、不必要な情報に分けます。

必要な情報	VS	不必要な情報
・製品の主な特徴 ・顧客にとってのメリット ・競合製品との違い ・価格と入手方法		・製品開発の詳細な経緯 ・技術的な仕様の細部 ・関連性の低い統計データ ・個人的なエピソード

正解例 STEP1 ～ 3 をもとに、「プレゼンテーションの構成要素」である
5 つを、より具体化するとこうなります。

導入：目的を明確に述べ、聴衆の興味を引く簡単な問いかけをする。
本論：主要ポイントを絞り、顧客のメリットや競合製品との比較、価格と
入手方法を簡潔に伝える。
実演：最も印象的な機能のみをデモンストレーションする。
質疑応答：予想される質問に対する簡潔な回答を準備する。
まとめ：主要ポイントを再確認し、具体的な次のステップを提案する。

ま と め

以上をもとに、参考までに「無駄に長いプレゼン」と「簡潔でわかりや
すいプレゼン」を次のページに載せておきます。シチュエーションは、
「キッチン用品メーカーの営業担当が、新商品の鍋をスーパーに置いて
もらうためのプレゼン」です。

【NG：無駄に長いプレゼン】

本日は「主婦を家事労働から解放する鍋」をご紹介します。

不必要
（製品開発の詳細な経緯）

実は、この鍋が生まれるまでの道のりは非常に長く、開発チームが試行錯誤を重ねてきました。
最初に製品コンセプトが浮かんだのは2018年の秋頃でした。そこから約2年間の試行錯誤を経て、ようやく現在の製品仕様にたどり着きました。

この鍋には、最新のテフロン加工が施されており、焦げ付きにくく、食材が簡単に取り出せる設計となっています。

不必要
（製品開発の詳細な経緯）

テフロン加工には実に3種類の素材〇〇、××、△△を試し、10回以上の耐久テストを行いました。また、マーブル加工のデザインも、1ヶ月に一度のペースで計15回の試作を経て完成したもので、視覚的にも楽しめるものに仕上がりました。

不必要
（技術的な仕様の細部）

この鍋の厚さは製造時に数百回の試行を経て精密に計算された3ミリであり、この厚さにより最適な加熱効率が得られることが確認されています。また、鍋の素材には熱伝導率を最大化するために開発された特殊合金△△が採用されており、この合金は耐腐食性にも優れ、鍋の寿命を長く保ちます。さらに、この合金は通常の金属よりも軽量でありながら強度が高いため、日常的な使用においても高いパフォーマンスを発揮します。さらに加えて、ハンドル部分には高温に耐えることのできる特殊な耐熱シリコンが施されており、このシリコンは人体に無害な素材を使用しているため安心です。高温環境下でもしっかりと持ちやすく、安全性を考慮した設計がなされています。

不必要
（関連性の低いデータ）

ちなみに、家庭での料理時間は年々短縮傾向にあり、ある調査によると、2019年には平均で週に5時間かけていた料理が、2022年には約4.5時間に減少しています。この鍋を使うことで、より効率的な料理時間の短縮も期待できます。

不必要
（個人的なエピソード）

開発チームのリーダーである田中は、自宅でこの鍋を実際に使い、「子どもたちも気に入ってくれて、野菜をよく食べてくれるようになった」と言っていました。また、家事負担が軽減されたことで、家族で過ごす時間も増えたそうです。

まとめ

以上が、主婦を家事労働から解放する鍋の魅力です。製品の特徴、技術的な背景、関連データ、そして開発担当者の個人的なエピソードを通して、皆様にこの鍋の価値をご理解いただければ幸いです。

【OK：簡潔でわかりやすいプレゼン】

導入
本日は「主婦を家事労働から解放する鍋」をご紹介します。

本論

製品の主な特徴
まず、製品の主な特徴をご紹介します。この鍋には最新のテフロン加工が施されており、焦げ付きにくく、食材が簡単に取り出せます。また、美しいマーブル加工が施されており、視覚的にも楽しめます。

顧客のメリット
これによるお客様のメリットは、料理がスムーズになり、手入れも簡単になるということです。エコフレンドリーな素材を使用しているため、環境にも配慮されています。毎日の料理がより快適で、持続可能な選択肢となります。

競合製品との比較
また、この鍋は他の鍋と比べて、テフロン加工の耐久性が高く、長持ちします。また、マーブル加工により、見た目の美しさと使いやすさが兼ね備えられています。競合製品では得られない品質とデザインを提供しています。

価格と入手方法
価格は¥5,000で、全国の主要なスーパーやオンラインショップでお求めいただけます。

実演・質疑応答
※実演と質疑応答

まとめ
今日ご紹介した主なポイント、テフロン加工、マーブル加工、エコフレンドリーな素材、そして競合製品との違いをぜひご確認ください。今後の製品検討において、ぜひ私たちの鍋を考えていただければと思います。ありがとうございました。

経営を分析できるか？

自分でお店を開いている人の場合、赤字は深刻な問題です。
この問題を解くことでビジネスの収益構造を
多角的に分析する力が身につきます。

赤字店舗を黒字にせよ

　あなたは居酒屋を経営しています。価格を下げたり、メニューを考案したり、自分なりに精一杯努力していますが資金は減っていくいっぽう……。

　この状況を改善するにはどうすればいいでしょうか？

 **HINT** 数字で現状を把握する

数字以外の要因（サービス、雰囲気など）も分析する

STEP 1 経営状況を数字で確認する

お店がうまくいっていないと気持ちが焦るあまり、「価格を下げてみよう」「オリジナルメニューで人を集めよう」「インスタで宣伝しよう」など、とりあえず思いつくことを手当たり次第やってみたくなるかもしれません。けれども、深刻な事態に直面しているときこそ、いったん立ち止まり落ち着いて考えることが大切です。

そこで大事になってくるのが、感覚ではなく、客観的な数字に基づいて状況を多角的に分析すること。現在の営業利益（＝売上高−費用）を計算するために必要なピラミッドツリーを作成してください。営業利益を1層目として4層にしてみましょう。

例 ➡ 営業利益のピラミッドツリー

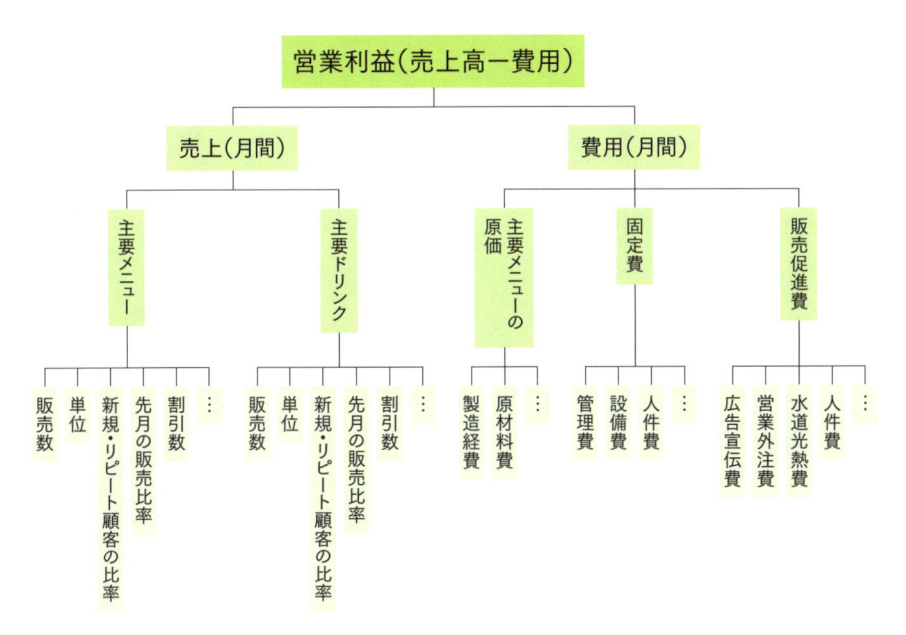

このピラミッドツリーをもとに、売上と費用を計算すれば、現状の経営状況がわかります。また、客単価や客数、回転率なども計算してみるとよいでしょう。客数の推移を把握していれば、混雑する時間帯や曜日がわかるので、経営の効率化を図りやすくなります。

STEP 2 なぜ赤字になっているのかを考える

月にいくら赤字になっているかがわかったら、なぜそうなっているのか原因を分析していきましょう。分析の視点は色々ありますが、「売上減少」「費用増加」で分析していきます。具体的にどのようなことを深掘りしていけばいいか、ピラミッドツリーを書いて考えてみてください（赤字の要因を１層目、分析の視点を２層目として４層になるように）。

例 ➡ 赤字の要因

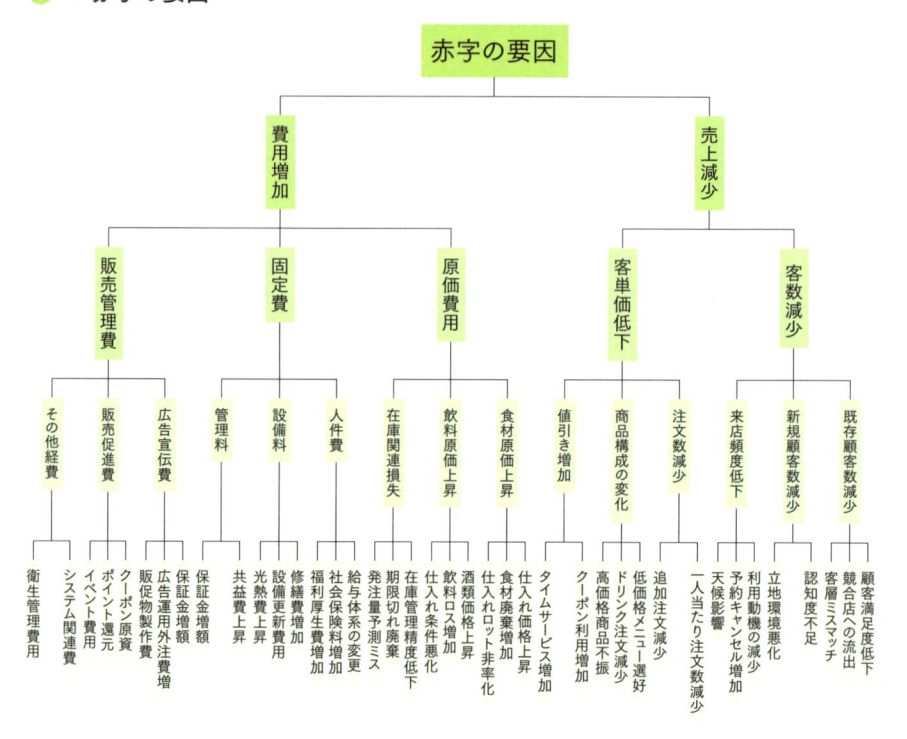

STEP 3 改善策を考える

　STEP2で分析した要因をもとに、具体的な改善策を考えます。たとえば、こんなことが挙げられるかもしれません。

【改善策の例】

　・メニュー構成の見直し（高収益商品の開発）

　・原価管理の徹底（仕入れ先の見直し、廃棄ロス削減）

　・サービス品質の向上（スタッフ教育、接客マニュアルの作成）

・店舗の雰囲気改善（内装のリニューアル、清掃の徹底）
・ターゲット顧客層の再定義と適切な販促活動
・固定費の見直し（家賃交渉、エネルギー効率化）
・差別化戦略の構築（独自のコンセプト、特徴的なメニュー）

　今すぐできること、時間がかかることに分けて、具体的なスケジュールに落とし込み、PDCA サイクルを回していきましょう。

正解例　現状分析の結果、価格以外にも原価率の高さ、サービスの質のばらつき、店舗の雰囲気の古さ、ターゲット設定の不明確さなどの問題が判明。短期的にはメニュー構成の見直しとスタッフ教育を行い、中長期的に店舗リニューアルとターゲット再定義を実施。具体的な数値目標（3 ヶ月で営業利益率 X% 以上）を設定し、週次・月次で進捗を確認。顧客の声も積極的に取り入れ、継続的な改善を図る。

まとめ

このように、うまくいっていないことの現状を分析して改善策を立てることは、居酒屋経営に限らず様々なビジネスの問題解決に活用できます。とはいえ、どんなに問題を具体化して改善策を考えられるようになったとしても、実行するのが何よりも大事。具体化力は、実行をともなってこそ人生で活きてきます。小さなことからでかまわないので、まずは一歩踏み出してみてください。

身近な統計を推定できるか？

「ざっくり計算して動く」というのは仕事を推し進めるうえで欠かせない力です。
大きな数字を推定する、推定思考の問題をやってみましょう。

日本に学生は何人いる？

新しい教育関連サービスの企画を立てるため、日本の学校に通っている学生の数を調べることになりました。しかし、詳細な統計データがすぐには手に入りません。そこで、自分で推定してみることにしました。

小学校から大学まで、日本にいる学生のおおよその数を出すにはどうすればいいでしょうか？

小学生 ＋ 中学生 ＋ 高校生 ＋ 大学生 ＝**?**
？？？人　　？？？人　　？？？人　　？？？人

HINT 全体を構成要素に分解する

身近な情報や常識的な数字を基準にする

段階的に推定を積み上げていく

STEP 1 構成要素を分解する

まずは、「日本の学校に通っている子どもの数」という大きな事柄を、より小さな部分に分解して、専門学生や大学院など様々な種類の学生がいますが、今回はシンプルに小学生、中学生、高校生、大学生の4種類で考えていきます。

例 ➡ 日本の学生数

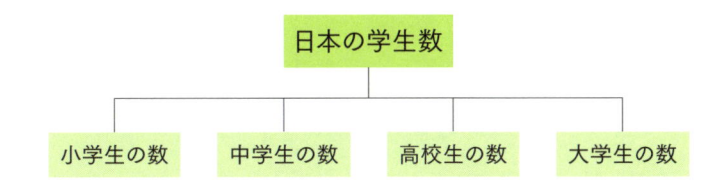

STEP 2 基準となる数字を設定する

STEP1によって、下記の公式が成り立つことがわかったと思います。

日本の学校に通っている学生の数＝小学生の数＋中学生の数＋高校生の数＋大学生の数

けれども、今はそれぞれの数がわからないから困っているわけです。

そんなときは、「推定の基準となる数字」を設定するのがおすすめ。ここでは、日本の総人口を基準にして考えてみましょう。

日本の総人口：1億2488万5175人（2024年）

「1億2000万人」という感覚があれば OK です。

STEP 3 各段階の人数比を推定する

つづいて、小学校、中学校、高校、大学の違いを比較していきます。

今は人数を推定することが目的なので、数字に関連することで比較していきます。どんなことが挙げられるでしょうか?

たとえば、各段階の年数を比較してみると下記のようになります。

これをすることで、総人口における人数比を推定することができます。

	小	中	高	大
年間	6年	3年	3年	4年

STEP 4 段階的に推定していく

実際は日本の人口ピラミッド、出生率の低下などで詳細な調整はありますが、大まかに、段階的に推定していきます。今一度、STEP2で出した公式を思い出してみましょう。あと何がわかれば、下記の公式をもとに計算できそうでしょうか。

【日本の学生数を割り出す公式】

小学生の数+中学生の数+高校生の数+大学生の数

小中高大それぞれの数を知りたいわけですよね。そこで、ここから段階的に推定していきます。

【小学生の数の推定】

　小学生は義務教育で、入学率をほぼ100%と仮定します。日本人の平均年齢を80歳とすると、日本人のうち小学生の割合は6/80=0.075＝7.5%ということができます。1.2億人×7.5%＝900万人。日本の人口の約10%が小学生数と仮定すると、1億2000万人 × 10%＝1200万人となります。

【中学生の数の推定】

　中学生も小学生と同様に義務教育のため約100%が入学するとし、小学生（6年）の半分の通学年数（3年）のため、小学生の半分が中学生数と仮定します。900万人/2=450万人。日本の人口の約5%（小学生の半分）が中学生数と仮定すると、1億2000万人 × 5%＝600万人となります。

【高校生の数の推定】

　高校生は義務教育ではありませんが、小学中学と同様に進学率が非常に高い（100%）と仮定します。　中学と同様に、全人口の3/80が占めると考え、450万人と推定します。日本の人口の約5%が高校生数と仮定すると、1億2000万人 × 5%＝600万人となります。

【大学生の数の推定】

　大学生の場合は、進学率をおよそ50%とします。日本の全人口の割合のうち、4年÷80歳÷50%（進学率）＝2.5%と推定できます。1.2億人×2.5%=300万人を大学生数と推定します。あとは小学生〜大学生で推定した数字を足し算します。

　高校生の数÷3（1学年あたりの数）× 進学率（約50%と仮定）× 4（4年制大学が多いため）で、450万人÷3 × 50% × 4 ＝ 300万人となります。

　あとは、これを足し算すればOKです。

　約2700万人（1200万人 +600万人 +600万人 +300万人）。

　これでも大まかな数字としては算出できましたが、日本の少子化傾向は

反映できていないでしょう。

　※この推定では全年齢が同じ人口数の場合の推定になっています。

　また、より精緻なものにするには、近年の日本の出生数が年間70〜80万人規模といわれていることを踏まえて、検算してみる方法もあります。

　・仮に20歳以下が年間約100万人として
小学生　80万人×6学年＝480万人
中学生　80万人×3学年 =240万人
高校生　80万人×3学年 =240万人
大学生　80万人×4学年×50%=160万人

合計　1120万人（480万人＋240万人＋240万人 +160万人）

　全年齢が同数と少子化の状況に対して多めに推定した2700万人と、少子化の状況に鑑みて推定した1120万人の間がおよその答えになるでしょう。

　ここでは暫定的に、あくまでも大まかな推定問題として、間の1910万人を答えとします（人口ピラミッドの形に応じて、増減があるかと存じます）。

具体化思考ドリル

正解例 答え　1910万人

まとめ

統計的な推定は、正確な数字よりも考え方が大切です。「だいたいこの くらいかな？」という感覚を磨いていきましょう。

Column

推定思考で使う「仮の数字」の考え方

　今回の問題でいうと、小学生や中学生の数を、日本の人口の7.5％など と仮定しました。この「7.5％」のように、仮の数字を設定するのが難し いと感じる人もいるでしょう。やり方はいくつかあります。

　1つ目は、大雑把に考えるということ。今回の問題でいうと、一旦は人 口の年齢ごとの分布は無視して、純粋に年齢の比率で考えるということ。 大まかに80歳までしか人口はいないと考えて、そのうちの小学生は6学 年、つまり6/80であると考えるのです。シンプルに都合よく一旦切り口 を作って推定していきましょう。その後、考慮が漏れていた事項（例えば 年齢分布）などを考慮していきます。

　2つ目は、自分の日頃つかんでいる情報を信じるということ。ふだんの 生活から小学生はけっこう多いと感じているのか、少ないと感じているの か、それにもとづいて数字を決めます。

　もちろん、簡単にデータが手に入るならそれを使うのが一番です。

運命の出会いを推定できるか？

「出会いが欲しいな〜」というとき。そのような日常的な問題も
推定思考を用いれば答えにたどり着きやすくなります。

30代男性が結婚できる確率は？

　あなたは30代の男性会社員です。ここ数年彼女がいないため、そろそろ良い人とめぐり逢いたいと真剣に考え始めています。結婚相談所に入会しようか悩んでいますが、友達の紹介に賭けたい気持ちや、このまま自然に任せたい気持ちもあります。それぞれの成婚率を推定思考を使って算出してみてください。

結婚できる確率は
どれくらいだろう？

HINT 出会いの確率を算出する

段階的に推定を積み上げ、最終的な成功確率を比較する

結婚相談所の成婚率を推定する

結婚相談所に登録した場合、専任のカウンセラーやマッチングシステムによって、ある程度条件が合う人と出会えることが期待されます。

ここでは、毎月1人と出会うとし、1年間で12人と出会う確率を100%と仮定します。

次に、交際に発展する確率を推測していきます。出会った12人の中から、実際に交際に進展する確率を仮に30%とします。このため、12人中4人（12人 × 30%）が交際に進展すると仮定します。

そして、成婚に至る人の数を計算していきます。

交際が始まった4人のうち、実際に成婚に至る確率を30%と仮定します。

すると、成婚に至るのは1.2人（4人× 30%）になります。

会員を100人として考えると、成婚に至る人の割合は、100人 ×（1.2 / 12人）＝10% です。

この計算結果から、成婚率は10% 程度となります。ただし、活動に積極的な人や条件の合致度によっては、成婚率が高まると予想されるため、10〜15% 程度の範囲で推定できると考えられます。

結論：10〜15%

友達の紹介の成婚率を推定する

　結婚まで進むのに必要な条件は何でしょう。3段階で考えてみてください。

例 ➡ 結婚まで進むのに必要な条件

① 友達の紹介で実際に出会いが発生する確率
② 会った後、お互いに興味を持ち交際に発展する確率
③ 交際が成婚に至る確率

この3つを掛け合わせると、成婚率を出せそうですね。

仮に、以下のような割合で考えてみましょう。
① 出会いが発生する確率：友人が紹介してくれた異性と実際に会う確率を50%とします。
② 交際に発展する確率：会った後、お互いに興味を持ち交際に発展する確率を40%とします。
③ 成婚に至る確率：交際が成婚に至る確率を30%とします。

それらを掛け合わせてみると、
成婚率 = 50% × 40% × 30% = 6%

結論：6%

自然に任せる場合の成婚率を推定する

　30代男性というシンプルな条件で、何もしない場合の成婚率を考えてみます。結婚まで進むのに必要な条件はこの3つです。

① 自然な出会いの確率
② 交際に発展する確率
③ 成婚に至る確率

これらを掛け合わせると成婚率を出すことができます。

仮に、以下のような割合で考えてみましょう。

① 自然な出会いの確率：何も活動しない場合でも、仕事や日常生活で
　自然に異性と出会う可能性があります。30代の仕事を持つ男性なら、
　同僚や取引先で出会う可能性があると想定します。この出会いの確
　率を約10%と仮定します。
② 交際に発展する確率：出会った相手と実際に交際に発展する確率を
　30%と仮定します。
③ 成婚に至る確率：交際した相手と成婚に至る確率を、他のケースと
　同じように30%とします。

これらを掛け合わせると、成婚率 = 10% × 30% × 30% = 0.9%

結論：0.9%

成婚率はそれぞれ、結婚相談所に入会した場合は 10 〜 15%、友達の紹介の場合は 6 %、自然に任せた場合は 0.9%となります。

ま と め

推定するために使った数字は仮のものです。今回は、30代男性というシンプルな条件で計算しましたが、年収や住んでいる場所などを考慮すると、より精度の高い推定ができるでしょう。そして、大事なのは、推定した後に実際に行動し、実際の数字と照らしてみることです。まずは結婚相談所。次に友達の紹介。それぞれの定量的な数字、遷移率や定性的な条件、好みなどを照らして婚活の戦略を練っていきましょう。

新規市場の可能性を推定できるか？

ある市場ではレッドオーシャンでも、
別の市場ではブルーオーシャンになることがあります。
未開拓市場の潜在的な規模を推定してみましょう。

男性向けコスメの市場規模を推定せよ

　あなたは大手化粧品メーカーの企画部で働いています。女性向けコスメの売上が頭打ちになってきたため、男性向け市場への進出を検討することになりました。利用可能な情報から男性向けコスメ市場の規模と事業機会を推定してみてください。

女性市場

男性市場

HINT 市場規模の構成要素を分解する

女性向けコスメ市場と男性向けコスメ市場の違いを考える

段階的に推定を積み上げていく

STEP 1 対象を分解する

　まず、「男性向けコスメ市場の規模」というものは、どのような要素から成り立っているかを考えてみましょう。ターゲットとなる男性は何人くらいいるのか。その中で、コスメに興味を持ったり実際に購入したりする人はどれくらいいるのか。これらのヒントをもとに分解してみてください。

例 ➡ 男性コスメ市場の規模

```
              男性向けコスメ市場の規模
  ┌───────────┬───────────┬───────────┬───────────┬───────────┐
 潜在的な顧客数  コスメに興味を持つ   実際に       平均購入金額    購入頻度
 （日本の成人男性人口） 男性の割合    購入する確率
```

STEP 2 女性向け市場との違いを比較する

　次に、女性向けコスメ市場と男性向けコスメ市場の違いを考えてみます。これらの違いを考慮することで、より現実的な推定ができます。

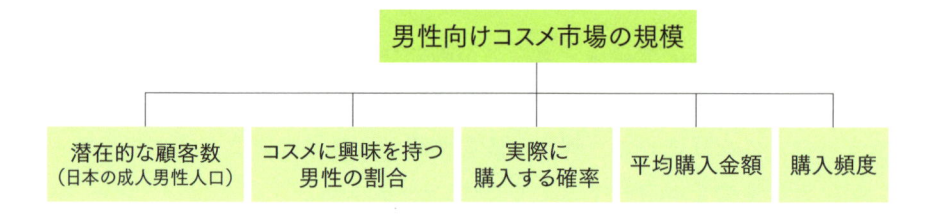

	女性向け **VS**	男性向け
商品の種類	多様	限定的
使用頻度	高い	比較的低い
社会の受け入れ体制	整っている	進行中

STEP 3 基準となる数字を設定する

推定していくにあたり、基準となる数字を設定します。
・日本の成人人口：約1億人
・女性向けコスメ市場規模：約2兆5000億円

STEP 4 段階的に推定していく

基準となる数字をもとに、STEP1で分解した要素をそれぞれ推定していきます。その際に、STEP2で比較した特徴を考慮すると、より現実的に推定できます。たとえば、「使用頻度は女性に比べて男性のほうが低いから、低く見積もっておこう」という具合です。

【潜在的な顧客数の推定】

日本の成人男性人口→約5000万人（人口1億人の半分）

【コスメに興味を持つ男性の割合の推定】

20%と仮定→5000万人 × 20% ＝ 1000万人

【実際に購入する確率の推定】

興味を持つ男性の50%が購入すると仮定（社会の受け入れ体制はまだ十分に整ってはいないため、これくらいだろうと推測）
→1000万人 × 50% ＝ 500万人

【平均購入金額の推定】

女性の平均購入金額の60%と仮定（商品の種類が限定的なため）
→仮に女性が年間5万円使うとすると、男性は3万円

【購入頻度の推定】

年2回と仮定（使用頻度が低いだろうという推測に基づき、女性の1/3

程度と推定）

　以上をもとに、男性向けコスメの市場規模を公式化するとこうなります。

【男性向けコスメ市場規模】
　実際に購入する男性（500万人）× 平均購入金額（３万円）× 購入頻度（年２回）＝3000億円

正解例　男性向けコスメ市場規模＝500万人 × ３万円 × 年２回＝3000億円。さらに、潜在的な顧客数は5000万人おり、コスメに興味を持つ男性は1000万人いると推定されるため、潜在的なニーズを掘り起こすことができれば、ビジネスチャンスは非常に大きいと考えられる。

まとめ

繰り返しになりますが、問題に出てくる数字はおおよそのイメージで設定してかまいません。真面目で努力家な人ほど、正確さにとらわれて、基準となる詳細なデータを探すことに時間を使いがちです。けれども、この問題を通して身につけていただきたいのは、正確な数字を出すことよりも、「どういう考え方をすればいいか」ということ。そして企画構想段階から顧客の声を聞いたり、資料で販売シミュレーションをしたりなど、行動・検証段階により早く移ること。
推定思考の型が身につけば、実際のビジネスの現場においては、簡単に入手できる数字を使って、スピーディに仕事を推し進めることができます。今は、たいがいの数字はネットで調べることができます。だからこそ、その数字をどう取り扱えばいいのか、推定思考の型を身につけることが大切です。

未知の市場を数字で攻略せよ

この問題を解くことで、
限られた情報から論理的に市場規模を推定する力が身につきます。
今回は海外の市場規模を推定してみましょう。

日本の缶コーヒーは
アフリカでどれくらい売れる？

あなたは大手飲料メーカーの海外事業部で働いています。日本で人気の缶コーヒーをアフリカ市場に展開することを検討していますが、アフリカの市場規模を把握するための正確な統計データがありません。そこで、あなたは利用可能な情報からアフリカの缶コーヒーの市場規模を推定することにしました。どのようにして推定すればよいでしょうか？

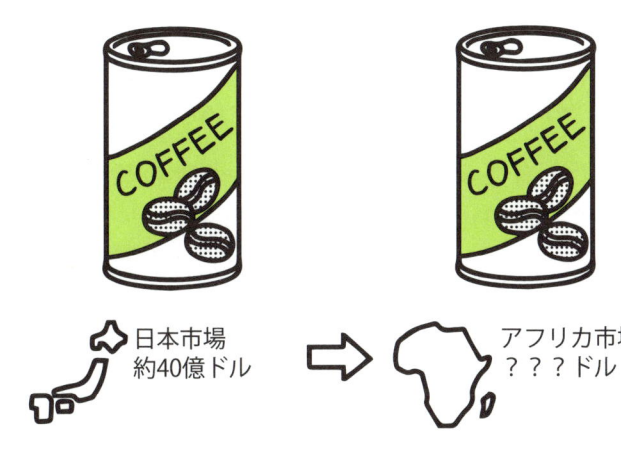

日本市場
約40億ドル

アフリカ市場
？？？ドル

HINT 「アフリカの缶コーヒーの市場規模」を小さな要素に分解する

身近な情報から推察してみる

概算で考え、細かい数字にこだわりすぎないようにする

STEP 1 「アフリカの缶コーヒーの市場規模」を分解する

まずは「アフリカの缶コーヒーの市場規模」という大きなものが、どのような要素で成り立っているのか分解していきます。これをすることで、それぞれの要素を個別に推定しやすくなります。

例 ➡ アフリカの缶コーヒーの市場規模

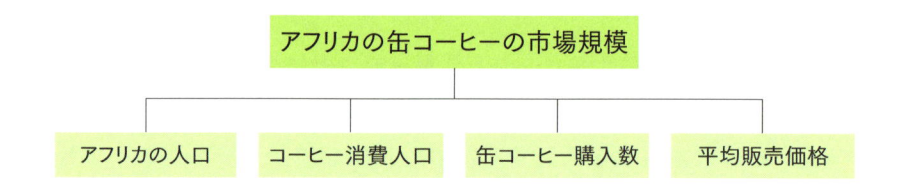

STEP 2 身近なデータから不鮮明なデータを推定する

先ほど分解した各要素が、実際にはどの程度の数字になるのかをSTEP2・STEP3で段階的に推定していきましょう。

まずは身近なデータをもとに、割り出せそうな数字を算出します。

【人口】

日本の人口は約1.2億人。アフリカは日本の約10倍と言われているので12億人と推定できます。

【都市部の人口比率】

　日本は約90% が都市部に住んでいますが、アフリカはそこまで都市化が進んでいないでしょう。半分くらいの45% としてみましょう。

【1人あたりのGDP】

　日本は約4万ドルですが、アフリカはまだまだ発展途上。日本の20分の1程度、つまり2000ドルくらいでしょうか。

【コーヒー消費量】

　日本人は年間約300杯（うち缶コーヒーが約100缶）飲むと言われています。アフリカはコーヒー文化が異なるので、日本の10分の1、つまり年間30杯（うち缶コーヒーが10缶）と仮定してみましょう。

STEP 3 仮説の設定

　STEP2で算出した数字をもとにして、アフリカの市場規模を推定していきます。ここからは、いくつかの仮定を立てる必要があります。

【缶コーヒーを飲む可能性が高い年齢層は？】

　アフリカの人口は12億人くらいだと推定済みですが、全員がターゲットになるわけではないですよね。そこで、ターゲットを15〜64歳と仮定します。そしてこれを全人口の約60% としましょう。ちなみに、これは日本とほぼ同じです。

【缶コーヒーを買える所得がある人は？】

　一人あたりの GDP は2000ドルくらいと推定済みです。でも、これはあくまで平均であり、収入が高い人もいれば低い人もいますよね。そこで、実際に缶コーヒーを買えるくらいの所得がある人の割合を仮定していきます。日本の半分程度だとして、20%程度でしょうか。

【どれくらい買ってくれる？】
　ターゲットとなる人たちが、年間でどれくらい買ってくれるかということも考えなくてはいけません。そのとき大切になるのはどのような視点でしょうか？　たとえば、気候は重要な要素です。アフリカは暑い地域が多いので、暑さで消費量が増えると考えて（販売するのはアイスコーヒーの予定）日本の1.5倍と仮定してみましょう。

【１本いくらで売る？】
　アフリカは日本に比べて１人あたりのGDPが低いので、価格設定も大事な要素です。日本の３分の１の価格ということにして、100円÷３＝33.3円＝0.33ドルに設定しておきます。

STEP 4　段階的な計算

　これまでの情報を使って段階的に計算していきます。
　STEP1で分解した要素に、それぞれの計算式を当てはめてみましょう。

【アフリカの人口】
　12億人×0.45（都市化率）×0.6（年齢層割合）＝3.24億人

【コーヒーの消費人口】
　3.24億人×0.2（購入可能な所得者の割合）＝0.648億人（6480万人）

【缶コーヒーの購入数】
　6480万人×10缶×1.5（暑い気候を考慮）＝9.72億缶

【平均販売価格】
　9.72億缶×0.33ドル＝3.21億ドル

正解例 アフリカの缶コーヒー市場規模は、日本のデータをもとに推定すると約 3 億ドルと考えられます。この推定は、アフリカの人口（約 12 億人）、都市化率（約 45%）、1 人あたり GDP（約 2,000 ドル）、気候要因などを考慮しています。現在の市場規模は日本（約 40 億ドル）と比べてまだ小さいですが、都市化の進展や所得水準の向上に伴い、大きな成長のポテンシャルがあると言えるでしょう。

ま と め

都市化が進み、所得水準が上がれば、市場規模が急速に拡大する可能性があります。また、アフリカの暑い気候は缶コーヒー消費にプラスに働くかもしれません。

ただし、現地のコーヒー文化や好みに合わせた製品開発も必要になるでしょう。たとえば、砂糖たっぷりの甘いコーヒーが好まれる地域もあるかもしれません。このように、直接的なデータがなくても、身近な情報と論理的な推論を組み合わせることで、未知の市場規模を推定することができるのです。

より現実的な推定を叶える「感度分析」

　ビジネスの世界では、想定外のことがよく起こります。だから、数値を少し変えてみて、結果がどう変わるか確認することが大切です。これを感度分析と言います。

　今回の問題を例にとって考えてみましょう。消費量が20％増加したら約3.85億ドル、逆に20％減少したら約2.57億ドルになります。また、平均価格が0.5ドルだったら約4.86億ドルになりますね。

　このように幅を持たせて考えることで、より現実的な市場規模の範囲が見えてきます。おそらく2.5億ドルから5億ドルの間というところになるでしょう。

　ビジネスの世界では、このような思考プロセスが非常に重要になります。完璧な答えはなくても、論理的に考え、仮説を立てて検証していく。その繰り返しが、新しいビジネスチャンスを生み出す原動力になるのです。

抽象化思考
ドリル

鋭い洞察力。
抽象化思考ができる人には、それがあります。

なぜなら抽象化思考は、雑多に散らばった情報や、
一見無関係に見える事柄同士からも共通点を見つけ、
物事の本質を見抜く思考法だからです。

細部の違いに目を奪われることなく
そこに共通する要素を見極めます。

それは、
世の中の多くの人が見えないものが見えるということ。
多くの人が見落としていることに気づくということ。

そんな世界に足を踏み入れると思うとワクワクしてきませんか？

本章では、下記の４つに分けて抽象化思考を鍛えていきます。

・共通点思考
・分類思考
・要点思考
・法則思考

それぞれの「思考のコツ」を参照のうえ、
気軽な気持ちで取り組んでください。

共通点思考

ものとものの間に隠れている共通点を抽出する思考。

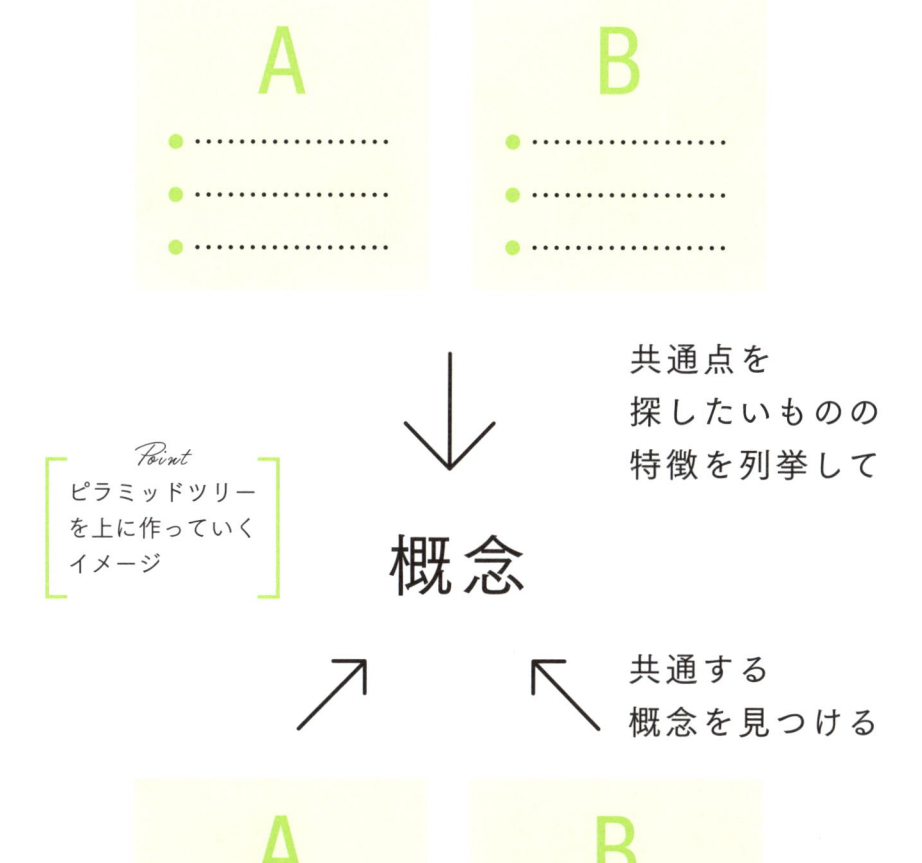

Point
[ピラミッドツリー
を上に作っていく
イメージ]

概念

共通点を
探したいものの
特徴を列挙して

共通する
概念を見つける

分類思考

雑多な要素を様々な基準を使ってグループにし、整理整頓する。

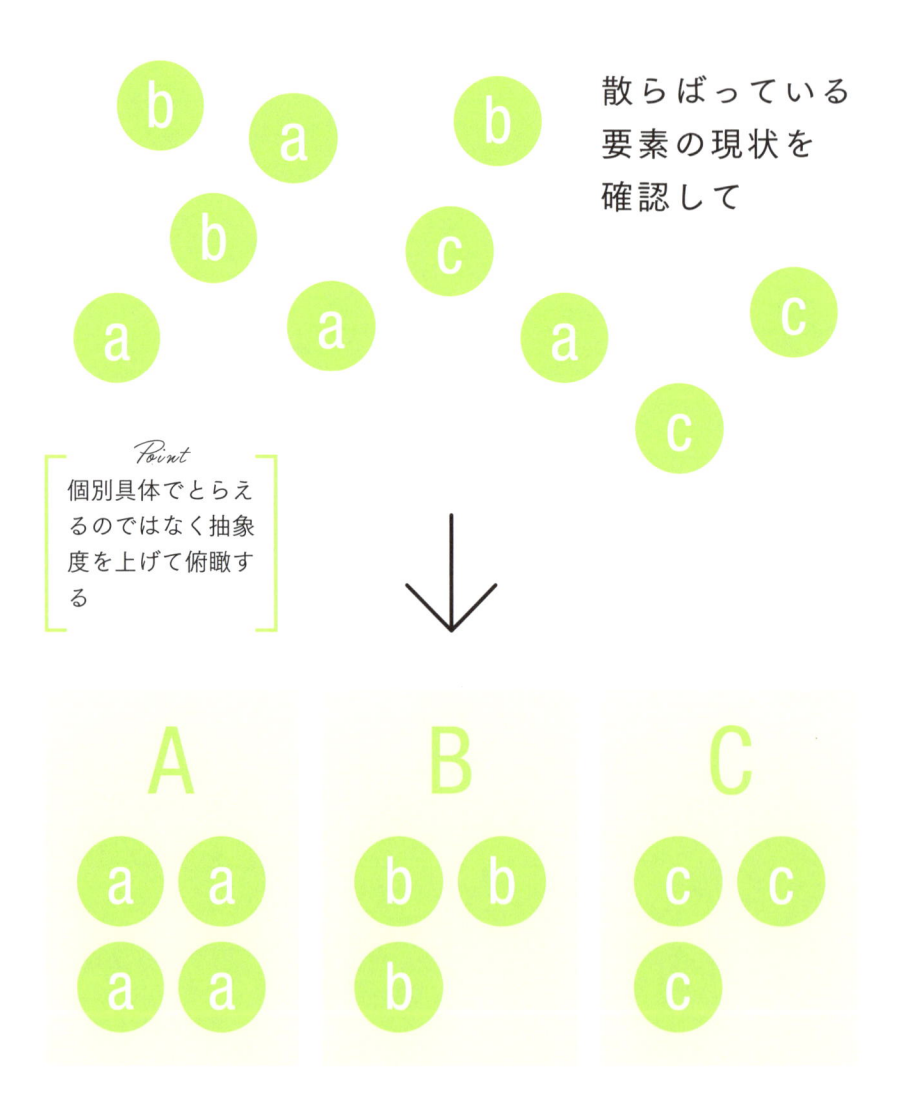

散らばっている
要素の現状を
確認して

Point
個別具体でとらえ
るのではなく抽象
度を上げて俯瞰す
る

チーム分けする

要点思考

具体的な情報をもとに事柄の芯をとらえる。

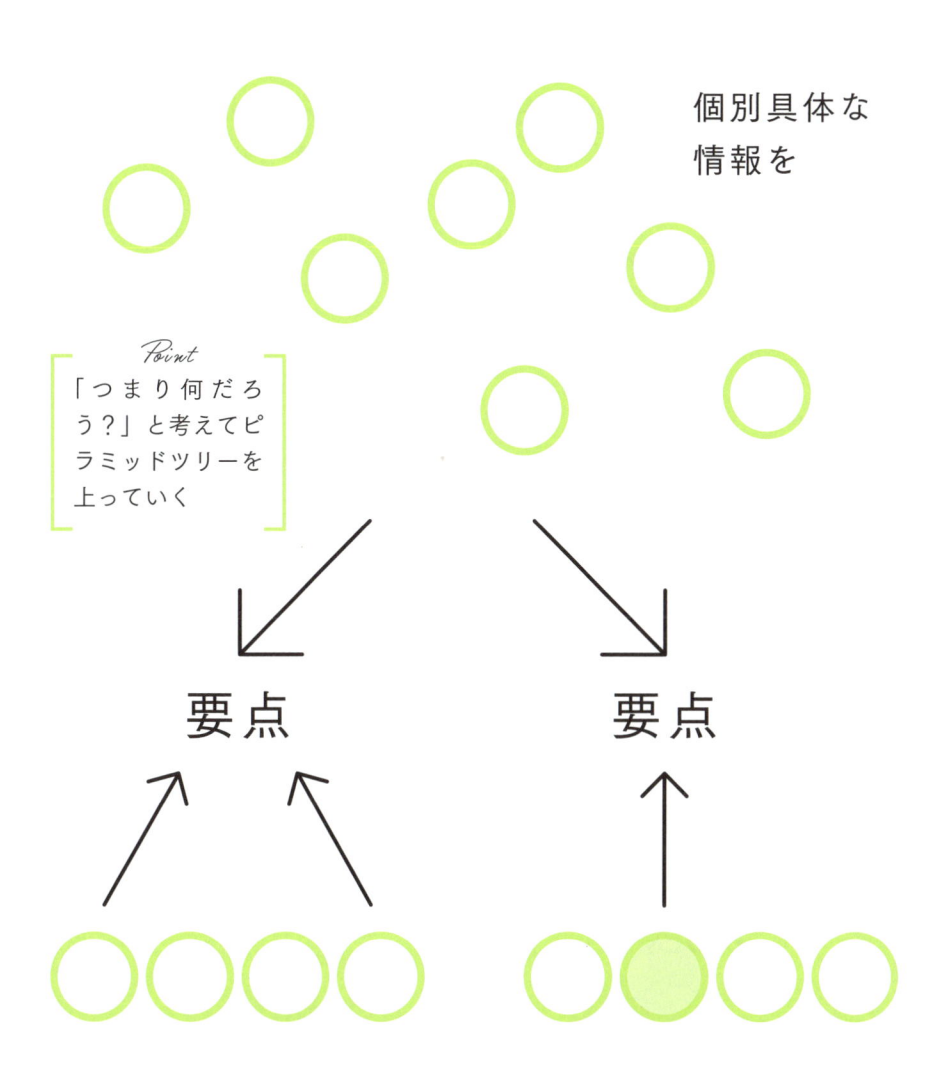

個別具体な
情報を

Point
「つまり何だろう？」と考えてピラミッドツリーを上っていく

要点　　　要点

概要を抽象化したりポイントを抽出したりする。

法則思考

共通点、分類、要点思考を使って成功する法則を洞察し、導き出す。

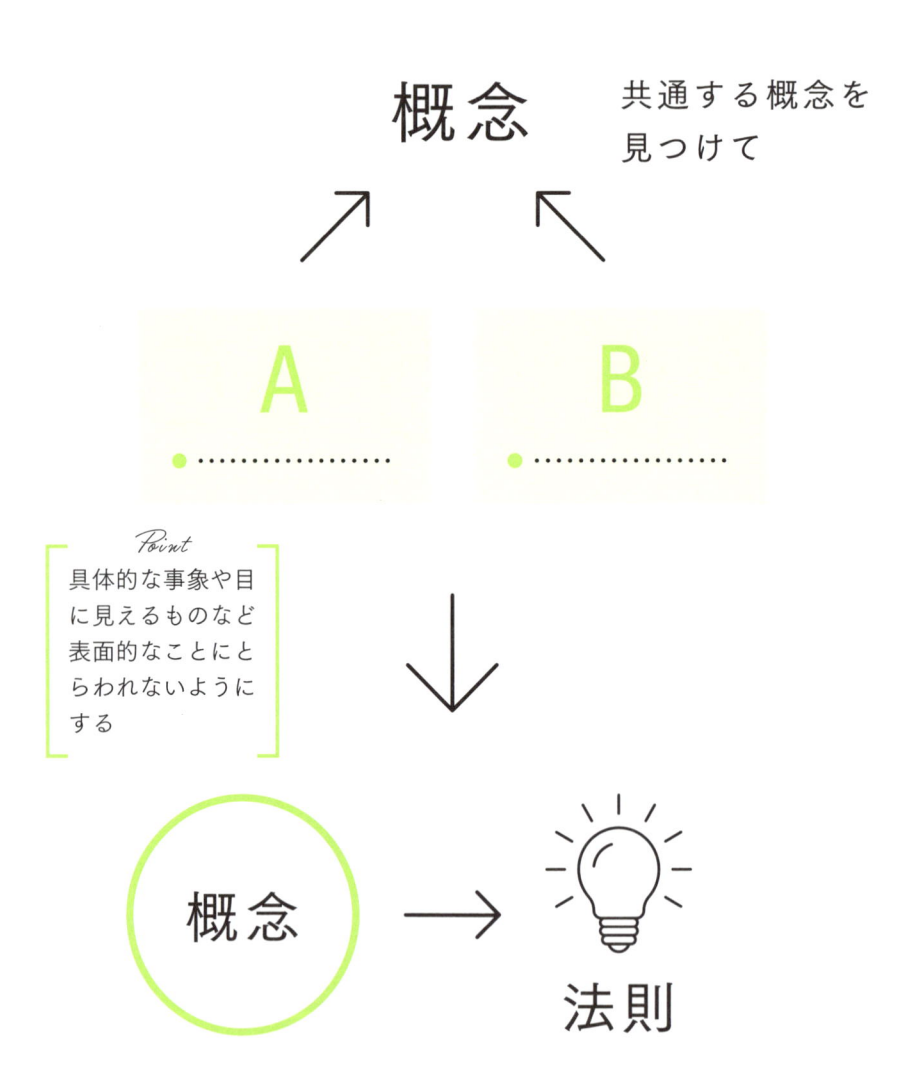

さらに抽象度を上げて法則を導き出す

共通点を見つけられるか？

共通点思考を身につけるための基本となる問題です。
頭の中に立体的なピラミッドをイメージして取り組んでみてください。

これは、一言で言うと
何だろう？

　あなたは小学生の子どもを持つ親です。子どもが「これわかる？」と宿題を見せてきました。そこには下記のような問題が載っています。あなたは何と答えますか？

> 問題：これらに共通することは
>   何でしょう？
>
> ・港区
> ・埼玉県
> ・九州

HINT　共通点を探す対象の特徴を列挙する

共通する概念を見つける

ピラミッドツリーを上に作っていくイメージ

STEP 1　それぞれの特徴を書き出す

ぱっと見ただけで答えがわかった方は多いと思います。でも、少しだけお付き合いください。このようにシンプルな問題の場合は感覚的に答えにたどり着くことができますが、複雑な問題になってくると、そう簡単にはいかなくなってきます。基本的な思考のプロセスを一緒に確認していきましょう。

まずは、それぞれの特徴を書き出します。

例 ➡ 港区の特徴

・日本
・東京23区の一つ
・地価が高い

例 ➡ 埼玉県の特徴

・日本
・県名
・海に面していない

例 ➡ 九州の特徴

・西日本
・エリアの名前

・比較的暖かい

STEP 2 共通する概念を見つける

もう簡単ですね。これらの共通点は「日本」です。ただし、抽象度を表す階層は異なります。ピラミッドツリーにしてみましょう。

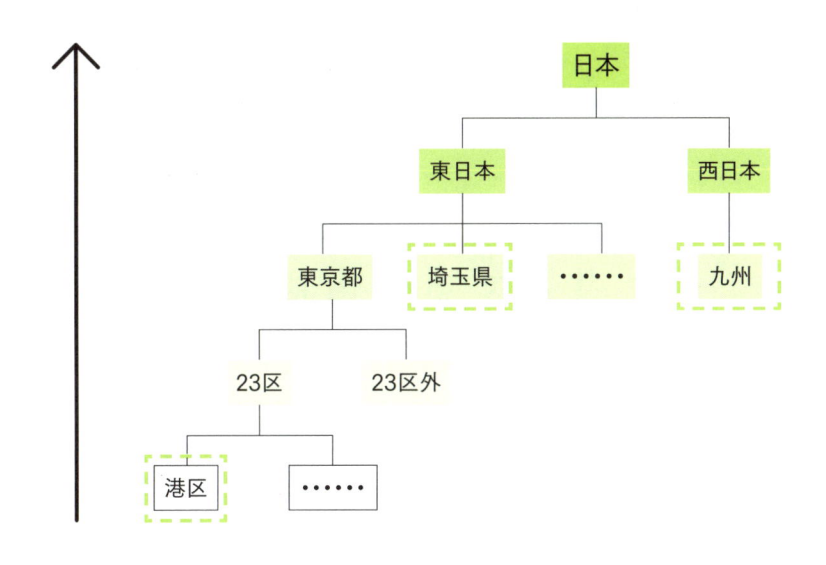

正解例　日本

ま と め

今回の問題の答えとしては、「地名」や「日本語」なども正解だと言えるでしょう。けれども、私がこの問題を通じてお伝えしたかったことは、ピラミッドツリーを上に作っていくイメージを感じてもらうことです。そして、ピラミッドツリーの下層ほど具体的情報であり、上にいくほど抽象度が上がっていくということ。これをしっかり認識しておいてください。

2

生物と技術の 共通点を見出せるか？

生物と技術というまったく異なる分野でも、意外な共通点を見出すことは可能です。頭を柔らかくして想像力を働かせましょう。

カメレオンとSNSに 共通する特徴は？

　あなたは大手IT企業の新規事業部で働いています。ある日、事業部長が突然「新しいSNSを作りたい！ SNSとカメレオンは似ている！ カメレオンSNSを作ろう」というコンセプトを打ち出しました。上司の頭の中には何かしらの共通点が浮かんでいるようで、「君なりに共通点を3つ考えてみて」と言ってきました。カメレオンとSNSの共通点を3つ考えてみましょう。

HINT　SNS の特徴（機能やユーザーとの関わり方など）を考えてみる

カメレオンの特徴（見た目や行動など）を列挙してみる

STEP 1　特徴を列挙する

　まずは SNS とカメレオンの特徴を確認していきます。特徴がわかれば、共通点を見つけやすくなります。それぞれ挙げてみましょう。

例 ➡ SNSの特徴

- ・ユーザーの好みに合わせて表示を変える
- ・トレンドや需要に応じて機能を追加する
- ・複数の情報源を同時に見られる
- ・リアルタイムで情報を更新する
- ・ユーザーの注目を集める（情報を「捕捉」する）
- ・様々な目的や年齢層に対応する

例 ➡ カメレオンの特徴

- ・体色を変える
- ・周囲の環境に適応する
- ・目が独立して動く
- ・ゆっくりと慎重に動く
- ・長い舌で獲物を捕らえる
- ・様々な環境に生息する

STEP 2　特徴をもとに共通する概念を　　　見つける

それぞれの特徴を見比べてみると、似たような事柄があることに気づくと思います。たとえば、SNSの「ユーザーの好みに合わせて表示を変える」「トレンドや需要に応じて機能を追加する」と、カメレオンの「体色を変える」「周囲の環境に適応する」などは、なんとなく似ていますよね。これらに共通する概念としては「状況に応じて変化する」と言えるのではないでしょうか。こんな感じで、他にも共通する概念を見つけてみてください。

例 ➡ 共通する概念

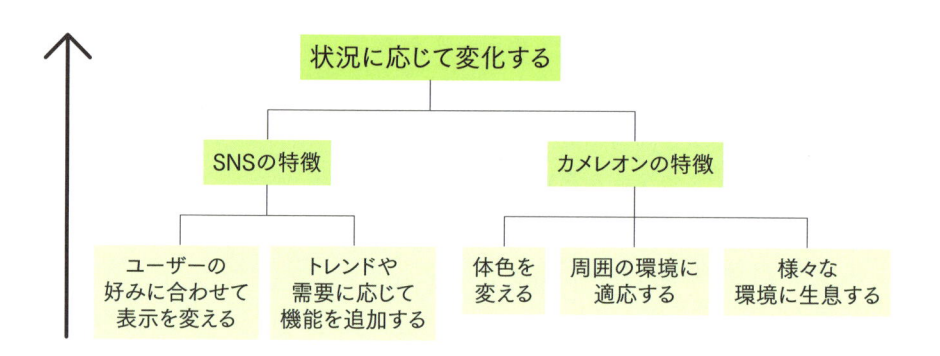

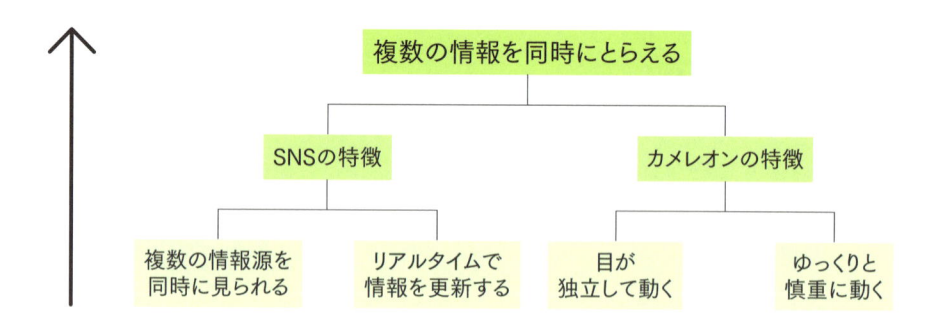

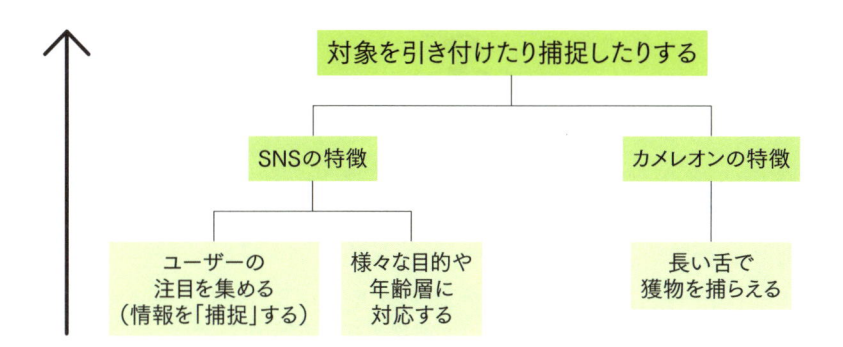

正解例　カメレオンと SNS の共通する特徴は、次の 3 つ。「状況に応じて変化する」「複数の情報を同時にとらえる」「対象を引き付けたり捕捉したりする」

ま と め

異分野の事物間に共通点を見出す能力は、創造的問題解決の鍵です。「これとあれ、どう似てる？」と日常的に考えてみましょう。この思考法で、仕事や生活に革新的なアイデアをもたらす力が育つはずです。

言葉の魔法を使えるか？

「○○とかけて△△と解く。その心は？」。
○○と△△の共通点を探して抽象化するなぞかけは、
共通点思考を鍛える絶好のトレーニングです。

クイズ！ なぞかけ王への道

　あなたは人気テレビ番組「クイズ！　なぞかけ王への道」の出場者
です。司会者から次のお題が出されました。
「カップラーメンとかけて、恋愛と解く。その心は？」
　さぁ、あなたならどう答えますか？

HINT カップラーメンと恋愛の特徴や経験を思い浮かべる

両者に共通する感覚や状況がないか考える

完全に一致しない場合は言葉を言い換えてみる

STEP 1 それぞれの特徴を列挙する

　共通点を見出すためには、それぞれの特徴を把握しておくことが大切です。カップラーメンと恋愛、それぞれの特徴を列挙してみましょう。

例 ➡ カップラーメンの特徴

- 3分
- 熱い
- 手軽
- 様々な味がある
- 時間がたつと冷める
- 放っておくと伸びる

例 ➡ 恋愛の特徴

- ドキドキ
- 突然起こる
- 情熱的
- 楽しい
- いつか冷める
- マメじゃないと終わる

STEP 2 共通点を探す

　先ほど列挙したものを見比べてみると、なんとなく「これとこれは似ているのではないか」と感じるものがあると思います。

　たとえば、カップラーメンの「熱い」と恋愛の「情熱的」。「情熱的」は「熱い」と言い換えることができますよね。よって、この2つは「熱い」という概念で抽象化してまとめることができます。

　また、カップラーメンの「時間がたつと冷める」と、恋愛の「いつか冷める」も、「そのうち冷める」という点で共通しています。さらに、カップラーメンの「放っておくと伸びる」と、恋愛の「マメじゃないと終わる」。

これも、「放っておくとダメになる」というふうに抽象化することができます。

例 ➡ カップラーメンと恋愛の共通点

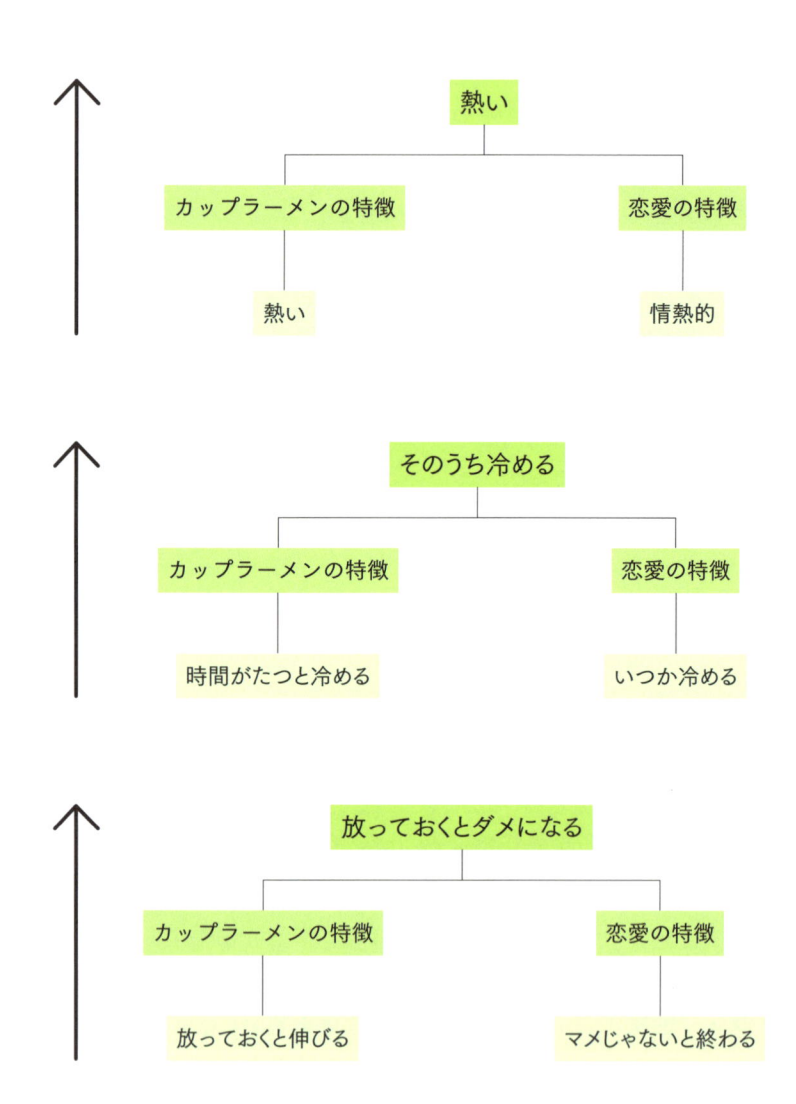

STEP 3　なぞかけの答えを考える

　見つけ出したいくつかの共通点の中で、どれを採用するかを決めます。
良い答えの条件は、簡潔でわかりやすく、意外性があるものです。

正解例　**放っておくとダメになる（カップラーメンは放っておくと麺が伸びて美味しくなくなる。それと同じように、恋愛も相手を放置していると終わってしまう）。**

まとめ
「これって○○に似てる？」と考えるくせをつければ、日常生活の中にも新たな発見が生まれます。

4

難易度：★★★★

異分野の共通点を発見できるか？

デジタルと人間。一見異なる対象物にも共通点はあります。物事を俯瞰でとらえて、抽象化する練習をしていきましょう。

スマートフォンとサッカーの久保建英選手の共通点は？

　あなたは広告代理店の新入社員です。上司から「スマートフォンとサッカーの久保建英選手の共通点を見つけて、新しい広告企画を立案せよ」という課題が出されました。あなたなら、どんな共通点をもとにして企画を立てますか？

スマホ　　共通点は何だろう？　　久保建英選手

HINT それぞれの特徴や機能、役割を列挙してみる

物理的な特徴だけでなく、

社会的な影響や人々との関わり方も考えてみる

STEP 1 それぞれの特徴を列挙する

共通点を見出すためには、そもそも個々の特徴がわかっていないといけません。そこで、まずはスマートフォンと久保選手の特徴を列挙していきましょう。

例 ➡ スマートフォンの特徴

- ●デジタル機器
- ●世の中のどこでも使える通信機能
- ●多機能（カメラ、アプリ等）
- ●小型で世界中どこにでも携帯可能
- ●日常生活に密着
- ●急速な技術進化

例 ➡ 久保選手の特徴

- ●サッカー選手
- ●若手有望株
- ●高い技術力
- ●国内外での活躍
- ●メディアでの露出が多い
- ●ファンを多く持つ

この段階では「全然違うじゃないか」と思う人もいるかもしれません。でも、ここからが本当の抽象化の始まりです。

STEP 2 違う視点で特徴をさらに挙げてみる

STEP1では、比較的、物理的な特徴や表面的な役割が多く出てきました（もちろん、もっと幅広い視点で列挙できた方もいると思いますが、そうでない方のために、視点を変える大切さを説明させていただきます）。

次に、これらを別の角度から見てみましょう。社会的な影響や人との関わり方について考えてみます。

例 ➡ スマートフォンの影響

- ●コミュニケーションの変革
- ●情報アクセスの向上
- ●ライフスタイルの変化
- ●技術革新の象徴

例 ➡ 久保選手の影響

- ●若者のロールモデル
- ●サッカー界の未来の象徴
- ●日本のスポーツ界の希望
- ●グローバルな活躍

STEP 3 特徴をもとに抽象化する

これまでに出てきた特徴をもとに共通点を考えてみてください。

例 ➡ スマートフォンと久保選手の共通点

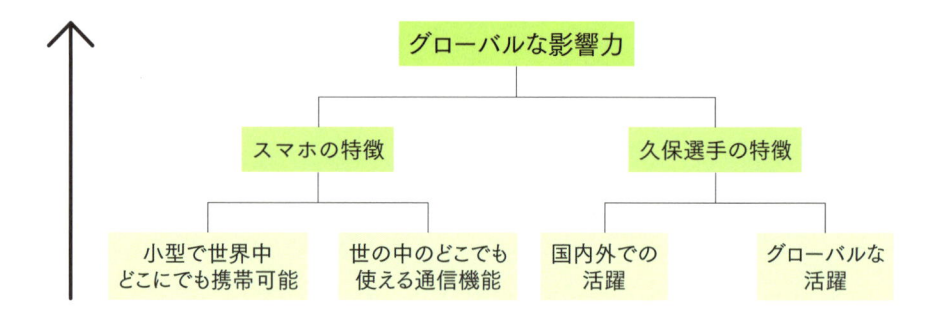

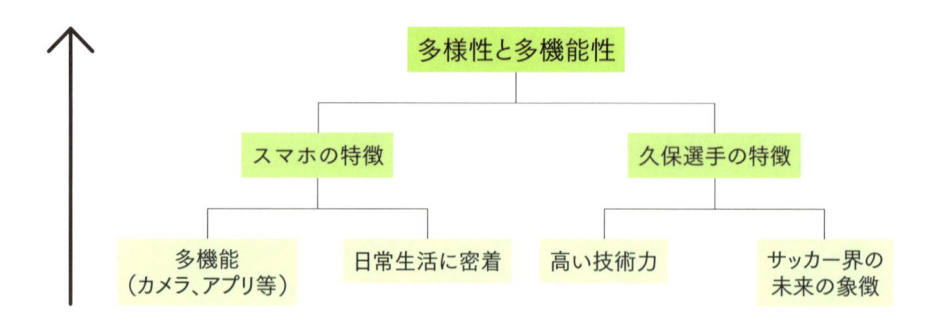

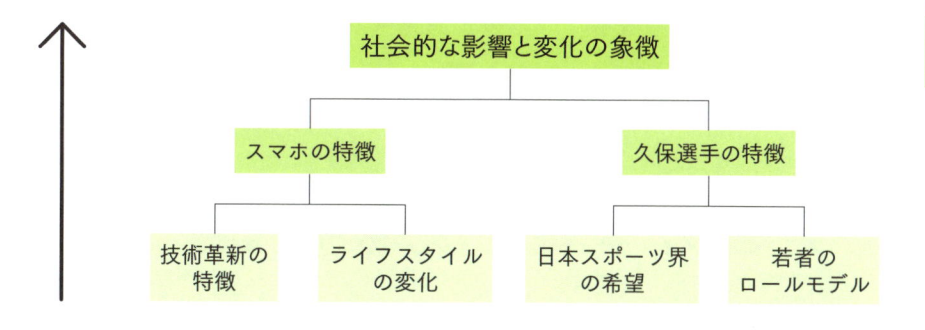

社会的な影響と変化の象徴

スマホの特徴

久保選手の特徴

技術革新の
特徴

ライフスタイル
の変化

日本スポーツ界
の希望

若者の
ロールモデル

正解例　テーマは「日々を進化させる力」。スマートフォンと久保選手が共通して持つ「グローバルな影響力」「変化」を中心に、日常生活や夢を追う力を支えるというメッセージを打ち出します。スマートフォンは多機能性と通信技術で日々の生活に寄り添い、久保選手は技術力と成長でサッカー界と若者に影響を与えています。このテーマで、未来への可能性を広げる存在であることを強調します。

ま と め

一見無関係なものにも、視点を変えれば多くの共通点があります。「これとあれ、どんな共通点があるだろう？」と日常的に考える習慣をつけてみましょう。そうすれば、ビジネスや日常生活に新しい発見や創造的なアイデアをもたらす力が育つはずです。

Column

抽象化するときにも「具体化」が使える

　STEP1・2で、それぞれの特徴を列挙しましたが、「あまり思いつかない」という人は、具体化の分解思考を使うのがおすすめです。たとえば「スマートフォンの特徴」を「見た目」「機能」「人々に与える影響」など、いくつかのテーマに分けてさらに分解していくのです。そうすると、芋づる式に出てきます。具体化と抽象化は相反する思考法ではありますが、実際にビジネスで適用していくうえでは、両者が入り混じっていることがよくあります。

発言の本質を見抜けるか？

朝言ったことが夕方になると変わる人っていますよね。
でも、その発言の裏には、実は一貫した信念が隠されているのかもしれません。

上司の発言が朝令暮改

あなたは中堅社員です。プロジェクトリーダーの上司から、毎日のように異なる指示が出されます。朝は「Aを重視しろ」と言っていたのに、夕方には「Bに注力しろ」と言うこともしばしば。そのため、最近はストレスが多大で病気になりそうです。どのように考えればストレスフルな毎日を乗り越えられるでしょうか？

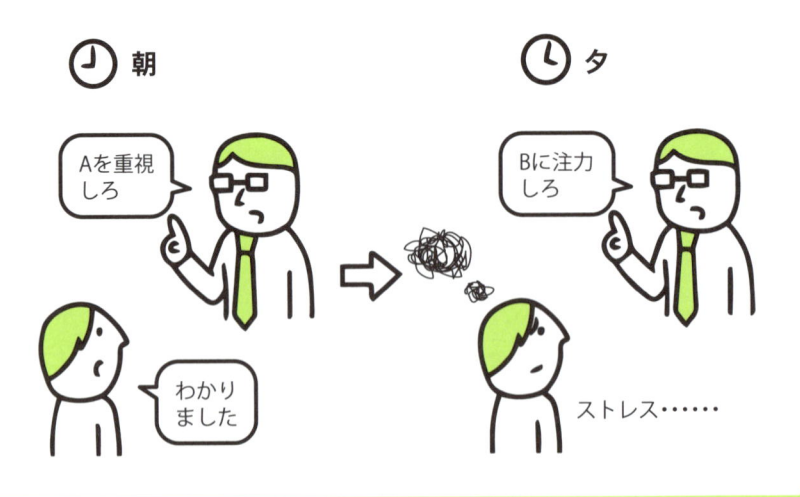

HINT 上司の各発言の背景にある意図や目的を考えてみる
異なる指示の中にある共通点や一貫性を探す
プロジェクト全体の目標や方向性を常に意識する

ほぼ毎日のように上司の指示が変わる。これって現場の人間からすると大迷惑ですよね。たしかに、上司の各発言は、表面的には矛盾しているように見えます。「Aにしろ」「Bにしろ」「Cにしろ」という個別具体の発言は、方向性がバラバラで矛盾しています。しかし、その発言の背景に、大きな一つの意図が隠されている可能性はないでしょうか？

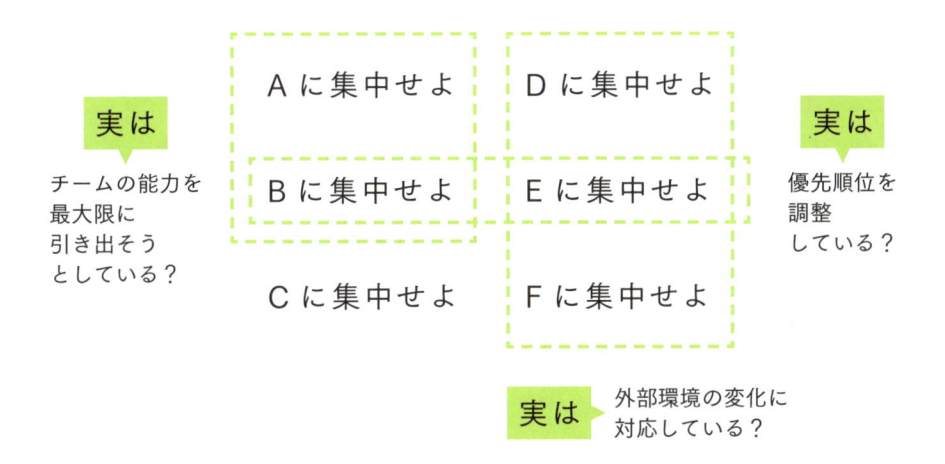

実は
チームの能力を
最大限に
引き出そう
としている？

A に集中せよ　D に集中せよ

B に集中せよ　E に集中せよ

C に集中せよ　F に集中せよ

実は
優先順位を
調整
している？

実は　外部環境の変化に
対応している？

具体的に、それぞれの発言の裏に隠された上司の心理を探っていきましょう。

たとえば、朝は「A案でいこう。クライアントもこれを気に入っている」と言っていたのに、夕方になると「B案に変えよう。クライアントから追加の要望がきたから」と言う場合。上司は「クライアントのニーズ」を最優先していることがわかります。

これと同様に、下記のケースについても、上司の信念を考えてみてください。

　朝の指示：このタスク、細かい部分に集中して仕上げてください。丁寧さが大事です。

　夕方の指示：やっぱり、全体的な進捗を急ぎましょう。多少のミスは仕方ありませんから、スピード優先で。

　朝の指示：Ａプランでいきます。今のところこれがベストです。

　夕方の指示：新しいデータが出たので、Ｂプランに変更します。これでより良い結果が期待できます。

　朝の指示：デザインを優先して、時間をかけてもいいので丁寧に作業してください。

　夕方の指示：やっぱり早くリリースする方が重要なので、多少粗くてもすぐに仕上げてください。

　どうでしょう。信念は見えましたか？　一緒に検討していきましょう。

例 ➡ ケース1

信念：柔軟な対応力を重視する
状況や期限に応じて柔軟に対応し、適切なプライオリティを調整する力を養うことを重視しているのかもしれません。

例 ➡ ケース2

信念：最適解を常に追求する
最新情報に基づいて常に最適解を見つけ、進化し続けることが重要という信念があるのかもしれません。

例 ➡ ケース3

信念：結果重視・効率最優先
結果や納期を最優先するため、効率的にプロジェクトを進めるべきだと
考えているのかもしれません。

おまけ 解決策の考え方

　上司の個別具体の発言の裏にある、一つの意図を認識できたとしたら、
それだけで多少はストレスが軽減されるのではないでしょうか。上司が単
にいい加減で無能なわけではなく、上司には上司なりの理由があるとわか
れば、「仕方がない」と受け流しやすくなります。

　でも、できれば朝令暮改の発言に翻弄される毎日を少しでも改善したい
ですよね。
　そこで、状況を改善するための策をいくつか紹介しておきます。

例 ➡ 改善策

・上司の指示の背景にある意図を常に確認する
　「この指示の目的は〇〇という理解でよろしいでしょうか？」
・指示の変更点と継続点を明確にする
　「前回のAという点は継続で、新たにBを加えるということですね」
・定期的に上司とプロジェクトの方向性を確認する機会を設ける
　「週1回、15分程度のプロジェクトの方向性確認の時間をいただけま
　すか？」

正解例 上司の指示の背景にある意図を確認して、それぞれの指示に、れっきとした意味や目的があることを認識する。

ま と め

上司の指示の変化に惑わされず、その奥にある不変の真意を見抜く力を磨きましょう。「この指示の本当の目的は何か?」「前回との違いは?」と常に考える習慣をつけてください。この能力は、仕事の質を向上させ、人間関係の構築にも役立ちます。変化に柔軟に対応しつつ、本質を見逃さない思考力を育てていきましょう。

意外な共通点を見出せるか？

政治と家電、一見無関係な2つの存在にも共通点が見つかるかも。
発想を柔軟にして意外な関連性を見つけてみましょう。

政治家と扇風機に共通する特徴とは？

あなたは新聞社の記者です。最近の政治家の言動を見ていて、「なんとなく扇風機に似ている気がする」と、ふと思いました。面白い記事のネタになりそうだと考え、政治家と扇風機の共通点を探ることにしました。3つ見つけてみてください。

政治家　　扇風機

どこが似ている？

HINT 政治家と扇風機の基本的な機能や特徴を列挙する

物理的な特徴だけでなく、社会的な影響や人々との関わり方も考えてみる

STEP 1 対象の特徴を列挙する

　政治家と扇風機、一見まったく関係のないものですよね。でも、それぞれの特徴を書き出してみると意外な共通点が見えてくるかもしれません。まずは、思いつくままに特徴を挙げてみましょう。ここで大切なのは、良い悪いを判断せずにとにかく量を出すことです。たくさん書き出すコツは、様々な視点で対象をとらえること。たとえば、物理的なことだけではなく、社会的な影響や人々との関わり方なども考慮してみるとよいでしょう。

例 ➡ 政治家の特徴

（役割）
- 国を良くする

（社会的な影響）
- メディアに露出する
- 政策を提案・実行する

（人との関わり方）
- 選挙活動をする
- 演説をする（街角・SNS活用）
- 支援者を集める
- 発言がころころ変わる
- 声が大きいことが多い
- 定期的に評価される（選挙）
- 派閥や党に属する

例 ➡ 扇風機の特徴

（役割＝機能）
- 風を送る
- 回転する
- 首振りをする
- 強弱がある
- 電源のオンオフがある

（社会的な影響）
- エネルギー消費の削減
- 健康を守る（熱中症）

（人との関わり方）
- 季節によって使用頻度が変わる
- 音がうるさいことがある
- 定期的にメンテナンスが必要

STEP 2 両者の共通点を探す

特徴をよく見比べて共通点を探してみましょう。

例 ➡ 両者の共通点

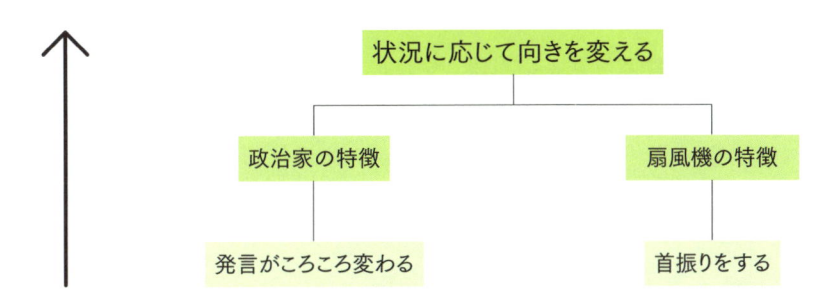

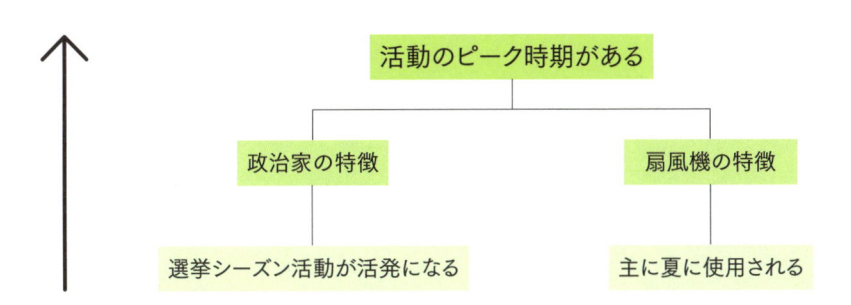

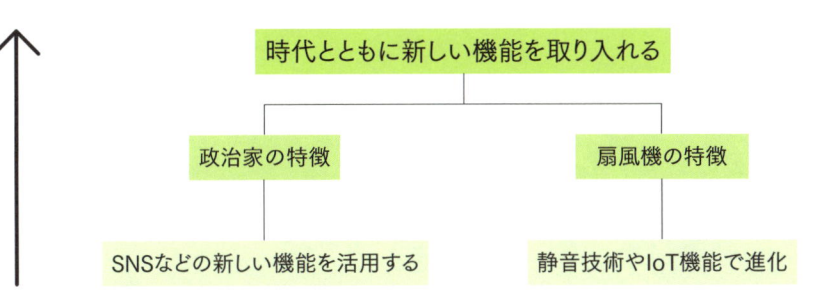

正解例 政治家と扇風機には次のような共通点がある。「状況に応じて向きを変える」「活動のピーク時期がある」「時代とともに新しい機能を取り入れる」

ま と め

一見まったく関係なさそうな物事の間に共通点を見つけるのって、面白いですよね。今回は政治家と扇風機という、普通なら絶対に一緒に考えないものを比べてみました。大切なのは、固定観念にとらわれないことです。「政治家」や「扇風機」という言葉から連想されるイメージを一度取り払い、純粋に"モノ"や"コト"として見てみると、新しい発見がありますよ。

身近な物を分類できるか？

ここからは「分類思考」の問題です。
雑多な情報を整理整頓できるようになれば頭の中がすっきりします。
まずは基礎問題にチャレンジ！

チョウ、掃除機、亀、ベッドを
できるだけ多くの方法で分類せよ

あなたは社内研修に参加しています。講師がお題を出しました。
「チョウ、掃除機、亀、ベッドを、できるだけ多くの方法で分類して
ください」。どのように分類しますか？

HINT 見た目や大きさなど、目に見える特徴から考えてみる

ふだんの生活でどのように関わるかを思い出す

動くか動かないかなど単純な特徴も忘れずに

STEP 1 対象を観察する

チョウ、掃除機、亀、ベッド。これらをどうやって分類するかを考えたときに、ぱっと思いつくのは、「生物／無生物」でしょうか。チョウと亀は「生物」というグループですし、掃除機とベッドは「無生物」に当てはまります。これも、もちろん正解です。

ただ、今回は「できるだけ多くの方法で分類してください」という問題なので、もう少し考えていきましょう。

そのときに大切なのは、それぞれの要素をじっくり観察することです。

たとえば、チョウは「羽がある」「飛ぶ」「小さい」……など。他の物も同様に特徴を列挙してみてください。この段階では、「関係あるかな？ないかな？」などの判断は加えずに、純粋に特徴を列挙すればOKです。

例 ➡ それぞれの特徴

チョウ：昆虫、羽がある、小さい、軽い、飛ぶ、変態する

掃除機：電気を使う、音がする、ゴミを吸う、移動可能

亀：爬虫類、甲羅がある、ゆっくり動く、長生き、緑

ベッド：大きい、横たわる場所、動かない、快適さを提供

STEP 2 グループ分けをする

STEP1で挙げた特徴をもとに、それぞれをグルーピングしていきます。

たとえば、チョウと亀は「生物」であることが改めて確認できます。また、チョウ、掃除機、亀は「移動する」ということでは同じグループに入

れることができますね。

　さらにサイズに着目してみると、なんとなく大・中・小に分けられそう
です。ベッドは「大きいサイズ」、亀と掃除機は「中くらいのサイズ」、チョ
ウは「小さいサイズ」です。こんな感じで、あなたの視点で色々とグルー
ピングしてみてください。なお、「分類してください」と言われると均等
に分類したくなりますが、その内訳は自由です。どちらかが0にならなけ
ればどのようにグルーピングしてもかまいません。

例 ➡ それぞれの共通点

生物	無生物
チョウ 亀	掃除機 ベッド

移動する	移動しない
チョウ 掃除機 亀	ベッド

大きいサイズ	中くらいのサイズ	小さいサイズ
ベッド	亀 掃除機	チョウ

音が出る	音が出ない
掃除機 チョウ（羽音）	亀 ベッド

硬い	柔らかい
掃除機 亀	ベッド チョウ

おまけ さらにレベルアップしたい人は、こんな視点も大事

　ここまでのステップでも、すでに答えはたくさん出ているので十分です。ちょっと疲れたという方は、ここで終了にして全然OK。

　ただ、もっと頭を柔らかくして思考力を磨きたいという方は、もう一歩先に進んでみましょう。これ以外にも分類の仕方がないか、視点を変えて考えてみます。

　STEP2で考えた分類法はどれも物理的なものでした。そこで、少し角度を変えて対象をとらえてみます。たとえば、「人間との関わり方」という点ではどうでしょう。チョウや亀は「観賞するもの」、掃除機やベッドは「使用するもの」だと言えそうです。また、寿命という観点で見ると、チョウは「短いもの」、亀、掃除機、ベッドは「長いもの」と言えるでしょう。場所による分類もできそうです。チョウ、亀は「主に屋外にいるもの」ですし、掃除機とベッドは「主に屋内にあるもの」です。

正解例

複数パターン紹介します。

生物と無生物の分類	生物	無生物
	チョウ、亀	掃除機、ベッド

動きの有無による分類	移動するもの	移動しないもの
	チョウ、亀、掃除機	ベッド

サイズによる分類	大	中	小
	ベッド	亀、掃除機	チョウ

音による分類	音が出る	音が出ない
	掃除機、チョウ	亀、ベッド

硬さによる分類	硬い	柔らかい
	亀、掃除機	ベッド、チョウ

人間との関わり方による分類	観賞するもの	使用するもの
	チョウ、亀	掃除機、ベッド

寿命による分類	短い	長い
	チョウ	亀、掃除機、ベッド

場所による分類	主に屋外にいるもの	主に屋内にあるもの
	チョウ、亀	掃除機、ベッド

ま と め

「これとあれは似ている」「こう分けると便利」と考える習慣をつける
と、分類思考はどんどん鍛えられていきます。仕事や生活の整理力が
高まり、日々のパフォーマンスが上がること間違いなしです！

物欲を整理できるか？

同じようなものばかりを買ってしまうことってありますよね。
その根本原因は、実は分類思考ができていないからかもしれません。

服を分類して買い物上手になろう

あなたは毎朝、「今日は何を着て行こう……。着る服がない！」と頭を悩ませています。けれども、クローゼットの中には服がぎっしり。よく見ると同じようなシャツが10枚もあるではないですか。

「ガーン、同じような服ばかり買ってる……。だから金欠なのか」

ショックを受けたあなたは、買い物上手になることを決意しました。

さて、どうすればいいでしょう？

同じような服
ばかり
買っている

HINT 買い物の目的や用途を考える

自分の生活スタイルや価値観を反映させる

複数の分類軸を組み合わせるのも有効

STEP 1 現状を把握する

　まずは、今ある服を確認していきます。そのために、クローゼットに入っている服を全部出します。全部の服を床に並べるのが難しい場合は、1着ずつ写真を撮ってもいいですし、紙に書き出してもかまいません。紙に書き出す場合は、文字を見ただけでどんな服かを思い出せるように、「服のカテゴリー」「季節」「デザイン」「色」も書くとよいでしょう（例：シャツ／春秋／ストライプ／水色）。

STEP 2 分類の軸を考える

　次に、リストアップした服たちをどのような基準で分類できるかを考えてみましょう。たとえば、仕事用、プライベート用、特別な行事用（冠婚葬祭など）というふうに「用途別」で分けることができますよね。

　こんな感じで、他にはどんな分類方法があるか考えてみてください。

例 ➡ 分類の基準
- 用途別（仕事用、プライベート用、特別な行事用など）
- 頻度別（毎日使う、たまに使う、ほとんど使わないなど）
- 感情別（気分が上がる、安心する、自信がつくなど）
- 価格帯別（プチプラ、普通、高級品など）
- 季節別（春夏秋冬、オールシーズンなど）
- 長期的価値別（長く使える、一時的な流行など）

STEP 3 グルーピング

　どの軸で分類するかを決めたら、実際に分類していきます。このとき、一つの物が複数のカテゴリーに当てはまることもあります（仕事でもプライベートでも着られるシャツなど）。その場合は、最も適切だと思うカテゴリーに入れるか、複数のカテゴリーに重複して入れてもかまいません。

仕事用	プライベート用	特別な行事用
①シャツ／春秋／ストライプ／水色 ②シャツ／春秋／ストライプ／紺色 ③シャツ／春秋／ストライプ／ピンク ④シャツ／夏／無地／白 ⑤ジャケット／春秋／細身／紺色 ⑥ジャケット／春秋／細身／グレー ⑦ジャケット／冬／細身／黒 ⑧スカート／オールシーズン／フレア 　／紺色…など	①ニット／春秋／無地／水色 ②ニット／冬／無地／黒 ③ワンピース／冬／フレア／ピンク ④Tシャツ／夏／ボーダー／赤白 ⑤Tシャツ／夏／無地／黒 ⑥長袖Tシャツ／春秋／ボーダー 　／紺白 ⑦長袖Tシャツ／春秋／無地／茶 ⑧スカート／夏／フレア／白 ⑨ジーンズ／オールシーズン／ 　ワイド／紺色…など	①喪服 ②ワンピース／夏／フレア 　／ゴールド

STEP 4 行動計画を立てる

　こうして分類することで、自分の買い物の傾向を把握できたと思います。
　持っている物の特徴がわかれば、心ときめく服に出会ったとしても「仕事用のシャツはすでにたくさん持っているから買わなくてよい」と、ぐっとこらえることができそうですね。

　逆に、持っていない服もわかったはず。それによって「春秋用のシャツはたくさんあるけど、ストライプばかりで実は無地がなかったから、今度買うなら無地にしよう」というように、具体的に必要な服が見えてくるのではないでしょうか。そうすれば、毎朝着る服がなくて困ることはなくなるかもしれません。

正解例 持っている服をすべて把握したうえで分類し、自分の買い物傾向を探る。そして「仕事用の服が不足している」「気分を上げるものばかり買っている」などの気づきを活かして買い物計画を立てる。

ま と め

物欲をコントロールするのは難しいと感じるかもしれません。でも、この分類方法を使ってみると、自分の買い物習慣が見えてくるはずです。まずは気軽に試してみてください。

ちなみに、収納の仕方を考えるときにも分類の基準は使えます。たとえば、「仕事用」をさらに、頻度別（毎日使う、たまに使う、ほとんど使わないなど）に分けてみるのです。そうすれば、どの服を最も取り出しやすい位置に収納しておけばいいかわかります。これなら時短も叶いますね。

Column

抽象化思考は世界を平和にする

抽象化思考のポイントは、共通点や仲間を探すことにあります。先日、アメリカへ出張したときに、タクシーの運転手さんとドラゴンボールの話で盛り上がりました。「I know, I like it」という感じで意気投合したんです。自分と相手に共通点があるとわかると、急に親しみがわきますよね。つまり、共通点を探すということは、人と仲良くするためのポイントになるのです。それをもっと抽象的に言うと、世界が平和になる。そういう意味でも抽象化思考というのはとても大切だと思います。

仕事道具を分類できるか？

バッグの中が整理されていないと、物を探すのに時間がかかるし
忘れ物もしやすくなります。分類思考を使って整理整頓していきましょう。

バッグの中がぐちゃぐちゃ

「はじめまして。〇〇と申します」。取引先の担当者が名刺を差し出
してきました。あなたもすぐにバッグの中から名刺入れを取り出そう
としますが、「(あれ？　どこいった？　ないないない……!!)」。バッ
グの中がぐちゃぐちゃで、すぐに見つけることができません。必要な
物をすぐに取り出せるように整理するにはどうすればいいでしょう
か？

名刺入れ
どこだ〜

HINT 「重要度」と「使用頻度」の2つの軸で考える

日常生活でのシーンを思い浮かべながら、各アイテムの必要性を考える

STEP 1 バッグの中身を全部出して、何が入っているか確認する

まずは、片づけるべき対象物を明確にします。そのために、まずはバッグの中身を全部出しましょう。ポケットの中や底に埋もれている物も全部取り出してテーブルや床に並べます。

たとえば、以下の物が入っていたとして解説を進めていきます。

【バッグの中に入っていた物】

- スマホ
- 財布
- 交通系 IC カード
- ハンカチ
- 名刺入れ
- ノート
- ノート PC
- 手帳
- モバイルバッテリー
- 本
- イヤホン
- 仕事の資料
- 古いレシート
- 目薬
- PC 用メガネ
- ペンケース

STEP 2 分類方法を考える

色々な分類方法がありますが、ここでは、重要度と使用頻度に基づいて分類してみましょう。

やり方は簡単。まず、縦軸を重要度、横軸を使用頻度として、カテゴリーを4つに分けます（①重要度高×使用頻度高　②重要度高×使用頻度低　③重要度低×使用頻度高　④重要度低×使用頻度低）。そして各アイテムを4つの中のいずれかに分類していきます。

たとえば、スマホの場合は、重要度が高いし使用頻度も高いので①のグループに分類されます。残りのアイテムも分類してみてください。

例 ➡ **重要度×使用頻度のグルーピング**

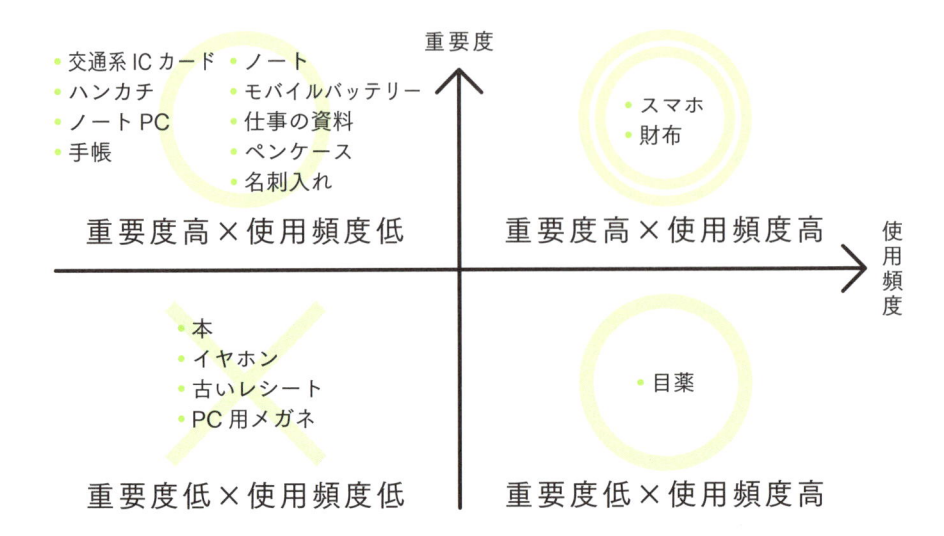

- 交通系 IC カード　• ノート
- ハンカチ　　　　　• モバイルバッテリー
- ノート PC　　　　• 仕事の資料
- 手帳　　　　　　　• ペンケース
- 名刺入れ

重要度

• スマホ
• 財布

重要度高×使用頻度低　　　　重要度高×使用頻度高

使用頻度

- 本
- イヤホン
- 古いレシート
- PC 用メガネ

• 目薬

重要度低×使用頻度低　　　　重要度低×使用頻度高

　上の表をもとに、それぞれのカテゴリーをバッグの中でどのように整理するかを考えていきましょう。

例 ➡ **整理の仕方**

① **重要度高×使用頻度高**
　バッグの中で最も取り出しやすい場所にしまう
　例：外ポケットや内側のすぐ取り出せる場所

② **重要度高×使用頻度低**
　安全で落としにくい場所にしまう
　例：内ポケットや小さなポーチに入れておく

③ **重要度低×使用頻度高**
　取り出しやすいけれど、①ほど優先度の高くない場所にしまう
　例：メインスペースの上部や専用のポーチなど

④ **重要度低×使用頻度低**
　常にバッグに入れておく必要はない

正解例 重要度と使用頻度でバッグの中身を分類し、出し入れしやすい場所にしまう。

ま と め

探し物をする時間って、意外と多いのではないでしょうか。コクヨの調査によると一日のうち探し物にあてている時間は、平均13.5分だそう。これは年間に換算すると82時間＝約3.5日分にも及びます。私が知っている、いわゆる仕事ができる方々というのは、無駄な時間をいかになくすかということにも非常に気を配っています。分類思考を身につけて整理整頓上手になれば、時間も生み出せるようになりますよ。

Column

ビジネスシーンで使われる「ABCD 分析」

　この問題で紹介した「重要度×使用頻度（緊張度）」で４つのカテゴリーに分ける分類方法。実はこれは、在庫管理や時間の管理でよく使われる「ABCD 分析」と呼ばれるやり方です。

　ABCD 分析は、「重要度×使用頻度（緊張度）」以外にも色々な言葉を組み合わせて考えることが可能。大切なことを見極めたいときに非常に便利です。

効果的な分類方法は？

部屋の片づけという日常的なことを通して分類思考を学んでみましょう。
効果的に分類する力がつけば、ビジネスでの整理術にも応用できます。

片づけられない子ども

　あなたは5歳の甥っ子の部屋の片づけを手伝うことになりました。
部屋には、ブロック、ぬいぐるみ、絵本、クレヨン、パズル、ミニカー
など様々なおもちゃが散らかっています。甥っ子は片づけが苦手で、
すぐに飽きてしまいます。さて、どのような分類方法で片づければ、
甥っ子も楽しく参加でき、かつ効果的に整理できるでしょうか？

HINT 単一の分類方法だけでなく複数の方法を組み合わせるのもアリ

片づけの目的（整理整頓、スペースの確保、使いやすさなど）を意識する

子ども自身が楽しく片づけられることも大切にする

STEP 1 状況を確認

まずは、部屋の状況と甥っ子の特性を確認しておきましょう。

【対象】5歳の男の子
【特性】片づけが苦手、すぐに飽きる
【部屋の状況】様々なおもちゃが散らかっている
【目的】楽しく片づけながら効果的に整理する

STEP 2 分類方法を考える

つづいて、どういう視点でグルーピングするかを考えていきましょう。大きさで分けたり、使う頻度で分けたり、色々な方法がありそうです。おもちゃを分類する方法を思いつくまま挙げてみてください。

例 ➡ 分類方法

・種類別（ブロック、ぬいぐるみ、絵本など）

・色別（赤いおもちゃ、青いおもちゃなど）

・大きさ別（大きいおもちゃ、小さいおもちゃ）

・使用頻度別（よく遊ぶもの、たまに遊ぶもの）

・遊び方別（組み立てるおもちゃ、読むおもちゃ、動かすおもちゃなど）

・素材別（プラスチック製、布製、紙製など）

・テーマ別（動物のおもちゃ、乗り物のおもちゃなど）

・収納場所別（棚に入れるもの、箱に入れるもの、壁に掛けるものなど）

STEP 3 どの分類方法が良いか検証する

STEP2で、たくさんの分類方法があることがわかりました。どれも良い方法に思えるので、結局どうやって分類すればいいか迷いますよね。

そこで、今回の片づけにおいて大切なことを改めて確認しておきたいと思います。大切にすべきことはなんだと思いますか？　最低3つ考えてみてください。

例 ➡ 大切にすべきこと

- ・子どもにとってのわかりやすさ
- ・しまいやすさ
- ・取り出しやすさ
- ・部屋の見栄え
- ・甥っ子の興味を引く度合い

つづいて、上記の「大切にすべきこと」と、STEP2で挙げた分類方法の相性をジャッジしていきたいと思います。

たとえば、分類方法を「種類別」にした場合、子どもにとってのわかりやすさはどうか？　という具合です。種類で分ける方法は視覚的にわかりやすいので、5歳の男の子にも向いていそうです。したがって相性は「◎」。

こんな感じで、すべての項目の相性を「◎」「○」「△」の3段階で評価していきましょう。

例 ➡ 分類方法×大切にすべきことの相性

	子どもにとってのわかりやすさ	しまいやすさ	取り出しやすさ	部屋の見栄え	興味を引く度合い	総合評価
種類	種類は視覚的にわかりやすく、蓮くんがすぐに認識できそう	同じ種類のものを一緒にしまうだけなので簡単	遊びたい種類のおもちゃをすぐに見つけて取り出せる	種類ごとにまとめられるため、見栄えが良くなるが、統一感には欠けるかも	好きなおもちゃごとにまとまるので、興味を持ちやすい	◎
色	色は視覚的にはわかりやすいが、色を基準に分類するのは子どもにとって不自然	色ごとに分類するのは面倒に感じる可能性がある	色ではおもちゃの機能が分からないため、遊びたいものを見つけにくい	色ごとに並べると見栄えは良いかもしれないが、統一感には欠ける	一時的に興味を引くかもしれないが、すぐに飽きてしまう可能性がある	△
大きさ	大きさはわかりやすいが、遊ぶ時の目的と一致しないかも	簡単だが、効果的とは言えない	大きさで整理すると、どこに何があるか分かりにくい	大きいものと小さいものがきれいに整列していると見栄えは悪くない	あまり興味を引かない	△
使用頻度	少し難しいかもしれないが、何度か教えれば理解できそう	少し難しいかも	よく遊ぶものがすぐに取り出せるので便利	見栄えは一定するが、完全に整然とは言いがたい	あまり興味を持たないかも	◎
遊び方	遊び方が明確なので、蓮くんにとって分かりやすい	使った後も片づけが簡単	遊びたい種類のおもちゃをすぐに見つけて取り出せる	部屋がスッキリ見える	楽しく片づけをしやすくなる	◎
素材	あまり直感的ではないかも	あまり意味を持たないため、面倒に感じる可能性がある	素材では遊び方がわからず、目的に合ったおもちゃを見つけるのが難しい	統一感が欠けるかも	興味を持ちにくい	×
テーマ	わかりやすいので興味を引きやすい	テーマごとに分けるのは直感的で、簡単	遊びたいテーマのおもちゃをすぐに見つけて取り出せる	統一感があり、見栄えも良くなる	好きなテーマに基づいて片づけできるので、楽しんで取り組める	◎
収納場所	少し複雑に感じるかもしれないが、何度かやれば理解できそう	定位置が決まっているので、片づけが簡単	どこに何があるかがわかれば取り出しやすい	とスッキリ見える	少し地味かも	◎

甥っ子の特性や部屋の状況を考慮すると、「種類別」「遊び方別」「テーマ別」「収納場所別」が特に良さそうです。

　どれか1つを採用するのもいいですが、どれかとどれかを組み合わせるのもアリ。たとえば、「種類別」×「遊び方別」を組み合わせて、「ブロックでお城を作ってあそこに置こう」というふうに、ゲーム形式で片づけを提案すると甥っ子も楽しく参加できます。それ以外にも、組み合わせ方は色々あります。

【組み合わせ方の例】

① **種類別×テーマ別**

おもちゃを種類ごとに分け、さらにそれをテーマごとにまとめる。

・「ブロック」→ 乗り物ブロック、動物ブロック
・「ぬいぐるみ」→ 動物のぬいぐるみ、架空のキャラクターのぬいぐるみ
・「絵本」→ 乗り物絵本、動物絵本

甥っ子が楽しくなるポイント：おもちゃを種類別に分けた後に、さらにテーマに沿って片づけることで、視覚的にわかりやすく、どのおもちゃでどんなテーマの遊びができるかすぐに理解できるため、興味を持って片づけができるようになります。

② **遊び方別×テーマ別**

おもちゃをテーマごとに分け、さらにそれを遊び方に基づいて整理する。

・「動物のおもちゃ」→ 動かす（動物ごっこ）、組み立てる（動物ブロック）
・「乗り物のおもちゃ」→ 動かす（車を走らせる）、組み立てる（乗り物ブロック）

甥っ子が楽しくなるポイント：テーマがはっきりしていて、そのテーマに沿った遊び方も決まっているため、片づけが遊びの延長になります。片づけのたびに「次は何の動物遊びをしようかな？」と考えることで、片づけが楽しくなります。

③ 種類別×収納場所別

おもちゃを種類ごとに分け、それに応じた収納場所にしまう。

・「ブロック」 → 棚の箱に収納
・「ぬいぐるみ」 → ベッドの横に置く
・「絵本」 → 本棚に整理

甥っ子が楽しくなるポイント：種類ごとに定位置が決まるため、甥っ子が片づけをするたびに「これはどこにしまうんだっけ？」と探す楽しさが生まれます。場所を覚えることで、自主的に片づけられるようになります。

④ テーマ別×収納場所別

テーマごとにおもちゃをまとめ、それぞれに合った収納場所を決める。

・「動物のおもちゃ」 → 棚の一段に集める
・「乗り物のおもちゃ」 → 床の大きなボックスに入れる
・「おままごと道具」 → 壁に掛ける収納

甥っ子が楽しくなるポイント：テーマごとに特定の場所を決めて片づけることで、甥っ子は「動物ゾーン」や「乗り物コーナー」として自分の空間をデザインする感覚が生まれます。視覚的にもわかりやすく、片づける楽しみが増します。

正解例 種類別×遊び方別、遊び方別×テーマ別などを組み合わせてゲーム形式で一緒に片づける。

ま と め

物事を分類する力は、日常からビジネスまで幅広く役立つスキルです。複数の視点で考え、対象の特性を理解することで創造的な解決策が生まれます。

仕事の山を整理できるか？

日々のタスクが多すぎて、げっそりしている人は多いと思います。
そこで、分類思考を使って効率的に処理していく方法を考えてみましょう。

やることが多すぎ！どうすればいい？

最近、部署が統合し、急に担当業務が増えました。デスクの上には様々な書類が山積みで、メールボックスは未読メールでいっぱい。企画案も出さなくてはいけません。

「あぁ、もう、やることが多すぎ!!」

思考停止状態から抜け出し、仕事をしっかり片づけていくためにはどうすればいいでしょうか？

HINT どのようなタスクがあるのか、状況を整理する

タスクの性質、期限、重要度など、様々な観点から考えてみる

STEP 1 やるべきことを把握する

まずは、やるべき仕事を列挙してみましょう。メモや付箋を使ってタスクを書き出します。この段階では、分類や優先順位付けは必要ありません。とにかくすべて書き出すことが大切です。

その結果、次のようなタスクが可視化されたとして、解説を進めていきます。

【やるべきこと】
- ・会議の出席
- ・資料作成
- ・メールの返信
- ・プロジェクトの企画提案
- ・机の上の整理整頓

これで、やるべきことは見えてきました。けれども、優先順位をつけて効率よく取り組むためには、それをいつまでにやる必要があって、そのためにどのような作業が必要となり、どのくらいの時間がかかるかなどの詳細がわかっていないと比較検討することができません。

そこで、フレームワークを使って整理してみたいと思います。

状況を整理するときに便利なフレームワークの代表格は「5W1H」(Who：誰が　What：何を　When：いつ　Where：どこで　Why：なぜ　How：どのように、どのくらい) です。

具体的な期限や内容はあなたの状況に応じて調整してください。

例 ➡ 5W1Hを使ったタスク管理

	会議の出席	資料作成	メールの返信	プロジェクトの企画提案	机の上の整理整頓
Who	自分、関係者（チームメンバー、クライアントなど）	自分、プロジェクトチーム	自分、クライアント、チームメンバー	自分、クライアントまたは社内関係者	自分
What	プロジェクトの進捗報告や今後の計画、課題の議論	プレゼン資料や提案書の作成	重要なメールへの返信	新プロジェクトの企画書作成と提案準備	不要な物の処分と必要書類の整理
When	4月25日	4月15日までに完了	4月14日（24時間以内に対応）	4月25日までに完了	4月14日までに完了
Where	オンライン	自宅またはオフィスで作業	自宅またはオフィスで作業	自宅またはオフィスで作業	オフィス
Why	プロジェクトの進行管理と意思決定	会議やクライアントへの提出、プロジェクトの進行をサポートするため	確認事項の進行や調整をスムーズに行うため	新しいプロジェクトの立ち上げ、取引の獲得	作業効率を上げるため
How	事前に資料を確認し、1〜2時間程度の会議に参加	内容を整理し、PowerPointやWordで資料を作成、2〜4時間必要	内容を確認し、要点を押さえたメールを5〜15分で返信	企画のアイデア出しから企画書作成まで5〜10時間必要	書類の仕分けや整理ボックスの使用、1〜2時間の作業が必要

STEP 2 分類方法を考える

　可視化したタスクを、どのような基準で分類するかを考えていきます。
　所要時間（短時間で終わる／時間がかかる）や、タスクの種類（一人でできる／他者のスケジュールも関係してくる）などで分けるのもアリですが、ビジネスパーソンとして最も確実なやり方は、「緊急度×重要度」のABCD分析でしょう。緊急度が高く、なおかつ重要なものから処理していけば、やらかすことはありません。

重要度

- 会議の出席
- プロジェクトの企画提案
- 資料作成

・メールの返信

重要度高×緊急度低　　　**重要度高×緊急度高**

緊急度

・机の上の整理整頓

重要度低×緊急度低　　　**重要度低×緊急度高**

正解例　　緊急度と重要度で ABCD 分析を行い、緊急かつ重要なものから
着手していく。

ま と め

分類思考は仕事の山を整理する強力なツールです。最初は単純に思えて
も、実践すると驚くほど効果的です。この思考法を習慣化すれば、どん
な忙しい状況でも冷静に対処できるようになるでしょう。最初から完璧
を求めず、自分に合った方法を見つけながら続けていってください。

タスクを書き出すときは箇条書き VS 付箋、どちらが良い？

　分類したいことを書き出すときは、１枚の紙に箇条書きにしていくのか、それとも、付箋を使って１枚に１タスクという形にするのか、どちらが良いでしょうか。

　私の考えとしては、一人で行う場合は、箇条書きでいいと思います。ノートに列挙してもいいし、Word に書き出していってもよいでしょう。

　それに対して付箋が役立つのは、チームで共通のタスクがあって、それをみんなで整理していく場合です。付箋であれば、物理的に分類することができますよね。だから、人同士のタスクを貸し借りしやすくなりますし、分類の基準を変えた場合も、パッパッパッと簡単に移動させることができます。だから、チームでタスクを分類する場合は付箋が便利だと私は思います。

　ただ、一人で行う場合も、人によっては付箋のほうがやりやすいということもあるでしょう。大事なタスクを忘れないようにパソコンに付箋を貼ったり、終わったタスクをゴミ箱に捨てる瞬間が気持ちよかったり、ということもありますよね。だから、色々試してみるのが一番です。そして、ご自身に合う方法を見つけていってください。

最適な件名を作れるか？①

メールで大事なことを伝えたのに、相手には事の重大さが伝わっていない……。
それはもしかすると「件名」に問題があるのかもしれません。

このメールにつける件名は何だろう①
～重要さをアピール編～

　あなたは総務部で働いています。急遽、エレベーターの点検作業が入り、それを通知するために下記のようなメールを送りました。

　しかし、通知を受け取っているはずの同僚から、エレベーターが動かない時間帯にコンビニに買い物に行こうと誘われました。「メール見た？」と聞くと「見たけど、なんだっけ？」との反応。伝えたいことが見落とされないようにするためには、どのような件名をつければいいでしょうか？

— □ ×

件名	総務部からのお知らせ

関係各位
お疲れ様です。総務部の田中です。1週間前に〇〇地方で震度6の地震がありました。その影響で、社内の電気システムにも様々な影響が出ています。たとえば、エアコンの効きが悪いと思いますが、それも地震の影響です。現在、業者さんに点検作業を依頼しているところですので、ご不便をおかけしますが、もうしばらくお待ちください。自動ドアやエレベーターにも不具合が生じているので、エレベーターは急遽本日13時から1時間、点検作業のため停止します。なお、幸いなことに、パソコンなどの電子機器には影響はございません。ご不便をおかけしますが、どうぞよろしくお願いします。

HINT メールの目的と緊急性を考慮する

STEP 1 メールの文面を読み返す

　件名、すなわち要点を伝えるためには、メールの内容を自分でしっかり認識する必要があります。

　今回のメールの文面には、具体的にどのような情報を載せているでしょうか。箇条書きで書き出してみてください。

例 ➡ メールの文面に入っている情報

- ・○○地方で地震が起きた
- ・地震の影響で社内の電気システムに様々な影響が出ている
- ・エアコンの効きが悪いが、現在、点検を業者に依頼している
- ・自動ドアの調子も悪い
- ・エレベーターの調子も悪い
- ・エレベーターは、本日13時から点検作業のため1時間停止する
- ・パソコンなどの電子機器には影響はない

STEP 2 要点を抽出する

　メールの文面に入っている項目を書き出してみると、けっこうな情報量であることがわかります。さて、この中であなたが最も伝えたかったことは、つまり何だったでしょうか？

　それは、問題文にもある通り、「今日、エレベーターの点検作業が入ることになった（だから動かない時間帯がある）」ということです。

　それを踏まえると、メールの文面には不必要な情報も含まれているようです。大事なことを確実に伝えるために、ここはワンメッセージでいきましょう。それに見合う件名を考えてみてください。

正解例　【緊急】【重要】本日 13 ～ 14 時はエレベーターが動きません

（参考までに、改善前の before のメール、改善後の after のメールも、考え方とともに紹介しておきます）

ま と め

今回は、緊急度や重要度が高いメールに件名をつける練習をしました。緊急度や重要度が高い場合は、件名に「つまり、こういうこと」という要点を書いてしまうとよいでしょう。その際は、【緊急】【重要】など、かっこで囲んで、重大さが一目でわかるようにすると、より伝わりやすくなります。

Column

抽象化思考は「ショートカット」する力

　抽象化思考をすると、深い洞察を得ることができます。さらに言えば、短距離で答えや成果にたどり着けるようになる、つまりショートカットできるようになるということです。たとえば、私がデロイトにいたころに、世界中の経営者やリーダーの方々にインタビューをして、これからどのような働き方の未来になるかというレポートを出す仕事を、日本の代表チームとして行ったことがありました。その中で、日本の企業とアメリカの企業の違いが浮き彫りになったことは非常に印象深いです。たとえば、日本の企業は、電線が切れているかどうかを確認したい場合、いかに速く電柱に登れるかを考える。それに対してアメリカの企業はドローンを飛ばして写真を撮ってしまう。そんな感じで、発想がまったく違うんです。だから、成果に対しては真面目になっていいんだけど、手段には不真面目になるということが意外と大事。抽象化思考は、それを叶えてくれると思います。

関係各位

お疲れ様です。総務部の田中です。1週間前に○○地方で震度6の地震がありました。その影響で、社内の電気システムにも様々な影響が出ています。たとえば、エアコンの効きが悪いと思いますが、それも地震の影響です。現在、業者さんに点検作業を依頼しているところですので、ご不便をおかけしますが、もうしばらくお待ちください。自動ドアやエレベーターにも不具合が生じているので、エレベーターは急遽本日13時から1時間、点検作業のため停止します。なお、幸いなことに、パソコンなどの電子機器には影響はございません。ご不便をおかけしますが、どうぞよろしくお願いします。

「○○地方で震度6」などの詳細は不要。→「先日起きた地震の影響で社内の電気システムに影響が出ている」とまとめればOK

ここでわざわざ伝える必要はないので削除

補足情報は、今回のワンメッセージを意識する場合不要。したがって削除

関係各位

お疲れ様です。総務部の田中です。

先日起きた地震の影響で、社内の電気システムに影響が出ています。

そのため、エレベーターは急遽本日13時から1時間、点検作業のため停止します。

ご不便をおかけしますが、どうぞよろしくお願いします。

最適な件名を作れるか？②

メールで参加の可否を問うたのに、誰も返事をくれない……。
そういうときは、件名を一工夫すると返信率が格段にアップします。

このメールにつける件名は何だろう②
〜返信率アップ編〜

　あなたは月末に行う部署の打ち上げの幹事です。メンバー30名に
下記のメールを送りましたが、回答期限が過ぎているのに返事はほと
んど来ていません。返事をもらいやすくするためには、どのような件
名をつければよかったのでしょうか？

─ □ ×

件名　打ち上げについて

　○○部署の皆様
お疲れ様です。佐藤です。△△プロジェクトでは大変お世話になりま
した。皆様のご尽力の甲斐があって、△△プロジェクトは大成功とな
りました。それにより、井上部長から、打ち上げをしようとご提案を
いただき、佐藤が幹事を務めることになりました。日程は、月末を予
定しており、28（木）もしくは29（金）が候補です。お店は、居酒
屋△△、ワインバー○○、社内会議室、いずれかを予定しています。
参加費は4000円です。つきましては、ご希望の日程、お店を教えて
ください。恐れ入りますが、今週末までにお願いします。

HINT アクションが必要な場合は、それを明確に示す

STEP 1 メールの文面を読み返す

今回のメールで最も伝えたかったことは「打ち上げをするから希望の日程やお店を返信してほしい（そもそも参加の可否も教えてほしい）」だったはずです。

それを踏まえて、メールの文面を読み返してみましょう。
箇条書きにして、情報を整理してみてください。

例 ➡ メールの文面に入れていた情報

- △△プロジェクトではお世話になった
- △△プロジェクトは大成功だった
- それを祝して井上部長が打ち上げをしようと提案した
- そして自分が幹事になった
- 日程は月末を予定している（28日木曜日 or 29日金曜日）
- お店は居酒屋△△、ワインバー○○、会社の会議室のいずれか
- 参加費は4000円
- 希望の日程、お店を教えてほしい
- 返信期限は今週末

STEP 2 大事なことを抽象化する

箇条書きにした情報を見てみてください。
抽象化できる大事なことがあるはずです。そしてそれこそが、件名にふさわしい言葉です。

　それを考えるために、まずはこのメールの目的を思い出してみましょう。

　・打ち上げをする
　・だから、日程やお店を決めたい

ということですよね。

　それを踏まえると、このメールで伝えたい大事なことは、「回答をください」ということになります。したがって、それを件名にするのがベストです。

正解例

【要返信】打ち上げの参加可否について（回答期限：〇月△日 17 時）

ま と め

今回は、相手に行動を促すメールに、件名をつける練習をしました。件名そのものに、こちらが期待する行動を書いてしまうのがおすすめです。メールの文面自体も、その行動を起こしやすいように工夫するとさらによいでしょう。参考までに、より返信率が高まるメールの文面も、考え方とともに紹介しておきます。

【before】

お疲れ様です。佐藤です。△△プロジェクトでは大変お世話になりました。皆様のご尽力の甲斐があって、△△プロジェクトは大成功となりました。それにより、井上部長から、打ち上げをしようとご提案をいただき、佐藤が幹事を務めることになりました。日程は、月末を予定しており、28（木）もしくは29（金）が候補です。お店は、居酒屋△△、ワインバー○○、社内会議室、いずれかを予定しています。つきましては、ご希望の日程、お店を教えてください。恐れ入りますが、今週末までにお願いします。

【after】

お疲れ様です。

△△プロジェクトの打ち上げを開催することになりました。
幹事の佐藤です。以下、概要です。

【日程候補】
・○月 28 日（木）
・○月 29 日（金）

【お店】
・居酒屋△△
・ワインバー○○
・会社の会議室

【お願いしたいこと】
下記の回答フォーマットにご記入いただき、
○月△日 17 時必着で佐藤までご返信をお願いします。

・参加しますか？　YES ／ NO
〜以下は参加予定の方のみご回答ください〜
・28 日になった場合、参加できますか？　YES ／ NO
・29 日になった場合、参加できますか？　YES ／ NO
・お店の候補を希望順に教えてください
　　　第一希望　　　　　　第二希望　　　　　　第三希望

最適な件名を作れるか？③

メールの件名を考える問題のラストはイベント案内のメールです。
つまらない件名だと読み飛ばされる恐れがあるので工夫することが大切です。

このメールにつける件名は何だろう③
〜相手の興味を高める編〜

　あなたは総務部で働いており、この度、部署の垣根を越えた社員同士の交流を図るために、夏祭りを実施することにしました。下記のような場合、どのような件名にすると参加者がたくさん集まるでしょうか？

− □ ×

件名　○○○○○

【対象】全社員（350 名）
【開催日】8 月○日（日曜日）18 時〜 20 時
【場所】社内の大会議室
【内容】夏祭り
　　　　・露店設置（たこ焼き、りんご飴、かき氷、射的）
　　　　・盆踊りを実施（人気演歌歌手○○さんがゲスト）
　　　　・お土産配布（創立 50 周年記念の万年筆）
【目的】社員のコミュニケーションを図るため
【参加費】無料

HINT 受信者の立場や関心に合わせた件名を作成する

PATTERN 1 概要を抽象化する

　問題文にある情報をもとに概要を抽象化してみましょう。概要を抽象化するというのは、国語の授業で言うと、文章全体を要約するということです。このとき大切にしたいのは、メールを受け取った相手が興味を抱くようなキーワードを使って要約すること。

　たとえば、どんな言葉がキーワードになりそうでしょうか?

例 ➡ キーワード
- 夏祭りを開催
- 人気演歌歌手○○さんがゲスト
- 露店
- お土産配布
- 創立50周年記念の万年筆

このあたりの言葉を使って件名を考えてみるとよいでしょう。

PATTERN 2 大事なことを1つだけ抜き取る

　要約する以外にも、相手が興味を抱く件名をつけることは可能です。それは、伝えたい情報の中で、最も相手の心に刺さりそうなことをピンポイントで伝えることです。

　先ほどのパターン1で挙げたキーワードを見ながら、刺さりそうだと思う項目を1つ選んで件名を考えてみてください。

　同じキーワードでも色々な件名が考えられると思いますし、違うキーワードを選べば、件名も当然変わってきます。余裕があれば、ぜひ色々なパターンを考えてみてください。

正解例

パターン1

「社員交流 夏祭り開催のお知らせ – 特別ゲストとお土産も！」

「夏祭り開催！ ○○さんの盆踊り＆記念万年筆をお見逃しなく」

「8月○日 社内夏祭り開催 – 美味しい露店と特別ゲストをお楽しみください」

「社員同士の交流を深める 夏祭り – ゲスト＆お土産もご用意！」

「【無料参加】社内夏祭り – 特別ゲストの盆踊りと50周年記念品付き」

パターン2

「人気演歌歌手○○さんが社内夏祭りに登場！ 生歌を聴けるチャンス！」

→ゲストの○○さんをフィーチャーして興味を抱かせる

「創立50周年記念！ 特製万年筆を参加者全員にプレゼント」

→記念品に焦点を当てて特別感を出す

「たこ焼き＆かき氷が食べ放題！ 社内夏祭りのお知らせ」

→露店の美味しい食べ物にスポットを当てる

「夏祭り開催！ ゆるゆるルールの射的で景品をゲット！」

→射的などの楽しい活動をアピール

「食事も記念品も人気歌手の生歌もすべて無料！ 社内夏祭り開催」

→参加費が無料であることを強調して誘導

ま と め

以上、メールの件名をつける練習を3問行ってきました。メールはビジネスシーンで必須のコミュニケーションツールです。無駄なく、伝えたいことがしっかり伝わるように、文面はもちろん件名も磨き上げていきたいですね。

指示の本質を見抜けるか？

この問題を解くことで、上司の複雑な指示から核心を見抜く力が身につきます。
また、次のアクションを導き出す能力も養えます。

上司の指示の要点を３つにまとめよ

　あなたは商品開発部で働いており、新規プロジェクトのリーダーを
務めることになりました。すると、上司から下記（図を参照）のよう
な指示を受けました。しかし、情報量が多いため即座に理解できませ
ん。すると、それが伝わったのか、上司は「大丈夫？　わかった？」
と不安そうに見てきます。指示の要点を３つにまとめて言葉を返し、
上司の信頼を勝ち取ってください。

この新製品は我が社の将来を担う大事なプロ
ジェクトだ。顧客のニーズをしっかり捉えて、使
いやすさを重視してほしい。デザインも大切だ
が、機能性を犠牲にしてはいけない。それと、最
近のSDGsの流れも考慮に入れてね。製造コスト
は現行製品の1.2倍以内に抑えたい。あと、開発
スケジュールは厳守。そうそう、若手の意見も積
極的に取り入れてほしい。国内市場だけでなく、
将来の海外展開も視野に入れておくこと。品質
管理部門とも密に連携を取ってくれ。まあ、細か
いことは君に任せるよ。頑張ってね。

HINT 上司の指示から重要なキーワードを抽出する

類似した指示や関連する項目をグループ化する

具体的な数値の指示と抽象的な方向性の指示を区別する

プロジェクト全体に関わる重要な指示はどれか考える

STEP 1 キーワードを抽出する

上司から一気に話をされると、「結局上司は何を言っていたんだ？」と、混乱することってありますよね。そこでまずは落ち着いて、指示の中に出てきたキーワードを書き出してみましょう。問題文を見ながらやってみてください。

例 ➡ 上司の指示のキーワード

- 顧客ニーズ
- 使いやすさ
- デザインと機能性のバランス
- SDGs
- 製造コスト（現行の1.2倍以内）
- 開発スケジュールの厳守
- 若手の意見
- 海外展開
- 品質管理部門との連携

STEP 2 キーワードを関連する項目ごとに グループ化する

つづいて、STEP1で書き出したキーワードを関連する事柄でグルーピングしていきます。グルーピングをすると、指示に含まれる多様な要素が整理されて、頭の中に入りやすくなりますよ。

4つのグループに分けて、各キーワードを振り分けてみてください。

例 ➡ キーワードのグルーピング

（製品特性）顧客ニーズ、使いやすさ、デザイン、機能性、SDGs
（プロジェクト管理）製造コスト、開発スケジュール、品質管理
（組織的取り組み）若手の意見、部門間連携
（将来展望）海外展開

STEP 3 具体的指示と抽象的指示を区別する

つづいて、具体的指示と抽象的指示を区別します。
分類してみてください。

例 ➡ 具体的指示

- 製造コスト（現行の1.2倍以内）：目標とする具体的なコスト制限が示されており、達成すべき数値目標が明確。
- 開発スケジュールの厳守：スケジュールの厳守という明確な行動が求められており、具体的に取り組むべき事項が指示されています。
- 品質管理部門との連携：特定の部署との連携という具体的な行動が指示されています。

例 ➡ 抽象的指示

- 顧客ニーズ：顧客が何を求めているかについて考える必要がありますが、具体的な行動指針やニーズの内容は示されていません。
- 使いやすさ：製品のユーザビリティに関する抽象的な概念で、どう改善するかは解釈が必要です。
- デザインと機能性のバランス：デザインと機能性を両立させるという

方向性は示されていますが、具体的な基準や方法は含まれていません。

・SDGs：持続可能な開発目標に対する方向性はありますが、どの目標をどう達成するかについて具体的な指示はありません。

・若手の意見：若手の意見を重視するという抽象的な方向性で、具体的にどの意見をどう取り入れるかは明示されていません。

・海外展開：海外市場への拡大方針が示されていますが、具体的な市場や手法などが明確でないため抽象的です。

　具体的な指示は、目標がはっきりしていて、達成状況も確認しやすいです。一方、抽象的な指示は、方向性を示すものなので、チームで話し合ってアイデアをまとめたり、柔軟に考えたりすることが必要です。このように分けることで、何を確実に守らなければならないのか、また、どう進めるかを工夫すべきところがわかりやすくなります。

STEP 4　プロジェクト全体に関わる重要指示の特定

　STEP2でキーワードをグルーピングしたので、指示の内容にある程度のテーマは見えてきていると思います。

　ここまでのステップを踏まえて、重要指示を３つにしぼりこんでみてください。

例 ➡ 重要な３つの指示

① 顧客ニーズと使いやすさの重視
② コスト・品質・納期のバランス
③ チームの意見を取り入れる

　顧客のニーズや使いやすさを重視することは、製品が市場で受け入れられるための基本です。これが欠けると、どんなに優れた技術やデザインが

あっても、顧客に価値を感じてもらえず、売上にも影響が出る可能性があります。顧客を中心に考えることは、ビジネスの根幹にある重要な視点です。

　コストや納期、品質のバランスは、プロジェクトを成功に導くための基本条件です。製造コストを抑えながらも品質を保ち、計画通りに市場に製品を届けることは、事業の持続性や信頼性に直結します。これらの要素は、プロジェクトの管理や実行面での土台を成しています。

　若手の意見を取り入れたり、部門間で連携したりすることは、組織全体でより良い製品を生み出すために欠かせません。多様な視点を反映することで、製品の質が向上し、将来的な市場展開にも対応しやすくなります。組織の協力体制は、プロジェクトの成功を支える要の一つです。

正解例「部長、ご指示ありがとうございます。プロジェクト推進にあたって、特に以下の 3 点に注意して取り組みます。

1 つ目は顧客中心の製品開発。顧客ニーズを徹底的に分析し、使いやすさと機能性を両立させた製品を目指します。

2 つ目はコスト・品質・納期のバランス。製造コストを現行の 1.2 倍以内に抑えつつ、品質管理部門と密に連携して高品質を確保します。また、開発スケジュールを厳守し、迅速な市場投入を実現します。

3 つ目は、若手社員の意見を積極的に取り入れ、フレッシュな視点を活かします。また、品質管理部門をはじめとする関連部署と緊密に連携し、将来の海外展開も視野に入れた総合的な開発を行います」

ま と め

ビジネスの現場では、上司からこのように多岐にわたる指示を受けることがよくあります。その際、要点思考を駆使して指示の本質を理解し、実行可能な計画に落とし込む能力は非常に重要です。

この問題を解く際のポイントは、個々の指示を単独でとらえるのではなく、プロジェクト全体の文脈の中で理解することです。また、明示的な指示だけでなく、暗に示されている期待や懸念にも注意を払う必要があります。

日々の業務の中で、「この指示の背景にある意図は何か」「どの要素が最も重要か」を常に考える習慣をつけることで、この能力は確実に向上していきます。要点思考は、複雑な状況下で優先順位をつけ、効果的な行動につなげる重要なスキルです。様々な場面で意識的に活用し、磨いていってください。

会議の迷路

この問題を解くことで長時間の会議や複雑な議論の中から核心を見抜く力が身につきます。また、議論の要点を簡潔に表現する能力も養えます。

この議論・会話は一言で言うと何だろう

あなたはIT企業で働く若手社員です。今日、全社的な業務改善プロジェクトの初回ミーティングに参加しました。終了後、プロジェクトリーダーの山田部長があなたに近寄り、「君はこの会議の本質は何だと思う？　一言で言ってみて」と、急に意見を求めてきました。会議では以下のようなやりとりがありました（図を参照）。何と一言でまとめますか？

> **人事部**：「社員の満足度調査の結果、業務プロセスの非効率さが不満の主な原因です」
> **営業部**：「顧客からも、レスポンスの遅さについて指摘を受けています」
> **IT部**：「新しいシステムの導入で、作業時間を30%削減できる可能性があります」
> **財務部**：「システム投資には慎重になる必要がありますが、長期的には必要不可欠です」
> **法務部**：「新システム導入に伴い、データ保護の観点から新たな規則が必要になります」
> **山田部長**：「この改善は我が社の競争力に直結する重要案件です。部門の垣根を越えて取り組みましょう」

HINT
会議の全体像と目的を考える
重要なキーワードを抽出する
発言者の共通のテーマを見つける
一言で表現するなら、何が最も重要か考える

STEP 1　会議の全体像と目的を確認する

　問題文にもある通り、まず、この会議が「全社的な業務改善プロジェクト」に関するものだと理解することが大切です。参加者は各部門の代表者であり、それぞれの立場から意見を述べています。各部門が様々な視点で話し合っているため、一つ一つの発言だけを見ていると、全体の意図や目的がぼやけてしまうことがあります。

STEP 2　重要キーワードの抽出

　発言の中から重要なキーワードを拾い出してみましょう。これをすることで、情報が整理され、会議の本質や目的をより正確に把握することができます。あなたなら、どんな言葉をピックアップしますか？

例 ➡ 重要キーワード

- 業務プロセスの非効率さ
- 顧客レスポンスの遅れ
- 新システム導入
- 作業時間削減
- 投資と長期的視点
- データ保護
- 競争力
- 部門横断的取り組み

STEP 3 共通テーマの発見

　各部門の発言をもとに、共通するテーマを見つけてみましょう。たとえば、業務プロセスの非効率さや、顧客レスポンスの遅れといった具体的な問題が挙げられています。これらは「業務プロセスの改善」というテーマでまとめることができます。

　こんな感じで、共通テーマをまとめてみてください。

例 ➡ 共通テーマ

業務プロセスの改善

各部門の発言から、業務プロセスの非効率さや顧客レスポンスの遅れといった具体的な問題が浮き彫りになっています。これらはすべて業務プロセスの改善を目的としています。

顧客満足度の向上

営業部の発言では顧客からのフィードバックが重要視されており、顧客の期待に応えるために業務改善が必要であることが示されています。これは全体的な顧客満足度の向上を目的としています。

部門間の協力と連携

山田部長の発言にある「部門の垣根を越えて取り組む」という言葉から、部門間の協力や連携が重要であることがうかがえます。このテーマは、全社的な業務改善を実現するために不可欠です。

長期的な視点と戦略

財務部の意見から、短期的なコストだけでなく長期的な視点での投資が重要であることが示唆されています。これは持続可能な成長や競争力向上に寄与するテーマです。

データ保護と法的規則の遵守

法務部の発言に基づいて、新システム導入に伴うデータ保護や法規制の必要性が浮き彫りになっています。これは企業の信頼性やリスク管理の観点からも重要です。

これまでのステップを踏まえて、一言で山田部長に答えてみてください。

複数のパターンを紹介します。

1 「全社的な業務プロセスの効率化を目指す重要な第一歩です」
業務改善の目的とその重要性を強調。

2 「部門横断的な協力で顧客満足度を向上させるための会議です」
顧客満足と部門間協力の重要性を示唆。

3 「業務プロセスの見直しを通じて、競争力を高めるための議論です」
競争力向上に焦点を当てた表現。

4 「新システム導入で効率化を図り、顧客の期待に応える会議です」
新システム導入の重要性と顧客へのアプローチを結びつける。

5 「全社的な業務改善で、社員と顧客の満足度向上を狙います」
社員と顧客の両方の視点を取り入れた表現。

6 「今後の成長に向けて、業務効率とデータ保護を両立させる議論です」
成長とリスク管理の視点を含めたまとめ。

ま と め

こんなふうに返されたら、山田部長もさぞかしびっくりすることでしょう。瞬時にズバッと返せる人はそうそういないので、未来のエースとして活躍が期待されるかもしれません。

会議の本質を見抜く力は、ビジネスパーソンとして非常に重要なスキルです。最初は難しく感じるかもしれませんが、このステップを意識して実践していけば必ず上達します。焦らず、一つ一つの会議で練習していきましょう。

要望の本質を見抜けるか？

かなりハイレベルな問題です。敏腕コンサルタントになりきって、
顧客の複雑な要望から核心を見抜いてください。

顧客の要望を３つに集約せよ

　あなたは IT コンサルタントです。大手小売チェーンの顧客から新しい顧客管理システムの開発を依頼されました。下記の要望をもとに、顧客の本質的なニーズを整理し、プロジェクトの方向性を定める必要があります。顧客の要望を３つの主要なポイントに集約し、それぞれについて簡潔な説明を加えてください。また、これらのポイントに基づいて、顧客との合意形成を図るための質問を１つ考えてください。

- 店舗ごとの売上データをリアルタイムで把握したい。
- 顧客の購買履歴を分析して、個別の販促施策を立案できるようにしたい。
- ポイントカードとスマートフォンアプリを連携させたい。
- 在庫管理システムと連動して、効率的な発注ができるようにしたい。
- 従業員の勤怠管理も同じシステムで行いたい。
- データセキュリティには特に気をつけてほしい。
- システムの使い方を従業員に教育する仕組みも作ってほしい。
- 将来的には AI を活用した需要予測もできるようにしたい。
- 導入コストはできるだけ抑えたい。
- ３ヶ月後の繁忙期までに稼働させたい。

要望をカテゴリー別に分類する

各要望の背後にある顧客の真のニーズを考える

複数の要望に共通する大きなテーマはないか考える

顧客にとって最も重要そうな要素は何か？

プロジェクトの成功に不可欠な要素を見極める

STEP 1 全体像を把握する

　はじめに全体像を把握していきます。これを怠ると、個々のニーズに引っ張られてしまい、顧客の真のニーズを理解しにくくなります。

　具体的には、次のような手順を踏むのがおすすめです。

① 要望リストを数回読み返す
② 各要望をキーワードや短いフレーズでまとめる
③ 要約したキーワードを見て、全体的な傾向や方向性を考える

　一緒にやってみましょう。

　要望リストを数回読み返したら、各要望をキーワードや短いフレーズでまとめていきます。

　たとえば、こんなふうにまとめることができます。

例 ➡ 要望のキーワード

・データ活用
・システム統合
・業務効率
・セキュリティ
・コスト管理
・迅速な導入

　上記のキーワードを見て、顧客の要望に傾向や方向性がないか考えてみます。要望が多岐にわたっていることから、顧客が単なる機能の追加ではなく、ビジネス全体の改善を目指していることが見えてきます。

STEP 2　要望をグルーピング

　つづいて、先ほど挙げたキーワードを関連するものでグループに分けていきます。これをすることで、顧客のニーズの構造や優先順位が明確になります。具体的には、次の手順で進めます。

① 各要望を再度確認し、共通する目的や性質を持つものを見つける
② 共通点に基づいてカテゴリーを作成する
③ 各要望を適切なカテゴリーに分類する

　たとえば、「店舗ごとの売上データをリアルタイムで把握したい」という要望と、「顧客の購買履歴を分析して、個別の販促施策を立案できるようにしたい」「将来的には AI を活用した需要予測もできるようにしたい」という要望は、データに関する項目としてまとめられそうな気がしますよね。ということで、この 3 つは「データ活用関連」というグループに分類することにします。

　このような感じで他の要望もグルーピングをしていきます。
　頑張れそうな方は、自力でトライしてみてください。ちょっとヒントが欲しいという方は、グループの分け方をお伝えしますので、それをもとに各要望を振り分けてみてください。

例 ➡ **グループの分け方**

・データ活用関連
・システム連携関連
・運用・管理関連

・プロジェクト条件

各要望をグルーピングするとこうなります。

例 ➡ 要望のグルーピング

データ活用関連

・店舗ごとの売上データをリアルタイムで把握したい。
・顧客の購買履歴を分析して、個別の販促施策を立案できるようにしたい。
・将来的には AI を活用した需要予測もできるようにしたい。

システム連携関連

・ポイントカードとスマートフォンアプリを連携させたい。
・在庫管理システムと連動して、効率的な発注ができるようにしたい。
・従業員の勤怠管理も同じシステムで行いたい。

運用・管理関連

・データセキュリティには特に気をつけてほしい。
・システムの使い方を従業員に教育する仕組みも作ってほしい。

プロジェクト条件

・導入コストはできるだけ抑えたい。
・3ヶ月後の繁忙期までに稼働させたい。

こうしてグルーピングしたことで、10個の個別要望が4つの大きなカテゴリーに整理され、顧客のニーズの構造が見えてきましたね。

STEP 3 本質的なニーズの抽出

さぁ、ここからがコンサルタントの腕の見せどころです。表面的な要望

の背後にある真のニーズをあぶり出して、より効果的で柔軟なソリューションを提案できるようにしましょう。

具体的にはこうします。

① 各カテゴリーに属する要望を見直す
②「なぜ顧客はこれを望んでいるのか」を考える
③ より抽象的で本質的な目的や期待を言語化する

たとえば、「データ活用関連」という要望を見直してみると、顧客はデータを単に収集するだけでなく、それを活用して意思決定を改善したいと考えていると推測できます。よって、本質的なニーズは「データを上手に活用すること」だと考えることができます。

同様に、「システム連携関連」「運用・管理関連」「プロジェクト条件」についても、それぞれの本質的なニーズを考えてみてください。

例 ➡ 本質的なニーズ

（表面的な要望）システム連携関連
（本質的なニーズ）統合された運営の仕組みづくり
顧客はポイントカード、在庫管理、勤怠管理など、従来は別々に管理されていたシステムを一つにまとめたいと要望しています。これにより、データの一元化と業務の効率化が図られ、顧客にとっての利便性と従業員の作業効率が向上します。このような統合により、スムーズな運営と、複数の機能を一元的に管理する効率的な体制を築くことが顧客の目的と考えられます。

（表面的な要望）運用・管理関連
（本質的なニーズ）安全で効率的なシステム運用環境の構築
顧客は、データセキュリティと従業員教育の仕組みについて特に関心を

寄せています。これは、情報管理とセキュリティの確保が重要であること、そして新しいシステムに従業員がスムーズに適応できる環境を求めていることを意味します。このように、顧客が重視しているのは、安心して運用できるセキュアで使いやすい環境と、その継続的な管理体制の構築であると言えます。

（表面的な要望）プロジェクト条件
（本質的なニーズ）迅速かつコスト効率の高い導入

繁忙期までにシステムを導入するためにスピーディな稼働が求められると同時に、コストの抑制も重要視されています。これは、短期間で効果的にシステムを立ち上げる必要があり、費用対効果の高いプロジェクト計画が顧客にとって不可欠であることを示しています。コストを抑えつつも、確実に必要なシステムを導入することが顧客のニーズの核心と考えられます。

STEP 4 優先順位を考慮する

　すべての要望を同等に扱うのではなく、重要度や依存関係を考慮することで、効果的なプロジェクト計画を立てていきます。

　ここまでに明らかにした「データを上手に活用すること」「統合された運営の仕組みづくり」「安全で効率的なシステム運用環境の構築」「迅速かつコスト効率の高い導入」という本質的なニーズを軸に、優先度を検討します。以下のように進めることで、プロジェクトにおける重要項目とその順序が見えやすくなります。

① 重要度の確認

　各グループで抽出した要望を確認し、どれが重要かを見極めます。具体的には、各要望が「データを上手に活用すること」「統合された運営の仕組みづくり」「安全で効率的なシステム運用環境の構築」「迅速かつコスト

効率の高い導入」にどの程度貢献するかを判断します。

例：「データセキュリティ」は、データ活用を進めるうえで土台となるため重要度が高いです。

② 依存関係の整理

各要望を実現するための依存関係を洗い出します。たとえば、データのリアルタイム表示や分析機能を優先するためには、まず「セキュリティ対策」が必要です。また、勤怠管理とポイントカード連携をシステム統合するには、システム間でデータをスムーズに共有できる仕組みが求められます。

③ 制約条件の考慮

「迅速かつコスト効率の高い導入」という要望に応えるため、時間や予算が限られている中で実現可能な範囲を検討します。繁忙期までに不可欠な機能と、後で追加できる機能を分け、順序をつけます。

これで、主要ポイントは3つに集約することができました。

STEP 5 合意形成のための質問

最後に、合意形成のための質問を考えてみましょう。この質問はとても大切です。なぜなら、質問を通じて関係者が共通の理解を持ち、各ニーズや優先事項への納得感を高めることができるからです。

たとえば、以下のような質問が役立つ場合があります。

例 ➡ 合意形成のための質問

・要望の背景確認

「この機能が必要だと感じた背景や理由は何ですか？」と尋ねることで、各ニーズの背後にある意図を把握しやすくなります。

・優先順位の確認

「もし時間や予算に制約がある場合、特に優先したい機能は何ですか？」
と質問すると、より緊急性の高い要望が明確になります。

・現行課題の洗い出し

「現行の運用で困っていることや、改善したいポイントはどこですか？」
と質問することで、本当に解決すべき課題が見えてきます。

　こうした質問を通じて、各要望や要素がどのように合意形成に貢献する
のかを関係者と共有することで、意思決定がスムーズに進みやすくなりま
す。

正解例 2パターン紹介します。

① 「ご要望を整理し、以下の3つのポイントにまとめました。

1 売上アップにつながる情報活用の仕組みづくり
説明：各店舗の売上データやお客様の買い物履歴を簡単に確認できるシス
テムを構築します。将来的には、AIを活用して売れ筋商品の予測も行え
るようにします。具体的には、過去の売上データを分析し、人気商品の傾
向を把握します。これにより、お店の品揃えやお客様一人一人に合わせた
サービスを提供できるようになります。

2 お客様と従業員の両方に便利な統合システムの構築
説明：ポイントカード、スマートフォンアプリ、在庫管理、勤怠管理など、
これまで別々に管理していたシステムを一つに統合します。たとえば、ス
マートフォンアプリでポイントが確認できるようにし、在庫状況をリアル
タイムで把握できるようにします。これにより、お客様はより便利にお買

い物ができ、従業員の皆さんも業務がスムーズになります。

❸ 安全で使いやすい新しいシステムの早期導入
説明：大切な情報をしっかりと守りながら、繁忙期である3ヶ月後までに新しいシステムを導入します。また、従業員の皆さんが新しいシステムに慣れるための、わかりやすい教育プログラムも用意します。これにより、コストを抑えつつ、長期的に競争力のある店舗運営が実現できるようになります。

これらのポイントについて、以下の質問をさせていただきたいと思います。『この3つのポイントの中で、最も大切だと思われるものはどれでしょうか？　また、それによってどのような良い変化が起こることを期待されていますか？　どのような指標を用いてその変化を確認していくことができるでしょうか？』

② 「ご要望を分析し、以下の3つのポイントにまとめました。

❶ お客様のニーズに合わせた商品・サービス提供の実現
説明：各店舗ごとの売上データやお客様の買い物履歴を簡単に確認できるシステムを構築します。これにより、お客様が欲しい商品を、欲しいタイミングで提供できるようになります。具体的には、過去の購入履歴を分析し、個々のお客様におすすめの商品を提案できる仕組みを作ります。結果として、お客様満足度の向上と売上アップが期待できます。

❷ 仕事の効率を上げる一体型システムの導入
説明：ポイントカード管理、在庫管理、勤怠管理など、これまで別々に行っていた作業を一つのシステムで実現します。また、スマートフォンアプリとも連携させることで、たとえば在庫の残量をリアルタイムで確認できるようにします。これにより、従業員の皆さんの仕事が楽になり、同時にお客様へのサービスも向上します。

③ 安全で将来性のある新システムの早期実現

説明：大切な情報をしっかり守りながら、繁忙期である 3 ヶ月後までに新しいシステムを導入します。従業員が新しいシステムを効果的に活用できるように、具体的なシナリオに基づいた教育プログラムを用意します。これにより、すぐに効果を上げつつ、長期的にも強い会社を目指すシステムづくりを実現します。

これらのポイントを踏まえ、次の質問をさせていただきます。『この 3 つのポイントを実現することで、今後 3 〜 5 年の間に、お客様の会社やお店がどのように変わることを期待されていますか？　また、その変化を確認するために、具体的にどのような指標や観点を用いていけばよいでしょうか？』

ま　と　め

要点思考は、ビジネスの現場で非常に重要なスキルです。特にコンサルタントや企画職など、複雑な情報を整理し、本質を見抜く必要がある職種では不可欠です。単に情報を要約するのではなく、その背後にある真のニーズや目的を理解し、それをわかりやすく表現する力を磨いていきましょう。

Column

「ベンチャー三田会」で交わされる抽象化思考

「ベンチャー三田会」の幹事会議では、みんながハッとするような意見を突然つぶやく方がいます。幹事会に集まっているのは、全員経営者なので、ふだん会社の中ではトップにいる人です。しかし、そんな中においても、抽象化思考に秀でた方はさらに一味違います。たとえば、今度のイベントで100人集めようというような、具体的な話になるときに、「俺はレガシーを残したいんだ」みたいなことをボソッと言う。すごく抽象的な発言をあえてするんです。ベンチャー三田会においても、志ある経営者のエコシステムを作るために会員を何人増やすとか、その中から上場企業を生み出そうとか、色々な数字の目標があります。いわば、具体の世界です。しかし、そういう中でも独自のインサイトを示したり、みんなに絵を見せるような形で、気付きを与えてくださる。そういう核心をついた抽象的な発言があるからこそ、「たしかに、今まで自分たちは何にとらわれていたんだろう」と、観点を再検討するきっかけを得ることができます。その結果、それまでの議論とはまったく違う方向性のアイデアが生まれることが多々ありました。具体の世界に寄りすぎている場面においては、このように抽象の世界に次元を引き上げて考えてみるとよいかもしれません。

ヒットの法則を見出せるか？①

「どうしてこの商品は人気があるんだろう？」と不思議に思うことって
ありますよね。ヒットの法則を見つける練習をしてみましょう。

売れるお菓子を作って ヒットメーカーになろう①～初級編～

あなたは大手お菓子メーカーに新入社員として入社しました。
ある日、上司からこんな指示が。
「我が社の看板商品を作るために、売れているお菓子を調べて、ヒットするお菓子の法則を3つ見つけ出してほしい」
さて、どうしましょう？

なぜこれは
売れた？

ヒットしている商品の特徴を整理する

特徴の共通点をもとに法則を考えてみる

STEP 1　それぞれの商品の特徴を列挙する

　長年ヒットしているお菓子の代表格である「ポッキー」「じゃがりこ」「キットカット」を例にとって、法則思考を学んでいきましょう。

　それぞれのお菓子の特徴を書き出してみてください。

例 ➡ ポッキーの特徴

・軽い食感　・手が汚れにくい　・手軽に食べられる　・細い形状

例 ➡ じゃがりこの特徴

・カリッとした食感　・持ちやすいスティック型

・フタを開けて食べやすいつくり

例 ➡ キットカットの特徴

・サクサクのウエハース

・小分けパック　・手軽にシェアできる

STEP 2　特徴をカテゴリー別に分類する

　先ほど挙げた特徴をいくつかのカテゴリーに分けていきます。「食感」「形状」「利便性」に分けて、それぞれの特徴を振り分けてください。

例 ➡ 食感の分類

・軽い食感（ポッキー）　・カリッとした食感（じゃがりこ）

・サクサクのウエハース（キットカット）

例 ➡ 形状の分類

- ・細い形状（ポッキー）
- ・持ちやすいスティック型（じゃがりこ）
- ・小分けパック（キットカット）

例 ➡ 利便性の分類

- ・手が汚れにくい（ポッキー）
- ・フタを開けて食べやすいつくり（じゃがりこ）
- ・手軽にシェアできる（キットカット）

STEP 3 ヒット商品の共通点を見つける

　判明した特徴をもとに、共通点を見つけ出します。たとえば、ポッキーの軽い食感や、じゃがりこのカリッとした食感、キットカットのサクサクのウエハースという特徴からは、「軽快で食べやすい食感」という共通点が見て取れます。このような感じで、共通点を見つけてみましょう。

例 ➡ ヒットの共通点

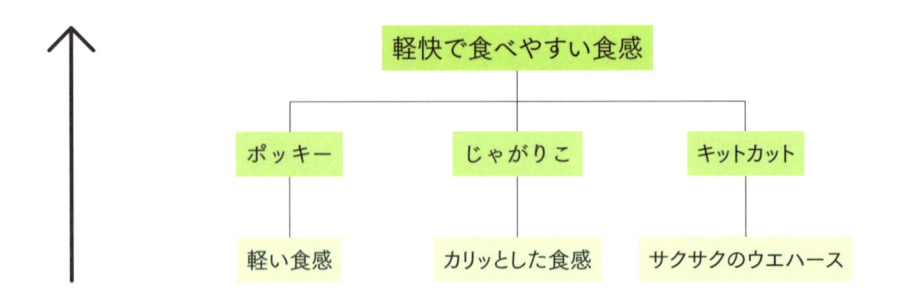

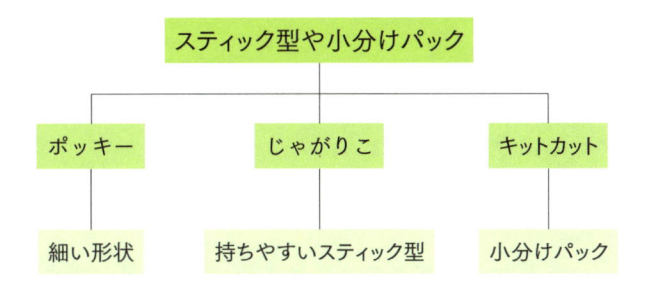

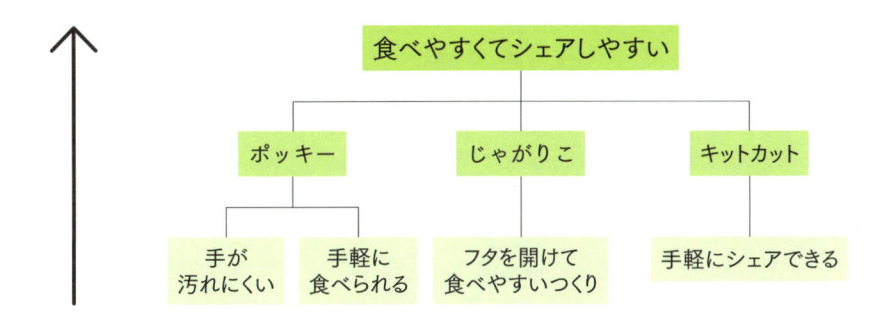

STEP 4 共通点をもとに普遍的な法則を導き出す

最後に、STEP3で見つけた共通点をもとに、さらに抽象化を行います。

例 ➡ 共通点を法則にする

・軽快で食べやすい食感→「消費者が求める快適さ」ととらえることが
　できる。
・スティック型や小分けパック→「便利さや携帯性」が重視されること
　を示す。

・食べやすくてシェアしやすい→「ユーザーエクスペリエンスを向上させる工夫」と考えられる。

このようにして導き出された普遍的な法則は、今後の製品開発やマーケティング戦略に役立つでしょう。

正解例 ヒットするお菓子の法則は3つ。「消費者が求める快適さ」「便利さや携帯性の重視」「ユーザーエクスペリエンスを向上させる工夫」

ま と め
法則思考は仕事や日常生活のあらゆる場面で活用できます。常に好奇心を持って周りを観察し、分析してみてください。

Column

共通点と法則の違いは？

STEP3で見つけた共通点をそのまま成功法則にすればいいのではないかと思う方もいるかもしれません。たしかに、STEP3で見つけた共通点は過去の製品がヒットした成功法則なので、そのまま使えそうな気がしますよね。けれども、「共通点」と「法則」という言葉は、似ているようで実は異なる概念です。どちらも物事を理解し、整理するための有用な考え方ですが、焦点を当てる部分や使い方には大きな違いがあります。この違いを理解することは、特に問題解決や戦略立案の場面で重要です。ここでは、「共通点」と「法則」の違いについて考えていきましょう。

共通点は、複数の事例に共通する特徴や性質を指します。たとえば、ポッキー、じゃがりこ、キットカットなどのヒット商品に共通する「軽い

食感」や「持ちやすい形状」といった特徴が共通点です。共通点を見つけることで、物事の類似性を理解できます。

一方、法則は物事がどのように機能するか、または特定の条件下でどう動くかを示す普遍的な原則です。共通点を抽象化し、たとえば「消費者が求める快適さ」「便利さや携帯性の重視」などの法則として導き出します。法則は、過去の事例に基づいて今後も通用する原則を提供し、予測や意思決定を助けます。

共通点は具体的で目に見える特徴に焦点を当て、法則はその特徴を普遍的な原則として抽象化します。共通点を見つけることは物事を整理する第一歩であり、法則を導き出すことで、広い文脈での適用や将来の戦略に役立ちます。

実務では、まず共通点を見つけて特徴を把握し、それをもとに法則を導き出すことで、製品開発やマーケティング戦略に役立ちます。たとえば、共通点から「快適さ」や「便利さ」の重要性が見えてきた場合、今後の製品開発にその要素を反映させることができます。

共通点と法則は、物事を理解し、改善策を見つけるために有効なツールです。この２つを使い分けることで、分析力を高め、より効果的な戦略を立てることができます。

ヒットの法則を見出せるか？②

先ほどの問題の発展問題です。より多様な視点で分析して、
より奥深い法則を導き出す方法を学んでいきましょう。

売れるお菓子を作って
ヒットメーカーになろう②〜上級編〜

あなたは大手お菓子メーカーの中堅社員です。上司にヒット商品の
法則を見つけるように指示された新入社員が、P232のような答えを
導き出しました。すると後輩は「先輩はどう思いますか？」と意見を
求めてきました。より深い法則を見つけるためのポイントを、少なく
とも3つ、後輩にアドバイスしてください。

 **HINT** ヒット要因を多角的に分析してみよう

STEP 1 リサーチ対象の数を増やす

　先ほどの問題では、「ポッキー」「じゃがりこ」「キットカット」の３種類をもとに分析を行いました。しかし、より深い洞察を得たい場合は対象を増やすとよいでしょう。

　主な理由は以下の通りです。

・多様性の確保

　より多くのお菓子を分析することで、異なるタイプやブランドの特徴を比較しやすくなり、消費者の嗜好の幅広さを考慮できます。これにより、ヒット商品の共通点を見つけやすくなります。

・より包括的なデータになる

　３つでは限られたデータしか得られませんが、たとえば５つの分析を行うことで、より豊富なデータに基づいて法則を導き出せる可能性が高まります。多くの例を持つことで、統計的な信頼性も向上します。

・競合分析の強化

　特に競争の激しい市場では、同じカテゴリーの製品を増やすことで、競合との相対的な強みや弱みを明確にすることができます。これにより、マーケティング戦略や商品開発に対する洞察を得やすくなります。

・市場トレンドの把握

　５つの異なる製品を分析することで、市場全体のトレンドや消費者ニーズをよりよく理解することができます。複数の製品から得られる情報は、トレンドを見極めるのに役立ちます。

　3つよりも5つのほうが、異なる視点や分析手法を試す機会が増えます。多様な製品を通じて、より深い学びや批判的思考を促進することができます。

　このように、分析するお菓子の数を増やすことで、より深く広範な洞察を得ることができ、実践的なビジネススキルの向上につながります。

STEP 2　消費者の感情・心理に基づく分析

　ただ単に「売れた商品」の共通点を見るだけではなく、「なぜ消費者がその商品に魅了されたのか」を深掘りします。たとえば、消費者がその商品に対してどんな感情を抱いたのか（安心感、興奮、自己表現の手段など）、その心理的な要因を探ります。

　たとえば、ポッキーは「楽しい」「シェアしたい」という感情に訴えかける商品だと言えるのではないでしょうか。消費者は、この商品を手に取ることで「楽しさ」や「人とのつながり」を感じることができます。

　じゃがりこは、カップ包装によって「便利さ」と「満足感」を提供しています。手軽に食べられるうえに、ポテトのサクサク感や濃厚な味が食欲をそそり、消費者に快適な食体験を与えているのです。

　キットカットは、「休憩」をテーマにしています。忙しい日常の中で短いリフレッシュの瞬間を提供し、「自分へのご褒美」という感情に訴えます。小さな休憩の象徴として、消費者は心理的な安らぎを感じます。
　これらの分析により、「人がなぜその商品を手に取ったか」という根本的な動機を理解し、ヒットの法則を感情に根差したものに変換できます。

STEP 3 時間的なトレンドの変化を考慮する

　ヒット商品は、その時代特有の社会的背景や文化的トレンドと深い関係があることが多いです。

　たとえば、ポッキーは、SNSの普及により「シェア文化」を強調する製品として人気を集めました。「自己表現」や「友達とのつながり」といった時代のトレンドと合致していると言えるでしょう。

　じゃがりこは、忙しい現代人向けに「手軽で美味しい」食品が求められる中で、手軽に食べられる便利なスナックとしてヒットしました。これも時代の流れに適応した商品です。

　また、精神的な休息が重視される現代社会において、キットカットの「休憩」のコンセプトは消費者に響きました。ストレス解消や自己ケアを意識したトレンドにマッチしています。

　このように、時間的なトレンドの変化を分析することで、どのように商品が消費者のニーズに応えているのか、そしてなぜその商品が成功したのかを理解することができます。これを知ることで、企業は次にどんな商品を作るべきか、流行を先読みする助けになります。

STEP 4 製品設計・マーケティングにおける 「隠れた工夫」を探る

　表面的には気づきにくい、製品やマーケティングの戦略的な工夫を探ることで、より深い洞察が得られます。製品のデザイン、価格設定、広告のメッセージ、販促方法など、他の競合商品との差別化を図った点や、購買意欲を掻き立てる細やかな工夫を深く分析します。

たとえば、ポッキーの場合は、色鮮やかなパッケージや、特別なイベント（ポッキーの日）のマーケティングが、消費者の関心を引き、シェア文化を促進しました。また、長さや形が他のスナックと差別化され、視覚的な特徴として意識されました。

じゃがりこは、「カップ型」というパッケージデザインが、食べやすさと清潔感を提供し、ポテトチップスのパウチと差別化されています。さらに、密封容器での新鮮さを保つ工夫も隠れた要素として、製品の魅力を増しています。

キットカットは、限定フレーバーや地域限定の商品展開が、新鮮さとプレミアム感を提供し、消費者の関心を引き続き引き付けています。また、「休憩」というコンセプトを徹底的に訴求するマーケティングが効果的です。

STEP 5 潜在的なニーズを引き出す仕組み

成功した商品がただ既存のニーズを満たすだけでなく、消費者の「潜在的なニーズ」を引き出していたかどうかを分析します。消費者が気づいていなかった欲求や問題点に気づかせ、商品を通じてその解決策を提供しているかを考えてみるのです。

たとえばポッキーは、消費者の「楽しい時間を共有したい」「SNSでのシェアを楽しみたい」という潜在的なニーズを引き出したと言えるでしょう。単なるお菓子ではなく、社会的なつながりや遊び心を提供しています。

じゃがりこは、忙しい中で、簡単に食べられて、かつ美味しいスナックが欲しいという消費者の潜在的なニーズを掘り起こし、そのニーズを見事に満たしています。

キットカットにおいては、休憩という瞬間に必要だった「リフレッシュ」

や「自己ケア」のニーズを引き出し、消費者がふだん意識していなかった心理的な満足を提供しています。

STEP 6 持続的な価値の提供による信頼性の構築

一時的な人気に終わらないために、ヒット商品がどのようにして持続的に価値を提供し続け、消費者との信頼関係を築いたのかを深く掘り下げます。この観点では、単に一度の購入で終わらないリピート購入を生む仕組み、ブランドのファンを増やす施策などを考慮します。

たとえば、ポッキーは、定期的に新しいフレーバーを投入したり、キャンペーンを実施することで消費者の関心を引き、ブランドの持続的な価値を提供しています。これにより、長期的なファンを育てています。

じゃがりこは、一貫して高品質で変わらぬ味を提供し、消費者に安心感を与えることに成功しています。手軽さと満足感を持続的に提供し続けていると言えるでしょう。

キットカットは、定期的な限定フレーバーや、エシカルな取り組み（フェアトレードなど）を通じて、消費者に持続的な価値を提供しています。これにより、ブランドの信頼性を強化し、長期的なロイヤルティを築いています。

正解例「とても良いと思うよ。ただ、次のような視点も盛り込むと、より普遍的な成功法則が見つけられるんじゃないかな。たとえば、リサーチ対象の数を増やす。消費者の感情・心理に基づいて分析する。時間的なトレンドの変化を考慮する。製品設計・マーケティングにおける『隠れた工夫』を探る。潜在的なニーズを引き出す仕組みに目を向ける。
これらを踏まえて、もしも僕がヒットの法則を3つ導き出すとしたら、きっ

とこうすると思う。『消費者の感情・心理に訴えかける』『時代のトレンドをとらえた適応力がある』『潜在的なニーズを引き出し、持続的な価値を提供する』」

まとめ

多様な視点で分析すれば、それだけ深い洞察が得られます。ただし、どこまでやるかは、与えられた時間や、得られるデータの種類、相手の期待度のレベルなどによって異なります。そのときどきに応じて適切な答えを出すことを意識していきましょう。

Column

アメリカの会社の時価総額が高いのは抽象化思考のおかげ？

日本の会社とアメリカの会社の時価総額の違いを比べると、アメリカの企業は利益が赤字でも時価総額が10兆円ぐらいの値がついていることがあります。それに対して日本の企業は、同様な売上規模で十分な利益を出しているにもかかわらずアメリカ企業より相対的に時価総額が低いことがあります。その違いは何なのでしょうか？　これは、大手総合商社ご出身で海外の事情にも強い弊社の顧問が分析調査されたお話によると、「大きなビジョンを掲げているかどうか」。これが大きく影響しているとのこと。

ビジョンというのは、結局、何を目指すかということです。Amazon の場合は、「地球上で最もお客様を大切にする企業」ですし、Google は「1クリックで世界の情報へアクセス可能になる」です。抽象的だが登る山が大きな大きな、壮大なビジョン。これがあること自体が評価に値し、それによって人とお金が集まり事業が伸びていく。抽象化思考の大切さがよくわかります。

睡眠の達人の法則を見つけられるか？

ビジネスパーソンは睡眠時間が削られがち。だからせめて、
睡眠の質は高めたいですよね。今回は「快眠の法則」を探る実践的な問題です。

快眠の法則は何だろう？

　あなたは睡眠改善コンサルタントです。クライアントから「なぜ人によって寝つきや睡眠の質に違いがあるのか？」という質問を受け、よく寝られる人に共通する特徴を探ることにしました。以下のデータをもとに、よく寝られる人に共通する法則を3つ導き出してください。

A さん	・毎晩23時に就寝 ・朝は6時に起床 ・就寝3時間前に入浴
B さん	・寝る1時間前にはスマートフォンやパソコンの使用を控えている ・寝る3時間前には食事を終えている
C さん	・起床後、カーテンを開けて日の光を浴びている ・起床後、シャワーを浴びる
D さん	・寝室の温度と湿度を適切に保っている ・遮光カーテンで暗さを確保している
E さん	・夕食後はカフェインの摂取を避けている ・就寝前にハーブティーを飲んでいる

 各人の行動や習慣に注目する

共通する要素や似たような効果をもたらす行動はないか探す

STEP 1 データを整理する

Aさん、Bさん、Cさん、Dさん、Eさん、それぞれの具体的な情報は問題文の通りです。それでは、さっそく情報を整理していきましょう。

5W1Hを使って、各人の睡眠習慣をまずは書き出していきましょう。

Aさん

What：毎晩23時に就寝、朝6時に起床し、就寝3時間前に入浴する

When：毎晩23時に就寝、朝6時に起床、入浴は就寝3時間前

Where：自宅

Why：規則正しい睡眠習慣を守り体内時計を整え、深い睡眠を得るため

How：毎晩同じ時間に寝て、決まった時間に起き、就寝前にリラックスするためにお風呂に入る

Bさん

What：寝る1時間前にはスマートフォンやパソコンの使用を控え、寝る3時間前には食事を終えている

When：寝る1時間前（スマホ・PC使用を控える）、寝る3時間前（食事を終える）

Where：自宅（寝室、リビングなど）

Why：ブルーライトを避け、リラックスして寝る準備を整え、消化不良を防ぐため

How：寝る1時間前からブルーライトを避け、寝る3時間前に食事を終わらせる

Cさん

What：起床後にカーテンを開けて日の光を浴び、シャワーを浴びる

When：毎朝、起床後

Where：自宅（リビングやベランダ、お風呂）

Why：朝日を浴びることで体内時計をリセットし、シャワーで体を目覚めさせるため

How：起きてすぐカーテンを開け、日光を浴び、シャワーを浴びる

Dさん

What：寝室の温度と湿度を適切に保ち、遮光カーテンで暗さを確保する

When：毎晩、就寝前

Where：寝室

Why：快適な睡眠環境を作り、深い眠りを得るため

How：寝室の温度と湿度を調整し、遮光カーテンで暗くする

Eさん

What：夕食後にカフェインを避け、就寝前にハーブティーを飲む

When：夕食後（カフェイン回避）、就寝前（ハーブティー）

Where：自宅（リビングまたはダイニング）

Why：カフェインを避けることで眠りやすくし、リラックス効果のあるハーブティーで心身を落ち着けるため

How：夕食後、カフェイン含有飲料を避け、リラックス効果があるハーブティーを飲む

どうでしょう？　各人の工夫が時間や場所、行動ごとに整理されて、全体像が見えてきましたね。

STEP 2 重要度別に分類する

次に、どの習慣がどれほど影響を与えるかを評価していきましょう。「す

ぐに効果がある習慣」「毎日続けると効果が出てくる習慣」「人によって合う合わないがある習慣」という3つで分類してみましょう。

　A〜Eさんの習慣を、この3つに分類してみてください。

例 ➡ 重要度別の分類

（すぐに効果がある習慣）
- Cさん：起床後、カーテンを開けて日の光を浴びる
　自然光を浴びることで、すぐに体内時計がリセットされ、目覚めが良くなります。
- Cさん：起床後、シャワーを浴びる
　シャワーを浴びることで、即座にリフレッシュでき、目が覚めやすくなります。

（毎日続けると効果が出てくる習慣）
- Aさん：毎日6時に起床する
　一定の時間に起きることで、体内時計が整い、日々の睡眠の質が向上します。
- Aさん：毎晩23時に就寝する
　規則正しい就寝時間を守ることで、睡眠の質が向上します。
- Aさん：就寝3時間前に入浴する
　寝る前に入浴することでリラックスでき、寝つきが良くなります。
- Bさん：寝る1時間前にはスマートフォンやパソコンの使用を控える
　スクリーンの明るさを避けることで、睡眠の質が向上しますが、効果を感じるまでには時間がかかることもあります。
- Eさん：就寝前にハーブティーを飲む
　ハーブティーのリラックス効果を毎晩続けることで、寝つきが良くなります。

（人によって合う合わないがある習慣）

- Ｄさん：寝室の温度と湿度を適切に保つ

  寝室の環境が合うかどうかは個人差があり、快適な温度や湿度は人によって異なります。

- Ｄさん：遮光カーテンで暗さを確保する

  完全な暗闇が心地よいと感じる人もいれば、少しの光があったほうが落ち着く人もいます。

- Ｂさん：寝る３時間前に食事を終える

  人によって食事のタイミングが影響を与える度合いが異なります。消化に時間がかかる人もいれば、あまり気にならない人もいます。

- Ｅさん：夕食後はカフェインを避ける

  カフェインの影響を受けやすい人と、あまり影響を感じない人がいるため、個人差があります。

　人によって合う合わないがある習慣は、いわば例外です。そのため、ここに分類された項目は今後の検討から除外します。

STEP 3　共通点を見つける

　つづいて、Ａ〜Ｅさんの習慣の共通点を見つけていきます。たとえば、Ａさんの「毎晩23時に就寝する」と、Ｃさんの「起床後、カーテンを開けて日の光を浴びる」「起床後、シャワーを浴びる」には、「体内リズムを整える」という共通点があります。

　こんな感じで、他にも分けてみてください。

例 ➡ 共通点

【すっきり目覚める習慣】
- Ａさん：毎晩23時に就寝する
- Ｃさん：起床後、カーテンを開けて日の光を浴びる

・Ｃさん：起床後、シャワーを浴びる

【寝つきを良くする習慣】
・Ａさん：毎日６時に起床する
・Ｂさん：寝る１時間前にはスマートフォンやパソコンの使用を控えている

【リラックスする習慣】
Ａさん：就寝３時間前に入浴する
Ｅさん：就寝前にハーブティーを飲んでいる

STEP 4 法則を導き出す

　最後に、これらの分類から「よく寝られる人に共通する法則」を導き出します。具体的な習慣を抽象化し、多くの人に適用できる「法則」を考えます。

すっきり目覚める習慣→朝のリズムを整える
　朝に決まった時間に起き、日光を浴びることで、体内時計をリセットし、目覚めの質を高める。

寝つきを良くする習慣→夜の環境を整える
　寝る前の環境を整え、心身をリラックスさせることで、スムーズな入眠を促進する。

リラックスする習慣→心と体を整える
　寝る前にリラックスできる時間を作り、心身の緊張をほぐすことで、質の良い睡眠を得る。

正解例 快眠の法則は次の３つ。「朝のリズムを整える」「夜の環境を整える」「心と体を整える」。

ま　と　め
法則思考で大切なのは、具体的な事例から一歩引いて全体を見渡し、本質を見抜く力です。この力を磨けば、どんな課題にも効果的にアプローチできるはずです。

ヒットの法則を見出せるか？③

書店には山のように書籍がありますが、売れる本はごく一握り。
情報から規則性を見出し、ベストセラーの法則を見つけてみましょう。

ベストセラー本の隠れた法則

あなたは出版社に勤める編集者です。しかし、なかなか売れる本が作れません。そこで、ベストセラー本を参考にして、売れる本を作るための法則を見つけることにしました。

下記は、2023年のビジネス書ランキングのトップ3です。この3冊が売れた法則を3つ見つけてください。

『頭のいい人が話す前に考えていること』
　　安達裕哉　ダイヤモンド社

『人は話し方が9割』
　　永松茂久　すばる舎

『とにかく仕組み化』
　　安藤広大　ダイヤモンド社

HINT 特徴を整理する

特徴を分類して共通点を見つける

共通点の抽象度を上げて法則にする

STEP 1　それぞれの特徴を整理する

　ヒットの法則、すなわち共通点を探すためには、それぞれの特徴を認識しておく必要があります。

　下記は、私が調べた特徴です。これをもとに、次のステップから一緒に考えていきましょう（もちろん、ご自身で特徴を調べていただいてもかまいません。あなたならではの視点で特徴を書き出していくと、きっと面白い法則が見つかるはずです）。

『頭のいい人が話す前に考えていること』（安達裕哉著）

- ・著者：経営コンサルタント
- ・テーマ：論理的思考と効果的なコミュニケーション
- ・内容：具体的な思考ツールを紹介
- ・特徴：ビジネスシーンで実践できる例が豊富

『人は話し方が9割』（永松茂久 著）

- ・著者：コミュニケーションコンサルタント
- ・テーマ：心理学的アプローチによる話し方の改善
- ・内容：「9割」という印象的な数字を用いてテクニックを紹介
- ・特徴：日常生活でも活用できる話し方の改善に焦点

『とにかく仕組み化』（安藤広大 著）

- ・著者：起業家で上場企業経営者
- ・テーマ：業務効率化と生産性向上
- ・内容：具体的な仕組み化の方法と実例を紹介
- ・特徴：著者自身の実体験に基づいた内容

特徴をカテゴリーに分類する

つづいて、共通点を見つけやすくするために、これらの特徴をカテゴリーに分類していきます。どのようなカテゴリーで分類できそうですか?

例 ➡ 分類の仕方

（著者の肩書き）
- 経営コンサルタント（頭のいい人が話す前に考えていること）
- コミュニケーションコンサルタント（人は話し方が9割）
- 起業家・上場企業経営者（とにかく仕組み化）

（テーマ）
- 論理的思考とコミュニケーション（頭のいい人が話す前に考えていること）
- 話し方と心理学（人は話し方が9割）
- 業務効率化と生産性向上（とにかく仕組み化）

（内容の特徴）
- 具体的なツールや方法を紹介（頭のいい人が話す前に考えていること、とにかく仕組み化）
- 実生活やビジネスでの実践的な内容（頭のいい人が話す前に考えていること、人は話し方が9割、とにかく仕組み化）
- 著者の実体験やエピソードを含む（とにかく仕組み化）

（対象読者）
- ビジネスパーソン（頭のいい人が話す前に考えていること、とにかく仕組み化）
- 日常生活のコミュニケーション改善を求める一般人（人は話し方が9割）

STEP 3 共通点を見つける

　それぞれの共通点を探していきます。各カテゴリーをよく見て、どの特徴が複数の本に共通しているかを考えていきましょう。

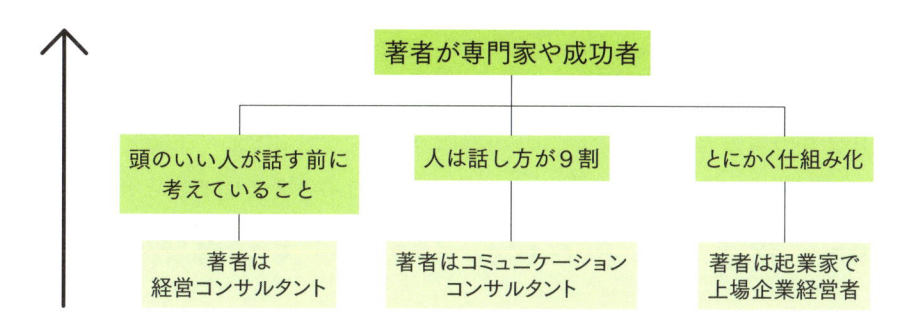

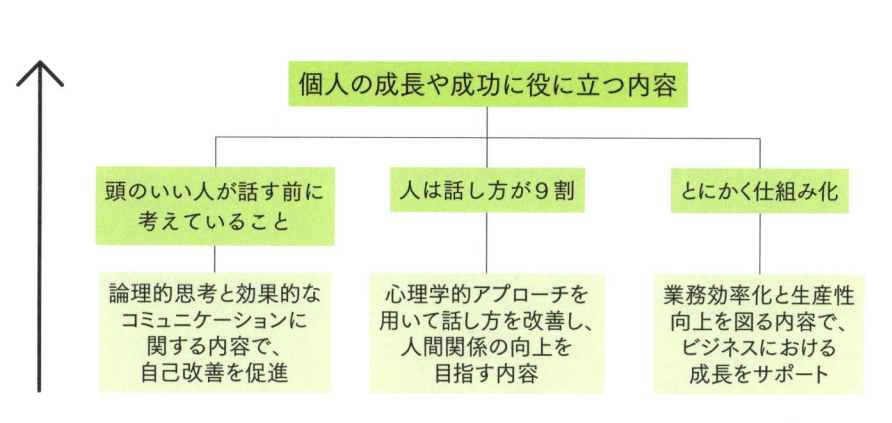

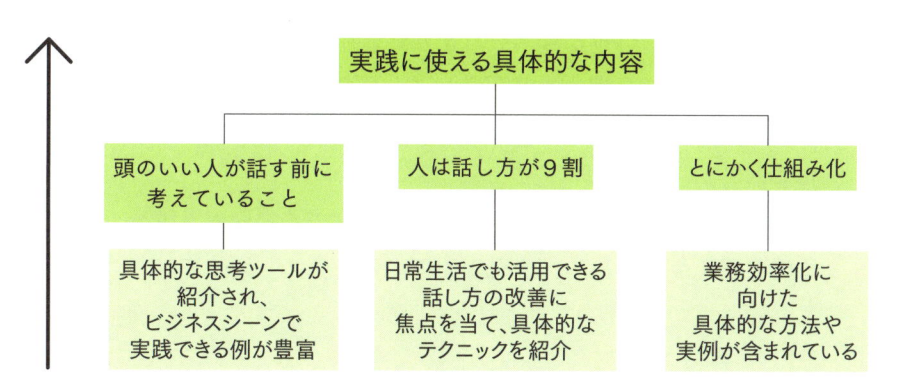

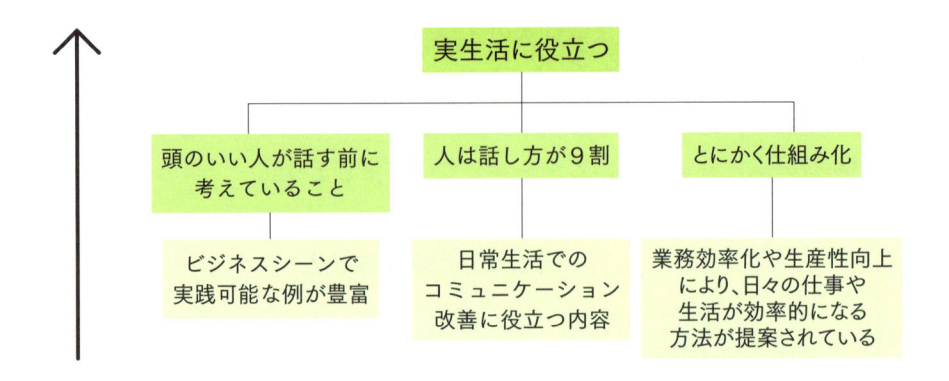

STEP 4 背景にあるトレンドやニーズを考える

STEP3で導き出した答えを正解にしてもかまいませんが、さらにレベルアップしたい人のために、なぜこれらの本がヒットしたのかを深掘りしてみましょう。

ヒットの背後には、現代の消費者のニーズが反映されているはずです。どのような背景が考えられるでしょうか？

例 ➡ 現代の消費者のニーズ

- 実用性と具体性：どの本も、理論だけでなく、読者がすぐに使える具体的な方法やツールを紹介しています。読者は、即効性のある知識やスキルを求めていると考えられます。
- 自己成長志向：3冊とも自己改善やスキル向上をテーマにしており、自分の能力を高めたいという現代人の強いニーズに応えていると言えます。
- 著者の信頼性：専門家や成功者の意見に基づく内容が、読者に安心感や信頼感を与えるため、人気が出ていると考えられます。

正解例　ヒットする本の法則は次の3つ。

① 読者がすぐに実践できる具体的な内容を提供することが重要。

② 自己成長やスキル向上に直結するテーマが人気の理由。

③ 著者が専門家や成功者であることが、読者に信頼感を与える。

ま　と　め

どうでしょうか？　出版社の方には怒られるかもしれませんが、仮説として法則を考えてみました。法則を見つけるスキルは、仕事や日常生活のあらゆる場面で活用できます。たとえば、仕事でプレゼンテーションをするとき。なぜあの人のプレゼンは聴衆を引き付けるのか？　あるいは、人間関係を良くしたいとき。周りから愛される人には、どんな共通点があるのか？　そこから見つかる「法則」は、きっとあなたの人生をより豊かにしてくれるはずです。

FIREの法則を導き出せるか？

「働かないで生きていきたいなぁ」と夢見たことはありませんか？
この問題を解くことで、それを夢で終わらせないヒントを見つけましょう。

「いつかFIREしたい」を叶える方法

あなたは25歳の社会人です。いつかFIRE（早期の経済的自立）をするためにFIREを達成した人に共通することを探すことにしました。以下は、あなたがまとめた各人のデータです。これをもとに、FIREを達成するための法則を3つ導き出してください。

> **Aさん**：20代から投資を始め、インデックス投資で着実に資産を増やした。無駄な出費を抑え、収入の50%以上を貯蓄に回していた。
> **Bさん**：副業でプログラミングの仕事をし、本業と合わせて高収入を得ていた。休日も自己啓発に励み、スキルアップを続けていた。
> **Cさん**：ミニマリストとして生活し、物欲を抑えていた。自動車を持たず、自転車通勤で交通費を節約していた。
> **Dさん**：不動産投資を行い、家賃収入を得ていた。空き時間を使って物件の管理も自分で行っていた。
> **Eさん**：料理が得意で、外食を控えて自炊中心の生活をしていた。食費と医療費の節約になっていた。

HINT データを整理する

各データをもとに分類できるカテゴリーを考える

STEP 1 データを整理する

　まず、手元の情報を整理して構造化します。FIRE を達成した人たちのデータを「収入源」と「支出管理」という視点で整理すると、全体像が見えやすくなります。A〜E さんのデータを「収入源」と「支出管理」の視点でまとめてみてください。

例 ➡ 各人の収入源と支出管理

（A さん）
収入源：本業収入、投資収益（インデックス投資）
支出管理：無駄な出費を抑え、貯蓄率50% 以上
（B さん）
収入源：本業収入、副業収入（プログラミング）
支出管理：自己啓発への投資
（C さん）
収入源：本業収入
支出管理：最小限の生活費（ミニマリスト生活、交通費節約）
（D さん）
収入源：本業収入、不動産収入
支出管理：物件の改装も自分で行い、経費削減
（E さん）
収入源：本業収入
支出管理：外食を控えた自炊生活、健康管理で医療費削減

　収入と支出という 2 つの軸にフォーカスすることで、成功に必要な要素

が何であるかが明確になりました。これによって、次のステップでの分析がより効率的に行えます。

STEP 2 重要度で分類する

各特徴をもとに、それがどれくらい成功に影響を与えるのかを評価していきます。「非常に重要な行動」「重要な行動」「個別の工夫」と分けて考えてみましょう。あなたなら、どれをどこに分類しますか？

例 ➡ **重要度別の分類**

・非常に重要な行動
収入を増やす工夫をしている（A さん、B さん、D さん）
支出を抑える工夫をしている（A さん、C さん、D さん、E さん）

・重要な行動
投資をしている（A さん、D さん）
継続的なスキルアップ（B さん）

・個別の工夫
ミニマリスト生活（C さん）
自炊による節約（E さん）

この分類によって、どの行動が最も効果的であるかを把握しやすくなるので、次のステップの重要な基盤となります。

STEP 3 カテゴリー別に分類する

各データをもとに、カテゴリーに分類していきます。どのような分類の仕方があるでしょうか？

たとえば、Ａさんは貯蓄率50％以上、Ｂさんは副業収入がある、Ｃさんは節約生活を送っているというデータからは、「収入を増やし、支出を抑えることで高い貯蓄率を実現する」というテーマが見えてきます。

こんな感じで他にも考えてみてください。

例 ➡ **カテゴリー別の分類**

「収入を増やし、支出を抑えることで高い貯蓄率を実現する」グループ
・Ａさん：貯蓄率50％以上
・Ｂさん：副業収入
・Ｃさん：節約生活

「投資とスキルアップで時間を味方につけて、資産とキャリアの両方で成長を図る」グループ
・Ａさん：投資
・Ｂさん：スキルアップ
・Ｄさん：投資

「生活コストを抑えつつ持続可能な生活を送る」グループ
・Ｃさん：ミニマリスト
・Ｄさん：DIY 生活
・Ｅさん：自炊

STEP 4 Ａ〜Ｅさんが FIRE できた共通点を見つける

STEP3の分類をもとに、「Ａ〜Ｅさんが FIRE できた共通点」を考えていきます。

例 → FIRE成功者の共通点

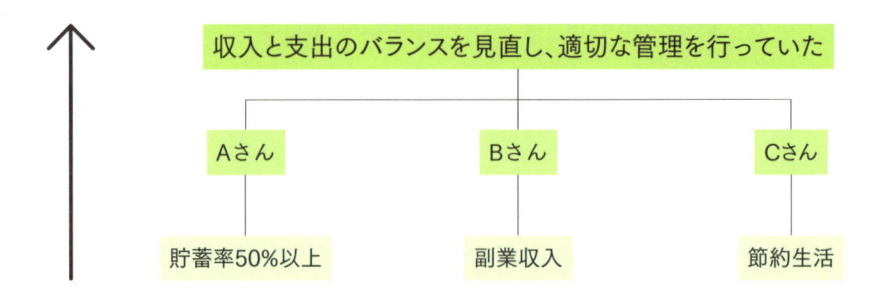

収入と支出のバランスを見直し、適切な管理を行っていた

Aさん	Bさん	Cさん
貯蓄率50%以上	副業収入	節約生活

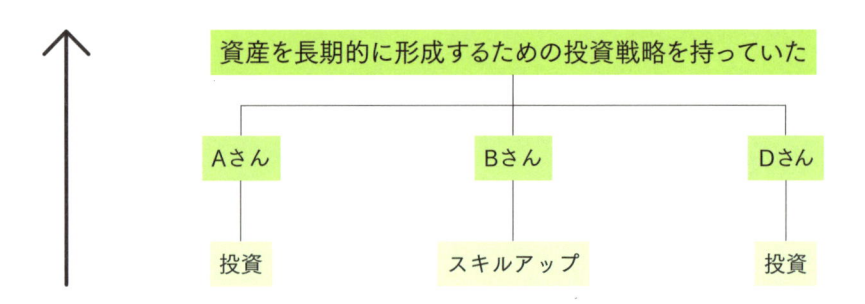

資産を長期的に形成するための投資戦略を持っていた

Aさん	Bさん	Dさん
投資	スキルアップ	投資

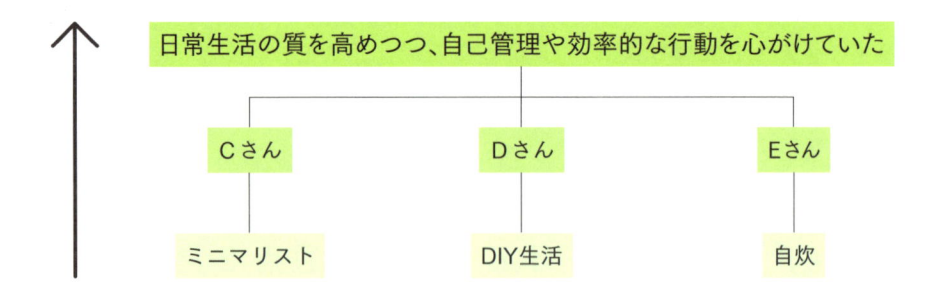

日常生活の質を高めつつ、自己管理や効率的な行動を心がけていた

Cさん	Dさん	Eさん
ミニマリスト	DIY生活	自炊

STEP 5 共通点をさらに抽象化し、「法則」に昇華させる

STEP4で見つけた共通点を、さらに抽象化して成功法則を導き出していきましょう。

 ➡ 共通点を成功法則に昇華

・収入と支出のバランスを見直し、適切な管理を行っていた
→経済的安定には収入と支出の適切な管理が不可欠である

・資産を長期的に形成するための投資戦略を持っていた
→賢明な投資が資産を育て、将来の安定を図る

・日常生活の質を高めつつ、自己管理や効率的な行動を心がけていた
→効率的な自己管理で持続可能な生活を実現できる

正解例 FIRE するための法則は次の 3 つ。「収支バランスの最適化」「長期的な資産形成」「生活の自己管理と効率化」

ま と め

今回は、「収入源」と「支出管理」という観点で情報を分析してみました。もっと深い洞察を得たい場合は、さらに「リスク管理」や「価値観」なども観点に加えてみるとよいでしょう。そうすると、成功者たちがどのような判断をし、なぜそのような行動を取ったかがわかります。

23

難易度：★★★★

成功の設計図を描け

法則を見つけ出すためには、最初に材料となる対象の特徴を整理することが大切です。この問題では、主に整理の仕方を練習していきます。

過去の成功をもとに
新たなヒット作を生み出せ

あなたは新製品開発チームの一員です。上司から「過去の成功製品から学んで、次の大ヒット製品を生み出そう」と言われました。

そこで、過去5年間でヒットした製品の共通点を探ることにしました。以下のデータをもとに、成功製品の法則を3つ導き出してください。

> **製品A**：使いやすさを重視し、直感的な操作が可能。顧客の声をもとに何度も改良を重ねた。
> **製品B**：斬新なデザインで注目を集め、SNSで口コミが広がった。若者向けのマーケティングを展開。
> **製品C**：高品質な素材にこだわり、耐久性が高いと評判に。アフターサービスも充実していた。
> **製品D**：環境に配慮した素材を使用し、エコ志向の顧客から支持を得た。社会貢献にも力を入れていた。
> **製品E**：他社製品との互換性が高く、既存の製品と組み合わせて使えると好評だった。

HINT　それぞれの製品の特徴や強みに注目してみよう

似たような効果をもたらす要素はないか？

顧客にとって価値があると思われる要素を考えてみよう

STEP 1　データを整理して分類する

　まずは各製品の特徴を整理し、5W1H のフレームワークでそれぞれを明確にしていきます。製品 A〜E を上記の5W1H に当てはめてみてください。

例 ➡ 製品Aの5W1H分析

Who（誰が）：一般消費者、特に機能性や使いやすさを重視するユーザー

What（何を）：使いやすさを重視した製品、直感的な操作が可能

When（いつ）：製品のリリース後、何度も顧客の声をもとに改良

Where（どこで）：消費者の家庭や日常生活

Why（なぜ）：顧客のニーズを反映して満足度を高めるため

How（どのように）：顧客フィードバックを受けて、直感的な操作性や機能を改良

例 ➡ 製品Bの5W1H分析

Who（誰が）：主に若年層、デザインやトレンドに敏感なユーザー

What（何を）：斬新なデザインで話題を集めた製品

When（いつ）：製品の発売直後、SNS で口コミが急速に広がる

Where（どこで）：ソーシャルメディア上、主にオンラインプラットフォームで拡散

Why（なぜ）：デザインがユニークで話題性が高く、口コミを通じて広まった

How（どのように）：若者向けのマーケティングキャンペーン、SNS を

活用

例 ➡ 製品Cの5W1H分析

Who（誰が）：品質や耐久性を重視する消費者
What（何を）：高品質な素材を使用し、耐久性が高いと評判の製品
When（いつ）：購入後、長期間にわたって使用可能
Where（どこで）：主に長期的に使われる家庭やオフィスなど
Why（なぜ）：高品質で長持ちすることから顧客満足度が高い
How（どのように）：素材の選定や製品の耐久性にこだわり、充実した
アフターサービスを提供

例 ➡ 製品Dの5W1H分析

Who（誰が）：環境意識の高い顧客、エコ志向の消費者
What（何を）：環境に配慮した素材を使ったエコ製品
When（いつ）：製品リリース後、エコ志向の消費者層から支持を得る
Where（どこで）：環境保護を重視する市場、消費者がエコを重視する
家庭やオフィス
Why（なぜ）：環境に配慮した素材と社会貢献活動がエコ志向の顧客に
響いた
How（どのように）：エコ素材を使用し、環境保護の取り組みをPR

例 ➡ 製品Eの5W1H分析

Who（誰が）：他社製品との互換性を求める顧客、既存の製品を拡張し
たい消費者
What（何を）：他社製品との互換性が高く、既存製品と組み合わせて使
える製品
When（いつ）：購入直後から他の製品と組み合わせて使える

Where（どこで）：既存の製品が使われている環境や家庭

Why（なぜ）：他の製品と互換性があり、コストを抑えながら利用できるため人気

How（どのように）：既存製品との互換性を高め、顧客に便利な使用体験を提供

　このように、各製品の特徴を5W1Hで整理することで、各製品の成功要因が明確になり、次のステップに進むためのデータがしっかりと揃います。この整理によって、共通するパターンや法則を導き出すための土台が整えられました。

　これをもとに、各製品の特徴を整理してみましょう。

例 ➡ 製品A〜Eの特徴

（製品 A）
・使いやすさと改良重視
・顧客の声を反映
（製品 B）
・斬新なデザイン
・SNS による口コミ拡散
・若者向けマーケティング
（製品 C）
・高品質な素材
・耐久性
・充実したアフターサービス
（製品 D）
・環境に配慮した素材
・エコ志向の顧客をターゲット
・社会貢献活動

（製品 E）
・他社製品との互換性
・既存製品と組み合わせて使えることが好評

STEP 2 製品の特徴を分類する

　次に、それぞれの製品の特徴を「どの特性が最も重要か」を考慮して分類します。たとえば、製品 A は顧客の声を反映し、改良を重視しました。また、製品 B は SNS での口コミが拡散したことで多くのフィードバックを獲得することにつながりました。よって、この 2 つからは「顧客ニーズの反映」というテーマが見えてきます。

　このような感じで、他にも分類できないか考えてみてください。

例 ➜ 製品特性による分類

（顧客ニーズの反映）
製品 A：顧客の声を反映し、改良重視
製品 B：SNS での口コミ拡散
製品 C：充実したアフターサービス
（製品の品質・価値）
製品 C：高品質な素材と耐久性
製品 D：環境に配慮した素材、エコ志向
製品 E：他社製品との互換性
（デザインとマーケティング）
製品 B：斬新なデザインと SNS での広がり
製品 D：エコ志向の顧客への社会貢献活動

STEP 3 ヒットの共通点を見つける

つづいて、分類結果から見えてくる共通点を探します。

たとえば、製品Aの改良重視の姿勢や、製品Cの充実したアフターサービス。これによって、製品の満足度や信頼性が向上し、ヒット商品に結びついたと考えることができます。したがって、この2つに共通する成功法則は、「顧客フィードバックを反映した改良」と言えるでしょう。

他にも考えてみてください。

例 ➡ 製品成功の共通点

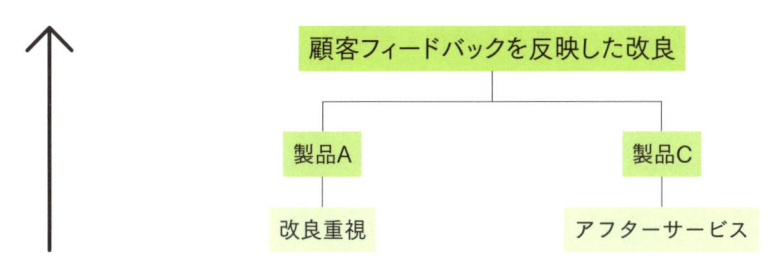

顧客フィードバックやニーズに応じた改良と対応を積極的に行うことで、製品の満足度や信頼性が向上し、ヒット商品に結びついた。

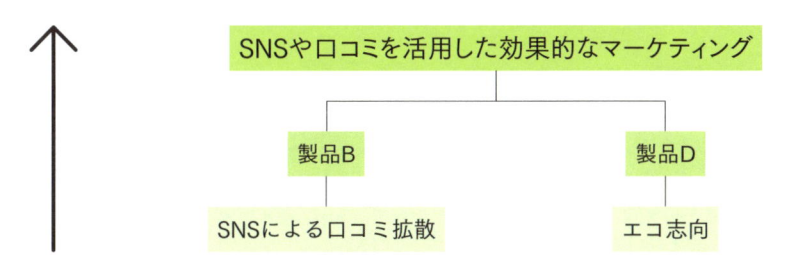

SNSや口コミの力、またエコ志向などのトレンドに乗ったマーケティング施策によって、製品が短期間で注目を集め、認知が広まった。

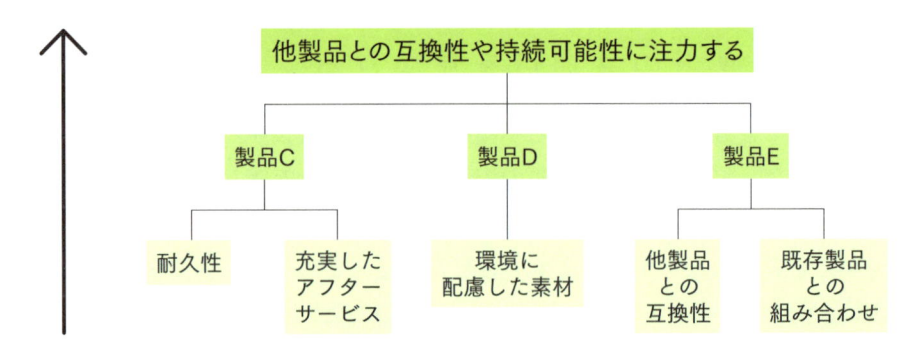

他製品との互換性や長持ちする高品質、環境配慮など、消費者が長期的にメリットを感じられる要素がヒットの要因になっている。

　なお、STEP2とSTEP3は少し似ていますが、どちらも大切です。STEP2を入れる意義は、各製品の特徴を整理して比較するための基盤を作り、STEP3で抽出する成功法則の正確性と妥当性を高めることにあります。

　たとえばSTEP2では、製品の特徴を「顧客ニーズの反映」「製品の品質・価値」「デザインとマーケティング」といった特性別に分類しました。これにより、各製品が市場にどのようなアプローチで貢献しているのかが明確になり、特徴ごとの影響力が見えてきます。この整理がないと、特性がごちゃ混ぜの状態で分析が進み、共通する要素が見えづらくなる可能性があります。

STEP 4 共通点を抽象化して、法則にする

　最後に、上記の共通点をさらに抽象化し、汎用的に使える形にまとめます。

例 ➡ 共通点の抽象化

・顧客フィードバックを反映した改良
→顧客中心のプロダクト開発

顧客の声をしっかり取り入れて製品開発を行い、柔軟に改良を重ねることで、より顧客に合った製品を生み出すことができる。

・SNSや口コミを活用した効果的なマーケティング
→トレンドを取り入れた拡散力
SNSや口コミを利用して、消費者に広く認知されることが重要。特に視覚的なデザインやトレンドを取り入れることで、話題性を高められる。

・他製品との互換性や持続可能性に注力する
→持続可能で社会的意義のある製品づくり
エコ意識や持続可能性を取り入れた製品は、今後の市場での需要がますます高まる。社会貢献や環境保護に取り組む製品は、消費者の共感を呼びやすい。

正解例 大ヒット製品を生み出すための法則は次の3つ。「顧客中心のプロダクト開発」「トレンドを取り入れた拡散力」「持続可能で社会的意義のある製品づくり」

まとめ
成功の法則は、日々の小さな気付きから生まれます。「なぜこれが人気なんだろう？」と考えるところから始めていきましょう。

見つけた共通点を「法則」にする３つのコツ

　見つけた共通点をさらに抽象化し、法則にするためには、いくつかのポイントやコツを押さえておくと、より効果的に進められます。それを３つにしぼって紹介します。

１．多くの事例に当てはまるようにする

　複数の事例や製品に共通する本質的な要素を見つけ、それを抽象的な概念に変換します。たとえば、製品Ａの「直感的な操作」を「使いやすさ」という広い概念に昇華するなど、幅広い範囲に適用できるようにします。

２．本質を見極める

　各特徴が「なぜそのように機能したのか？」を問いかけます。たとえば、「SNSで拡散した」の本質は、SNS自体ではなく、「多くの人に共感されたから」ということかもしれません。この本質を抽象化すると、「顧客との共感形成」や「効果的な口コミ」という法則が見えてきます。

３．行動を促すための法則にする

　抽象化した後、行動に結びつく要素を残すことが大切です。「顧客フィードバックを反映する」という法則なら、「フィードバックを集める方法」や「改良プロセスを構築する」など、具体的な実行ステップを想像しやすいようにします。

具体 ⇄ 抽象
ドリル

具体と抽象を行き来する。
それが「具体⇄抽象思考」です。

相手が具体の世界を見ているとわかれば、
自分も具体の世界へ下りていく。

相手が抽象の世界を見ているとわかれば、
自分も抽象の世界へ上がっていきます。

これは、カメラのピントを合わせることに似ています。
対象に合わせて、ピントを調整する。
それによって、世界が鮮明になり、情報がスムーズに行き交うようになるのです。

さらに、自分自身を俯瞰でとらえ、抽象的に認識できるようになるというメリットもあります。
要は、空気を敏感に読めるようになり、TPO に合わせて適切な行動が取れるようになるということです。

・メタ認知思考
・説明思考
・比喩思考
・具体→抽象→具体思考

この４つの思考法を通して、具体⇄抽象思考を磨いていきましょう。

思考のコツ

メタ認知思考

自分が見ている世界を客観的に見る思考法。

● ⋯⋯⋯⋯⋯⋯⋯⋯⋯⋯⋯⋯⋯
● ⋯⋯⋯⋯⋯⋯⋯⋯⋯⋯⋯⋯⋯
● ⋯⋯⋯⋯⋯⋯⋯⋯⋯⋯⋯⋯⋯

状況を客観的に
整理して

Point
「もしも〇〇さん
が自分を見たらど
う見えるか考える

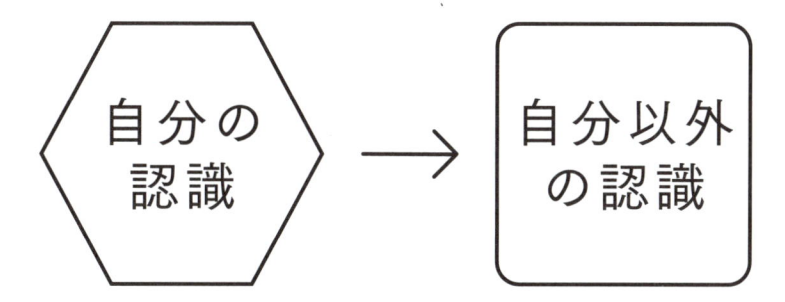

〈自分の認識〉 → 自分以外の認識

認識のズレを把握する

説明思考

相手が見ている世界に即して、自分の伝えたいことを伝える思考法。

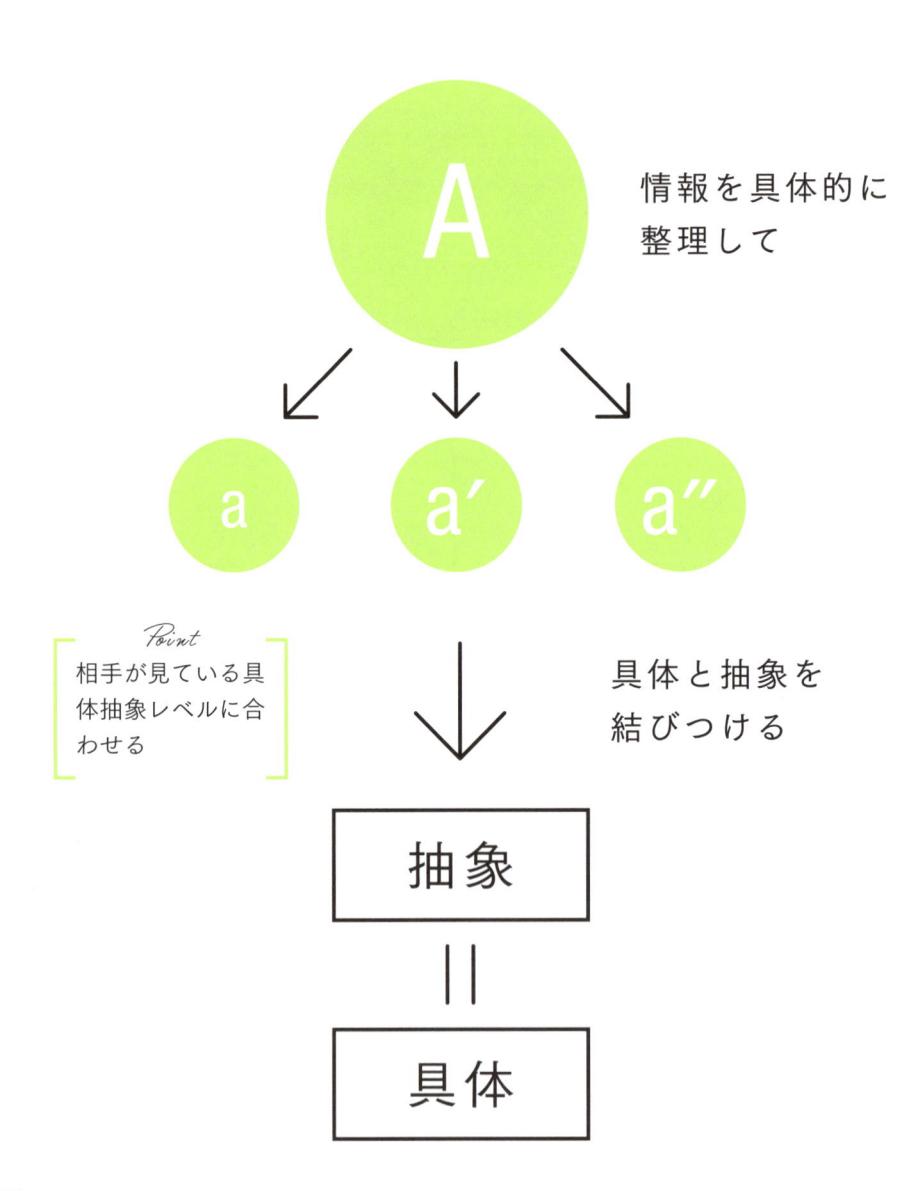

情報を具体的に
整理して

Point
相手が見ている具
体抽象レベルに合
わせる

具体と抽象を
結びつける

抽象

＝

具体

思考のコツ

比喩思考

抽象的な概念や複雑な感情を、具体的なものや経験に喩えて表現する思考法。

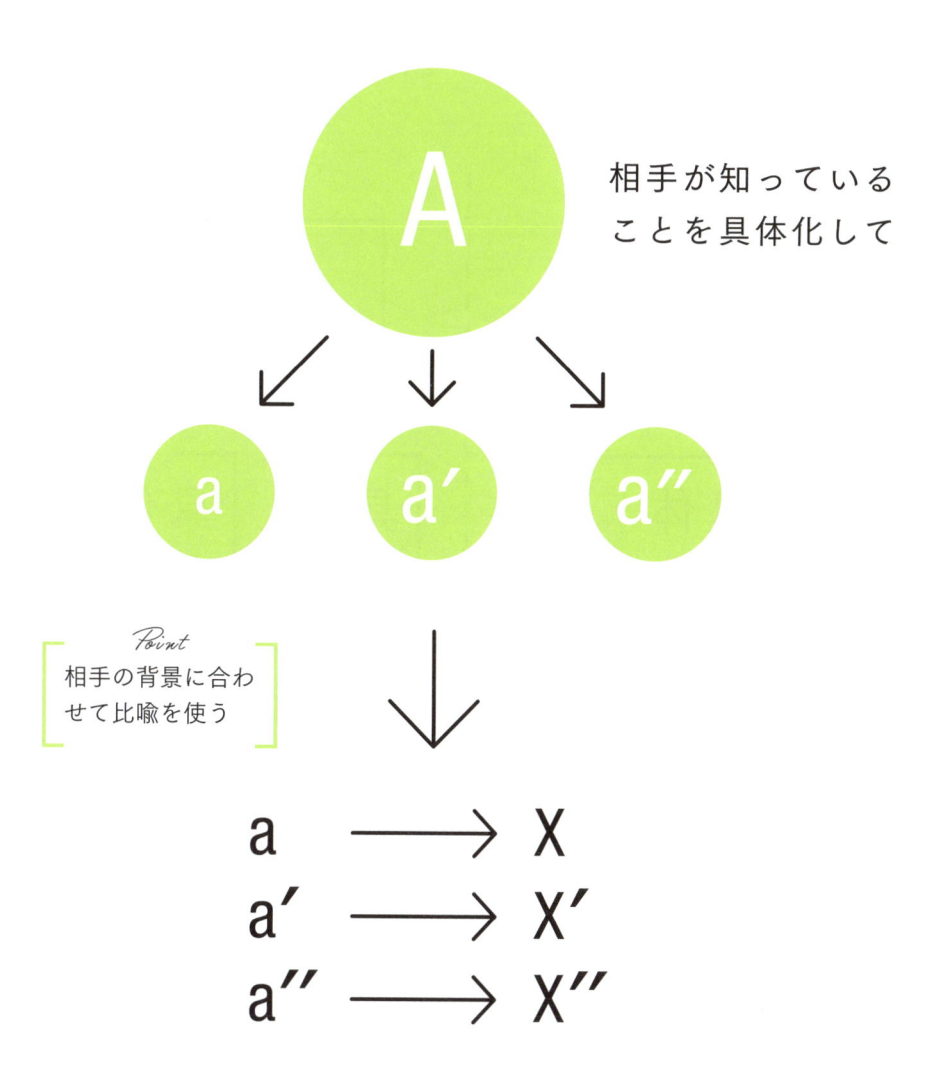

相手が知っている
ことを具体化して

Point
相手の背景に合わ
せて比喩を使う

相手がわかるものに喩える

具体→抽象→具体思考

具体と抽象の世界を上がったり下がったりする思考法。

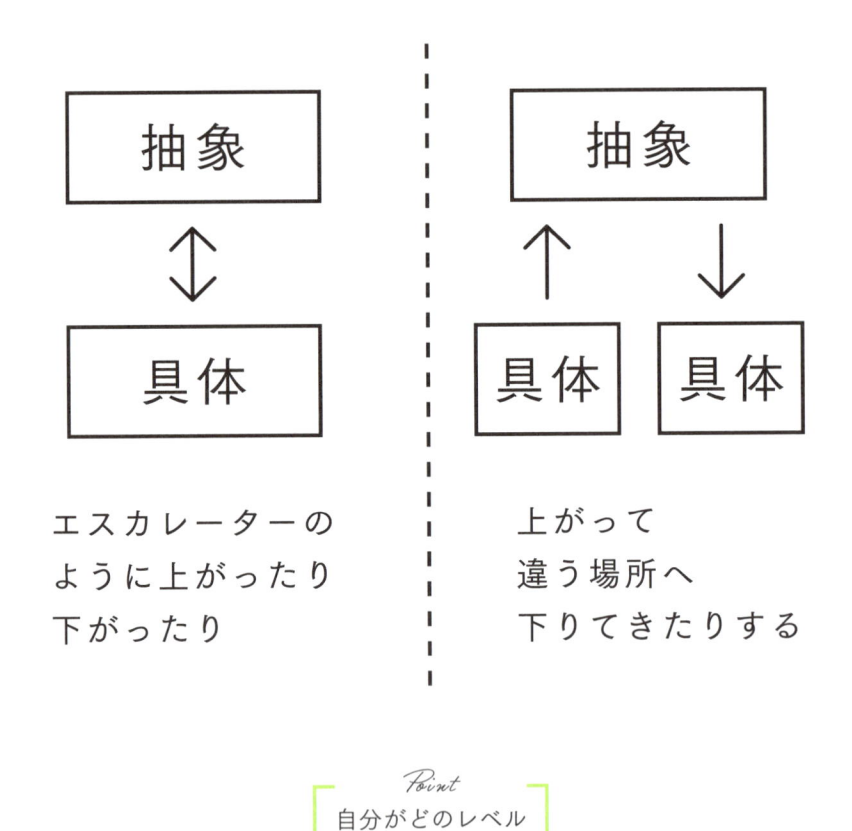

抽象

⇕

具体

エスカレーターの
ように上がったり
下がったり

抽象

↑ ↓

具体　具体

上がって
違う場所へ
下りてきたりする

Point

自分がどのレベル
を見ているか意識
する

自分を客観視できるか？

「メタ認知思考」の問題です。
自分の考えや感情、行動を「外から眺める」意識を持ちましょう。

自称「頼れる先輩」が、
実は「ウザい」と噂されて……

あなたは入社5年目の会社員で、自分では「頼りになる先輩」だと思っています。ところが、後輩たちが自分のことを「ウザい」と言っているのを聞いてしまいました。なぜ自分の認知と他人から見た自分にズレが生じているのかを検証して、改善策を考えてみてください。

 **HINT** 自分が見ている世界を客観的に見る

友人の○○が自分の状況だったら？と考えてみる

STEP 1 状況を客観的に把握する

　自分がとらえている状態と他人がとらえている状態が異なることってありますよね。

　まずは、自分の行動や状況を客観的に見ることが大切です。自分では「頼りになる先輩」だと思っているけれども、残念ながら後輩たちは違う印象を持っていました。この認識のズレを把握することが解決の第一歩です。自分の行動を振り返り、どの場面で後輩たちが「ウザい」と感じるかを探りましょう。

　たとえば、以下のような行動が後輩にどう受け取られているかを考えてみてください。

・毎回細かく指導している
・後輩のミスにすぐにアドバイスをしている
・何か困っていそうなときにすぐに助け船を出す

　どれも優しい行動、頼りになる行動に見えますが、人によっては違う印象を持つ恐れもありそうです。

　このとき、自分目線のままだと「やっぱりどれも頼りになる良い先輩の行動じゃないか！」という考えからなかなか抜け出せません。

　そこで大切になってくるのが「メタ認知思考」です。自分が見ている世界を客観的に見るために、たとえば第三者の目でこの状況をとらえ直してみるのです。

「もしも友人の○○が自分と同じ状況で悩んでいるとしたら、どんなアド

バイスをするだろう」と考えてみてください。どうでしょう、上記の行動が後輩たちにどのように映っているか、違う景色が見えてきたでしょうか？

たとえば、こんな世界が見えてきたのでは？

例 ➡ **後輩から見た世界**

・あなたは積極的に指導しているつもりだが、後輩たちはそれを「押しつけがましい」と感じている可能性がある。
・あなたが自分なりに良かれと思って取った行動が、後輩たちには「干渉しすぎ」と思われているかもしれない（指導がなくても仕事に支障がない、と認知している）。

こうやって、自分の行動を振り返り、どのように他人から受け取られているかを考えることが、ズレを把握するための第一歩です。

STEP 2 認知のズレを把握する

次に、あなたがどう認識しているのかということと、後輩たちがどのように感じているかを、改めて比べてみましょう。

【例：自分の認識】

頼りになる先輩

後輩の指導やフォローを積極的に行い、チームの成功に貢献していると考えています。

【例：後輩の認識】

ウザい先輩

後輩たちは、あなたの指導を「口うるさい」「過干渉」と感じているかもしれません。指導が具体的すぎたり、細かすぎたりして、後輩たちが自分で考える余地がないと感じている可能性もあります。

このように、あなたの意図（役に立ちたい）が後輩たちには違う形で伝わっていることが、認知のズレの原因です。

正解例　複数のパターンを紹介します。

① コミュニケーションの見直し
指導する際には、後輩たちの意見をもっと聞くようにしましょう。アドバイスをする前に「どう思う？」「自分で考えてみた？」と問いかけることで、自主性を尊重する姿勢を示すことができます。

② フィードバックの調整
フィードバックのタイミングや内容に配慮し、必要以上に干渉していないか振り返る習慣を持ちましょう。後輩が自らの判断で動ける場面を作ることで、信頼関係を築くことができます。

③ 率直な対話
後輩たちと率直に話し合い、彼らが何を求めているのかを理解することも重要です。「自分のサポートはどうだった？」とフィードバックを求めることで、改善点が見つかるかもしれません。

まとめ

自分が周りからどう見えているのかというのは、自分ではなかなかわからないものです。メタ認知思考を使って、自分を客観的にとらえる力を身につけていきましょう。

Column

なぜ認識にズレが生じるのか？

　今回の問題のように、一つの行動をとっても見方によって評価は分かれます（自分視点だと「頼れる先輩」であるのに対して、後輩視点だと「ウザい先輩」になる）。このようなズレが生じる最大の原因は自己中心性バイアスです。私たちは自分自身の行動や意図を他人よりもよく理解しているため、自分の行動を肯定的にとらえる傾向があります。たとえば、「頼りになる先輩」として後輩を助けているつもりでも、その行動が相手にどう伝わっているかまでは十分に意識できないことが多いのです。この「自分は良いことをしているはず」という思い込みがズレの原因になります。だからこそメタ認知思考で客観視する力を育むことが大切です。

不明点を明確にできるか？

不明点を確認したいんだけど、
自分でも何がわからないのかわからないことってありますよね。
今回は、そんな「困った」を救う問題です。

わからないことが、わからない……

　あなたは新入社員として大手 IT 企業に入社しました。上司から新しいプロジェクトの説明を受けました（下記参照）。でも、正直よくわかりません。上司に何を確認すればいいでしょうか？

> 「今回のプロジェクト『未来の IT』は、当社の DX 推進戦略の一環として、新しいアプリケーションの開発を担当します。プロジェクトは 6 ヶ月を予定していて、リーダーは山田さんが務めます。このアプリは、マルチプラットフォーム対応が求められており、バックエンドにはクラウドネイティブアーキテクチャを採用します。詳細なフェーズ分けについては後ほど山田さんから説明がありますが、まずはフロントエンドの UI/UX 設計が最初の重要なタスクです。進行状況の報告は月次の全体会議で行い、主要なマイルストーンに合わせて調整します」

HINT　まずは落ち着いて、説明を思い出す

わかることとわからないことを分けて考えてみる

STEP 1　わかっていることを整理する

まず、プロジェクトに関して現時点で自分が理解していることを整理します。箇条書きで、わかっていることをリストアップしてみましょう。

例 ➡ **わかっていること**

・プロジェクトの名前は「未来の IT」
・6ヶ月くらいかかりそう
・山田さんがリーダー

STEP 2　認識のズレを把握する

次に、自分が「わかったつもり」になっているけれども、実はよくわかっていない部分がないかをあぶり出します。5W1H のフレームワークを使うと自分の理解度を把握しやすくなります。

たとえば、「Who（誰が）」を考えてみましょう。「山田さんがリーダー」だということはわかっています。けれども、「Who」を意識してみると、他に誰がチームにいるのかはわからないことが判明しますよね。

このような感じで、5W1H に会議の内容を当てはめて整理してみてください。

例 ➡ **5W1Hで会議の内容を整理**

Who（誰が）：山田さんがリーダー。他に誰がチームにいるのか？
What（何を）：新しいアプリを作ると聞いたが、具体的にどんなアプリなのか不明。

When（いつ）：6ヶ月くらいと聞いたが、具体的なスケジュールは？

Where（どこで）：作業はオフィス？ 在宅勤務もあり得る？

Why（なぜ）：このプロジェクトが会社にどう貢献するのか？

How（どうやって）：具体的にどんな作業をするのか、進め方がわからない

これで、自分の理解と上司の説明との間にある「認知のズレ」が浮かび上がります。わからないことが明確になったので、上司に不明点を確認できそうですね。

正解例
「このプロジェクトには他にどんなメンバーがいますか？」
「具体的にどのような機能を持つアプリを開発するのですか？」
「私はどの部分を担当することになりますか？」
「プロジェクトはどんな手順で進めていくのですか？」

> **ま と め**
>
> 新しいプロジェクトや難しい説明に直面したとき、誰でも最初は不安になります。そんなときはこの方法を使って、自分の理解度を把握し、わかっていないこととのギャップを埋めていきましょう。完璧を目指さず、少しずつ整理していくことが大切です。わからないことがあるのは当たり前なので、少しずつ理解を深めていけるといいですね。
> また、このようなメタ認知思考は、人生のあらゆる場面で役立ちます。自分を客観的に観察し、周りの視点を取り入れ、そして具体的な行動に落とし込む。この一連のプロセスを習慣化できれば、きっと大きな成長につながるはずです。

転職ゲームの攻略法

メタ認知思考を習得するために、
今回はゲームをプレイするようなつもりでやってみましょう。
自分を俯瞰するということを体感してください。

ゲームのプレイヤーになったつもりで 転職活動をクリアせよ

　あなたは社会人5年目です。最近転職活動を始めましたが、思うようにいきません。そこで、この現状をゲームだと仮定し、どうすればクリア（内定獲得）できるかを考えてみることにしました。以下の状況を踏まえ、3つの改善点を見つけ出してください。

- 毎日終業後に転職サイトを見ているが、応募する求人が見つからない。
- 履歴書と職務経歴書を作成したが、自信が持てず提出をためらっている。
- 面接では緊張して自分の強みをうまく伝えられない。
- 転職エージェントに登録したが、紹介される求人が少ない。
- 友人や家族に相談せず、一人で悩んでいる。

 **HINT** 自分を「ゲームのプレイヤー」だと考えてみる
転職活動を「ゲーム」と考えてみよう

STEP 1 ゲームの設定を理解する

メタ認知思考は、自らの認知（考える・感じる・記憶する・判断するなど）を客観的にとらえる思考法です。けれども、自分のことを客観的に見るのはなかなか難しいですよね。

そこで今回は、ゲームをプレイしているようなつもりで現状をとらえる練習をしていきます。

自分が今生きている世界を「ゲームの世界」ととらえ、今の自分が「ゲームの主人公」で、別の自分が「主人公を操作しているプレイヤー」だと考えてみるのです。まずは、ゲームの設定を確認しておきましょう。

【ゲームの設定】

プレイヤー：あなた（社会人5年目）

ゲームの目的：理想の転職先を見つけること

ゲームのステージ：

・求人探し

・応募書類作成

・面接

・内定獲得

現在の状況：各ステージで苦戦中

使用アイテム：転職サイト、履歴書・職務経歴書、転職エージェント

STEP 2 状況を分析

次に、現在の状況を分析してみましょう。シンプルな SWOT 分析を使います。これは下記の４つの視点で状況を整理し、改善点を明確にするフレームワークです。

・強み（Strengths）：あなたの良いところは？
・弱み（Weaknesses）：どこで苦戦していますか？
・機会（Opportunities）：役に立つ外部の要因は？
・脅威（Threats）：困難を引き起こしている外部の要因は？

・強み（Strengths）

強みとは、自分が持つポジティブな特徴です。たとえば、「社会人経験が５年あり、責任ある仕事を任されている」「コミュニケーション能力が高く、同僚との連携が得意」などが考えられます。これらは、自信を持ってアピールすべきポイントです。

・弱み（Weaknesses）

弱みは、自分が苦手としている点です。たとえば、「面接で緊張してしまい、自分の強みをうまく伝えられない」「自己分析が不十分で、どんな職場に向いているかわからない」といった点が挙げられるでしょう。これらは改善の余地がある部分で、対策を講じることができます。

・機会（Opportunities）

機会とは、自分の外部環境がもたらす有利な要素です。たとえば、「転職エージェントのサポートを受けられる」「オンラインでの求人が増え、アクセスしやすい環境が整っている」などが考えられます。外部リソースを活用して、弱みを補う手助けにすることも可能です。

・脅威（Threats）

脅威は、自分の力では変えにくい外部要因であり、困難な状況です。たとえば、「求人の応募数が増え、競争が激化している」「希望職種の求人が少ない」などが挙げられます。このような状況を受け入れたうえで、自分にできる対応策を考えることが重要です。

SWOT 分析を使って、自分の強み、弱み、機会、脅威を整理してみましょう。こうして分析すると、「ああ、自分にはこんな強みがあるんだ」や「ここが弱点になっているのかな」などの気付きを得やすくなります。

例 ➡ SWOT分析

S（強み）：5年間の実務経験がある
W（弱み）：自信が持てない、面接で緊張する
O（機会）：転職サイトや転職エージェントがある
T（脅威）：求人が見つからない、紹介される求人が少ない

STEP 3 問題の原因を深掘りする

次に、SWOT 分析で見えてきた課題について「なぜ」を5回繰り返して根本原因を探ります。このときも、「プレイヤー」のつもりで考えることが大事。できる限り自分の思考プロセスを客観的に観察してください。

例 ➡ 自信がなく、履歴書提出をためらっている

なぜ1. なぜ自信がないのか？
→ 自分の強みが明確でないから。
なぜ2. なぜ自分の強みが明確でないのか？
→ 自己分析が十分にできていないから。
なぜ3. なぜ自己分析ができていないのか？
→ 時間を取っていないから。

なぜ4．なぜ時間を取らないのか？

→ 転職活動を急いで進めすぎているから。

なぜ5．なぜ急いでいるのか？

→ 焦りがあり、早く結果を出したいと思っているから。

例 ➡ 面接で緊張してうまく伝えられない

なぜ1．なぜ緊張するのか？

→ 面接が「試験」のように感じ、評価されることを恐れているから。

なぜ2．なぜ評価を恐れているのか？

→ 自分に自信が持てないから。

なぜ3．なぜ自信がないのか？

→ 過去に失敗した経験が影響しているから。

なぜ4．なぜその失敗が気になるのか？

→ 過去の失敗を振り返ることが少なく、ポジティブなとらえ方をして
いないから。

なぜ5．なぜ振り返っていないのか？

→ 自分をポジティブに再評価する機会がないから。

STEP 4　視点を広げる

　次に、解決策を見つけるために、問題を異なる視点から考えてみます。
次の3つの観点から改善の方向性を整理してみましょう。

スキル：不足しているスキルを習得することで問題を解決できないか？

環境：自分が置かれている環境を変えることで改善できないか？

マインドセット：考え方やとらえ方を変えることで問題を乗り越えられ
ないか？

　これらをもとに、最終的な改善策を考えてみてください。

複数のパターンを紹介します。

① 自己分析の時間を取る

原因：自信がない原因は自己分析不足にあるため。

解決策：週に1回、1時間の自己分析時間を確保し、過去の経験やスキルを深掘りして整理する。転職エージェントや友人にも意見を求める。

② 面接を「試験」ではなく「対話の場」ととらえ直す

原因：面接を試験のように感じ、評価されることに対する恐怖が緊張の原因となっている。

解決策：面接を自分の強みを伝える「対話の機会」としてとらえ直す。また、リラックスできる環境や準備を整える。

③ 情報収集の多角化

原因：求人が少ないのは、情報源が限られているから。

解決：転職サイトに複数登録して求人情報を収集する。

ま と め

転職活動を「ゲーム」に喩えて考えてみると、新しい視点が得られそうですね。ただし、ここで大切なのは、この「ゲーム」には正解がないということです。あなた自身が主人公で、あなたが望む展開に向かって進んでいけばいいのです。時には苦戦することもあるでしょう。でも、それも含めて「ゲーム」の醍醐味なのです。

最後に、転職活動は決して楽しいことばかりではありませんが、自分を見つめ直し、成長するまたとない機会でもあります。ゲームを楽しむように、前向きに取り組んでいってくださいね。皆さんの「ゲーム」が素晴らしい結果につながることを、心から願っています。

メタ認知思考
4

難易度：★★★★

自分嫌いを克服せよ

自分を嫌いだと感じるとき。
もしかすると具体にとらわれすぎているのかもしれません。
メタ認知思考を使えば、違う自分が見えてくるはず。

自分が嫌い……

　あなたは最近、自分の嫌なところばかりが目につくようになりました。褒めてくれる人はいるものの、自分のことが嫌いで仕方ありません。

　なぜ自分が嫌いなのか？　どのように考えれば自己肯定感が上がるでしょうか。

HINT
自分を観察する「メタ視点」を持つ
具体的な状況と抽象的な思考パターンを区別する
新しい視点で自分をとらえてみる

STEP 1 状況を客観的に整理する

　自分を客観的に見るためには、まず自分の認識を整理することが重要です。周囲の人が「あなたは誠実だ」と褒めてくれるときでも、「いや、私はこういうところがダメだ」と思い浮かべがちです。たとえば、締め切りを守れなかった過去の記憶や、他人に迷惑をかけたと感じる出来事などが浮かぶことで、自分を否定する思考が強まります。人間には短所があるのは当然なので、自己評価を全体で俯瞰することが大切です。これがすなわち、メタ認知思考です。

　自分の状況を客観的に把握する方法は色々あります。先ほどは「自分をゲームのプレイヤーだと考える」というアプローチを実践してみました。今度は、具体的な状況と抽象的な思考パターンを区別し、両者を行き来する思考法を練習してみましょう。

　たとえば、昨日の会議で自分の意見をうまく伝えられなかったとします。
　これを、抽象的に表現するとどうなるでしょうか?

→自己表現が苦手だ

　こんなふうに表現できるのではないでしょうか。
　仮に、昨日の会議で自分の意見をうまく伝えられなかったこと以外にも、たとえば「今日、上司から急に意見を求められて何も言えなかった」「本当はNOと言いたかったけど、ついつい YES と言ってしまった」など、自分を嫌いになりそうな出来事が3つあったとしましょう。

　その場合にも、具体と抽象を行き来すれば、「自己表現が苦手だ」という表現1つに集約されます。

　つまり、3つあった嫌いなところが1つになるのです。これだけでも、気持ちが少しラクになるのではないでしょうか。

STEP 2 自己認識と他者認識のズレを明確にする

　自分を嫌いと感じる思考プロセスを追うことは、自分自身の認識と他者の見方とのズレを理解するのに役立ちます。このプロセスを「思考」→「判断」→「感情」→「行動」→「結果」の順に考えてみましょう。

思考

「自分はダメな人間だ」

ここで、自分を否定する
思考が出てきます。

判断

「だから、周りの人は
自分を嫌っている」

この判断が自己嫌悪を
助長します。

感情

「不安、自己否定」

この感情は、思考から
生じた自己評価の低さを
反映しています。

行動

「自分から人との
コミュニケーションを避ける」

ここで行動が変わり、他者との
接触を減らす結果を招きます。

結果

「存在感が薄れ、
さらに自己嫌悪が強まる」

自分の存在感を感じられないことで、
自己評価がますます下がる
悪循環に陥ります。

このプロセスを観察することで、自己嫌悪の根源が「自分はダメ」という思考にあることがわかります。また、周囲の人が自分をどう見ているのか、客観的に考えることも重要です。たとえば、同僚や友人は「誠実で信頼できる人」と見ているかもしれません。このように、他者の視点を意識することで、自分を否定する思考パターンに気づくことができます。

　この認識のズレを理解することで、自己嫌悪から抜け出す第一歩を踏み出すことができますよ。

STEP 3　改善策を考える

　自己嫌悪から抜け出すためには、新しい視点で自分を見つめ直すことが大切です。苦手なことや短所はあるかもしれませんが、それ以上に自分の良い点に目を向けていきましょう。次のような視点で自己評価を行ってみてください。

・友人の視点：友人が自分のどんなところを評価しているか考えてみる。
・成長の視点：過去の自分と比べて成長した点を探る。
・可能性の視点：現在の状況を変えるための選択肢を考える。

具体的な考え方としては、
・友人の視点：友人は私の誠実さを評価してくれている
・成長の視点：1年前に比べて専門知識が増えている
・可能性の視点：小さな目標を立てて達成していけば、自信を取り戻せるかもしれない
となります。

正解例 コミュニケーションは苦手かもしれないけれど、自分には誠実なところがあり、1年前に比べて成長している。少しずつ目標を達成していけば、もっと自分を好きになれるはず！

ま と め

自己観察は難しいかもしれませんが、練習すれば上達します。自分を責めず、中立的な立場で優しく接していきましょう。

Column

具体・抽象思考は多様性の時代にマッチする思考法

　たとえば、論理的思考力の場合は答えが一つに決まっています。1＋1＝2です。これを3だと解答したら×になります。それに対して具体・抽象思考は答えが一つではありません。自由にその力を使って、様々な切り口で答えを出していく世界です。だから、本書もドリルという形式上、正解例を載せてはいますが、それは本当に「例」に過ぎません。なぜなら、どうやって家事をまわすかとか、部屋を片づけるかなどは、本来自由で、人それぞれです。つまり多様なんです。

　これからは、多様性の時代です。正解は決して一つではありません。だから、自分で自分の答えを作っていくという具体・抽象思考は、これからもっと注目されていくでしょうし、必要になってくると思います。そのことにいち早く気づき、本書を手に取ってくださったあなたは、きっとご自身の手で未来を切り拓いていかれることでしょう。

評価の壁を突破できるか？

仕事があまり評価されずに悔しい思いをしていませんか？
その原因は、自分と上司が見ている世界が違うからかもしれません。

頑張っているのに評価されない

　あなたは入社3年目の会社員です。仕事で一生懸命頑張っていますが、上司や同僚からの評価が思うように得られません。自分では結果を出しているつもりなのに、どうして評価が低いのか、どう受け止めればよいのか悩んでいます。

　以下の状況を踏まえ、改善点を見つけ出してください。

- 自分は締め切りを守っていると思っているが、上司からは「もう少し早く終わらせられたのでは？」と言われる。
- 自分は与えられた仕事は確実にこなしていると思っているが、「もっと自主的に動いてほしい」と指摘される。
- チームメンバーとは仲良くやっているつもりだが、「もっとコミュニケーションを取ってほしい」と言われる。
- 成果をアピールすることが苦手で、定期面談でもうまく説明できない。
- 会社の評価基準がよくわからず、何を改善すればいいのか具体的に把握できていない。

HINT 自分の行動や思考を、第三者の視点で観察してみる。

「自分が思っていること」と「他人が見ていること」のギャップを探る。

評価される側（あなた）と評価する側（上司・同僚）の両方の立場で考えてみる。

「なぜ」という問いを繰り返し、問題の本質を探る。

STEP 1 状況を客観的に見つめ直す

　まずは、自分の状況を客観的に見つめ直すことから始めましょう。自分を外側から観察するつもりで進めていきます。たとえば、自分が働いている様子を空から見ていると想像してみてください。

　そうすると、「締め切りは守っている」とモヤモヤしている自分と「もう少し早く」と言っている上司の様子が見えてきますね。

　そんな感じで、他の状況も見ていきましょう。

　与えられた仕事はこなしている
　→ でも、「自主性」を求められている

　チームメンバーとは仲良くしている
　→ でも、「もっとコミュニケーションを」と言われている

　これを見ると、どうやら「自分」の認識と上司の期待にズレがあることがわかります。まずはこのズレに気づくことが大切です。

STEP 2 原因を分析する

　次に、それぞれの状況について「なぜ」を掘り下げてみましょう。「なぜ」を繰り返し問うことで、問題の本質に近づけます。

　たとえば、「締め切りは守っているのに、なぜ『もう少し早く』と言わ

れるのか？」について、「なぜ」を3回問うてみます。

なぜ1. 自分では締め切りを守っていると思っているが、上司は早めに成果を出すことを重視しているから？
→上司は、プロジェクト全体のスケジュールを考慮し、余裕を持って仕事を進めることが重要だと認識しているのかもしれない。

なぜ2. 早めに成果を出すことで、次のタスクやフィードバックを受ける時間が増えると考えているから？
→上司は、早く成果を出すことで、次の作業への移行や調整がスムーズになり、チーム全体の生産性が向上すると期待しているのかもしれない。

なぜ3. 締め切りを守ることは最低限の要件であり、それ以上に高い基準を求めているから？
→自分が締め切りを守ることが当然と考えるのに対し、上司はそのうえでのパフォーマンスや効率を求めているため、自分の認識とのズレが生じているのかもしれない。

こんな感じで、下記についても掘り下げてみてください。

例 ➡ **自分は与えられた仕事は確実にこなしていると思っているが、「もっと自主的に動いてほしい」と指摘される**

なぜ1. 自分の仕事は確実にこなしているが、自主的に動かないと思われているから？
→ 上司は、単に与えられた仕事をこなすだけでなく、提案や改善を求めているのかもしれない。

なぜ2. 上司は、自分の成長やチームの成果を促進するために、より主体的な行動を期待しているから？
→ 自分が見えていない課題や問題点に気づき、対策を考える姿勢を求めているのかも？

なぜ3.上司は、積極的な姿勢がチームの活性化や目標達成に重要だと
考えているから？
→ 自主性がないことで、チーム全体の士気や創造性が低下することを
　懸念しているのかもしれない。

例 ➡ **チームメンバーとは仲良くやっているつもりだが、**
　「もっとコミュニケーションを取ってほしい」と言われる

なぜ1.自分は仲良くやっていると思っているが、他のメンバーが十分
にコミュニケーションを取っていると感じていないから？
→ 他のメンバーは、自分の考えや意見が伝わっていないと感じている
　のかもしれない。
なぜ2.相手の意見を引き出す努力が不足しているから？
→ 自分の意見を言うだけでなく、他のメンバーにも発言しやすい雰囲
　気を作る必要があると考えているのかもしれない。
なぜ3.チームの連携や協力を深めるためには、より密なコミュニケー
ションが必要だと上司が認識しているから？
→ チーム全体のパフォーマンス向上を目指すために、コミュニケー
　ションの質を重視しているのかもしれない。

例 ➡ **成果をアピールすることが苦手で、定期面談でもうまく説明できない**

なぜ1.自分ではしっかり成果を出しているのに、それを伝える自信が
ないから？
→ 自分の成果をアピールすることの重要性を十分に理解していないか、
　うまく表現できないと感じているからかもしれない。
なぜ2.上司が求める成果の見せ方やアピールポイントを把握していな
いから？
→ 自分が思っている成果と、上司が重視する成果が一致していないた
　め、効果的にアピールできないのかもしれない。

なぜ3. 成果をしっかりアピールしないと、自分の努力や価値が評価されないと気づいていないから？

→ 自分の成果を適切にアピールすることが、キャリアや評価に影響を与える重要な要素だと認識していない可能性がある。

例 ➡ **会社の評価基準がよくわからず、何を改善すればいいのか具体的に把握できていない**

なぜ1. 評価基準が明確に示されていないと感じているから？

→ 会社の評価制度が不透明で、具体的な基準がわからないため、何をどう改善すればいいのか判断できないのかもしれない。

なぜ2. 上司や人事からの具体的なフィードバックが不足しているから？

→ 評価基準があっても、それをどのように自分の行動に反映させるかのアドバイスが受けられないと感じているのかもしれない。

なぜ3. 自分の成長や改善に対する意欲があるにもかかわらず、方向性が定まっていないから？

→ 評価基準が不明確だと、自分が進むべき方向を見失い、成長の機会を逃してしまうことに気づいていないのかもしれない。

STEP 3 認識のズレを把握する

ここまでの分析を踏まえて、自分の認識と上司の認識のズレを改めて確認していきます。

例 ➡ **自分と上司の認識のズレ**

・締め切りは守っているが、もっと早く終わらせられる？

自分：仕事を期限内に終わらせているから問題ない。

上司：余裕を持って終わらせることを求めている。次のタスクに早く取り掛かる余地を残すことを期待している。

・仕事をこなしているが、自主性が足りない？

自分：指示された通りに仕事を進めている。

上司：自ら考えて新しい提案をすることや、仕事の効率化を求めている。待つのではなく、積極的な行動を期待している。

・チームメンバーとのコミュニケーションが不足している？

自分：チームメンバーと仲良くやっているし、問題はない。

上司：仕事に関する意見交換やフィードバックをもっと頻繁に行い、チームの成果に貢献するコミュニケーションを求めている。

・成果のアピールが苦手で、面談で上手に伝えられない？

自分：自分の頑張りは見てくれているはずだと思っている。

上司：具体的な成果を数字や事例で示してほしい。自己アピールがないと成果が評価されにくい。

・会社の評価基準が不明確で、何を改善すべきかわからない？

自分：評価基準がはっきりしないので、自分の行動をどう改善すればいいのかわからない。

上司：評価基準は明確に説明しているが、積極的に理解しようとしていないと感じている。評価項目に基づくフィードバックや自己成長を意識して行動することが期待されている。

STEP 4 解決策を考える

これらの分析を踏まえ、どのようにすれば評価を高めることができるか、具体的な改善策を考えてみましょう。

・時間管理の改善：タスクを期限よりも前に終わらせ、次のタスクに早めに取り掛かる。プロジェクト全体の効率化を図る視点を持つ。

・自主性の発揮：指示されたこと以外にも、自分から新しい提案やプロジェクトの改善案を積極的に出す。上司に進捗報告をこまめに行い、自己主導の行動を強化する。

・コミュニケーションの向上：仕事に関連するフィードバックや進捗をチームメンバーと積極的に共有し、他者との連携を強化する。チーム全体での成果に貢献する意識を持つ。

・自己アピールのスキル向上：面談や報告の際に、自分の成果を具体的な数字やエピソードで説明できるように準備する。自己アピールの機会を増やし、少しずつスキルを磨く。

・評価基準の理解：会社の評価基準を把握し、それに基づいた行動目標を設定する。上司に具体的なフィードバックを求め、評価基準に沿った自己成長の計画を立てる。

正解例 複数のパターンを紹介します。

❶ 仕事のスピードと質のバランスを改善

上司から「もっと早く終わらせられたのでは？」と言われることに対して、スピードと質のバランスを意識することが重要です。

（具体策）締め切り前に完成した仕事をもう一度見直して、時間的な余裕を持って質を向上させる。上司に途中経過を報告し、「これで良いか確認」することで、改善点を早期に見つけ、早く終わらせる準備をする。

❷ 自主性をアピールする

「もっと自主的に動いてほしい」と言われることに対しては、自らのアイデアを提案し、積極的に行動を示すことが効果的です。与えられた仕事以上のことに取り組む姿勢が評価されます。

（具体策）上司に新しいプロジェクトや改善の提案を積極的に持ちかける。具体的には「今月は新しい方法で業務を効率化できると思うのですが、試してみていいでしょうか？」といった形で提案を行う。

❸ コミュニケーション力の向上

「もっとコミュニケーションを取ってほしい」と言われている場合、ただ仲良くするだけではなく、チームに貢献するための深い対話や情報共有が必要です。

（具体策）定期的に上司やチームメンバーとコミュニケーションを取る機会を設け、進捗状況や自分の考えを共有する。また、他のメンバーの意見を積極的に聞くことで、より協力的な関係を築く。たとえば、「今週のタスクはこの方法で進めようと思いますが、何か改善点があれば教えてください」といった形で、コミュニケーションの頻度と質を向上させる。

❹ 成果を具体的にアピールする

成果をアピールするのが苦手であることに対しては、定期的な振り返りや数値化された実績を用いることで、自分の貢献を効果的に伝えやすくします。

（具体策）毎日の成果をメモや日報にまとめ、定期面談時にその記録を使って具体的な数字や成果を説明する。また、「今月のプロジェクトで〇〇％の効率化を実現しました」といった具体的な実績を意識的に挙げていく。

❺ 評価基準の理解とフィードバックを求める

会社の評価基準が曖昧な場合、具体的なフィードバックを定期的に求め、上司の期待を確認することが解決策となります。

（具体策）上司に評価基準について直接質問し、「今期の目標としてどのような成果を期待されていますか？」と確認する。また、毎月フィードバックをお願いし、自分の成長や改善点を把握して修正していく。

まとめ

「人事評価の壁」、これはビジネスパーソンであれば常についてまわる問題ですよね。ここで大切なのは、評価を「されるもの」から「獲得するもの」へと意識を変えることです。受け身の姿勢から、積極的に自分の価値を示していく姿勢へ転換していきましょう。

Column

日本の高校の授業でも、具体⇄抽象思考が注目されている

　私が学生のころは、学校で具体・抽象について教わったことなどありませんでした。しかし、実は最近は高校生の「情報」の単元に、具体⇄抽象思考が取り上げられるようになっています。

【具体化と抽象化】

　自分が消化できる情報量を遥かに超える情報に日々晒（さら）されている現在の生活において、情報の「受けて」が自分の判断で自由に使うことのできる時間や外界への注意力（Attention）は減少していく一方である。そのため、短い時間で効率よく伝えることを目的として、情報の加工が行われる。大きく分けて、抽象的で掴みにくい物事を、具体的で目に見えるような物事に変換すること（具体化）、個別の具体的な事象から注目すべき部分を取り出してモデルにしていくこと（抽象化）の２つの方向性があり、それぞれ目的に沿って使い分けられる。読み飛ばされたり、退屈に見られたりしがちな物事でも、適切に加工することでコンテンツとしての力を高めることができる。

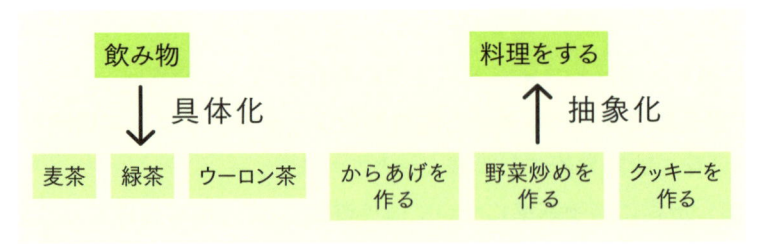

（出典：文部科学省　高等学校情報　教員研修用教材 P.14）。

論理的思考一辺倒だった時代からすると、喜ばしい進化だと思います。

相手の心に寄り添えるか？

ここから「説明思考」の問題です。説明思考を身につけることで、
相手の価値観を尊重しつつ自分の意見を効果的に伝える能力が身につきます。

ダサい彼氏をおしゃれにしよう

　付き合って3ヶ月の彼氏は、とても優しくて素敵な人ですが、少しダサいです。しかし、彼は自分のファッションに自信を持っています。

　以下の状況を踏まえ、彼の自尊心を傷つけずに、どのようにして彼のファッションセンスを向上させればよいか考えてください。

うっ
ダサい……

彼のファッションの良い点と改善点を具体的に考える

ファッションの改善がもたらす抽象的な価値（自信、印象アップなど）を考えてみる

彼の性格や価値観を考慮し、共感を得られるアプローチをする

STEP 1 状況を確認する

　まずは、彼の日頃のファッションを思い出してみます。「ダサい」の一言で終わらせずに、具体的にどこがダサいのか、逆に、良い点はないのか、それらを客観的に分析することから始めていきます。

　以下のような状況であると仮定して、一緒に考えていきましょう。

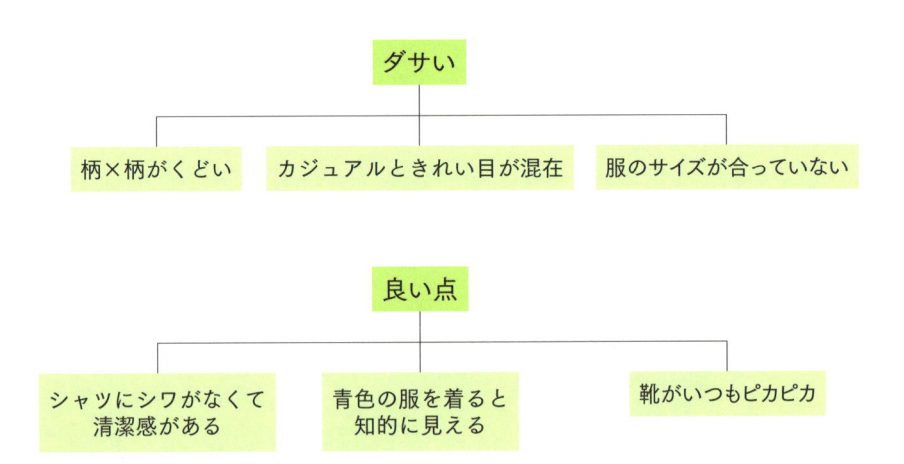

STEP 2 ファッションの改善がもたらす抽象的な価値を考える

あなたの目的は、彼におしゃれになってもらうことです。けれども、「もっとおしゃれになってほしい」とストレートに伝えても、状況はあまり変わらないでしょう。彼はそもそも自分をおしゃれだと思っていて、ファッションを変える必要性を感じていないからです。もちろん、「柄×柄はくどいから、無地の服を選んだほうがいい」と提案するのは、具体的なアドバイスなので、すぐに改善される可能性は高いです。けれども、そうやって一つ一つ具体的にダメなところをつぶしていく作業は、彼にとっては面白くはないでしょう。ひたすらダメ出しされている気分になって、あなたとの関係性が悪化する恐れもあります。

そこで大切なのが、「おしゃれ」のその先にある価値を考えてみることです。たとえば、おしゃれになることで、自信が向上したり、周囲からの印象が良くなったり、新しい自分を発見したりすることができるかもしれません。

もっと言えば、彼の人生をより豊かにすることができるかもしれません。そのために、抽象的な目標を掲げるのです。「服のダメなところを変える」のではなく、「彼のマインドを変える」のです。

STEP 3 相手の立場に立って伝える

ここからが具体⇄抽象思考の真骨頂です。具体的な行動とその先にある価値を結びつけて、彼の心に響く提案を考えてみましょう。

たとえば、彼は青色の服を着ると知的に見えるという良い点がありましたよね（具体）。これを、その先にある価値（抽象）に変換するとこんな感じになります。

「あなたは青色の服を着るとすごく知的に見えるよ。だから青色の服を取り入れていくとあなたの良さが引き立って、今よりもっと自分に自信が持てるようになるんじゃないかな」

こんな感じで、「柄×柄がくどい」「カジュアルときれい目が混在」「服のサイズが合っていない」「シャツにシワがなくて清潔感がある」「靴がいつもピカピカ」という具体的事象について、その先にどんな価値があるか考えてみてください。

例 ➡ 柄×柄がくどい……の場合

「柄がたくさんあると、少し忙しく見えちゃうかも。シンプルな組み合わせにするとあなたの個性がもっと際立って、周りに素敵な印象を与えられると思うよ」
価値：自分の魅力を引き立て、洗練された印象を与える。

例 ➡ カジュアルときれい目が混在……の場合

「カジュアルもきれい目も、どちらも似合ってるけど、スタイルを揃えると全体のバランスが良くなって、より自信を持っているように見えると思うな」
価値：バランスの取れたスタイルは、自信や安定感を伝える。

例 ➡ 服のサイズが合っていない……の場合

「サイズがぴったりの服を着ると、体形が引き立って、すごくスタイルが良く見えるよ。だからもっと魅力的に見えると思う！」
価値：服のサイズが合っていると、自分の体形を美しく見せることができ、全体の印象が洗練される。

例 ➡ シャツにシワがなくて清潔感がある……の場合

「シワがないとすごく清潔で丁寧な印象があって、周りの人にも好印象を与えるよ。あなたの丁寧さが表れているね！」

価値：清潔感があることで信頼や好印象を与えられる。

例 ➡ 靴がいつもピカピカ……の場合

「靴がピカピカだと、細かいところまで気を配っているって感じで、すごくかっこいいよ。靴まで気を使ってると、全体の印象もさらに良くなると思う！」

価値：足元の清潔感や整った印象が全体のスタイルを引き締め、しっかりした人として映る。

あとは、彼を傷つけないように伝えましょう。

正解例 「あなたはいつも、シャツにシワが一つもないからすごいよね。清潔感があるから、周りに良い印象を与えてると思う。それに、靴もピカピカだよね。そういう細かいところに気を使える人ってすごいと思う。本当にしっかりした人なんだなと思って尊敬してるよ。あと、最近気づいたんだけど、あなたって青色の服を着ると、すごく知的に見えるよね。青色は信頼感や知性を伝える色だから、取り入れていくともっと素敵になると思う。

あと、あなたって実は細マッチョでスタイル良いじゃない？　だから、サイズがぴったりの服を着ると、体形が引き立ってもっと魅力的に見えるんじゃないかな。ただ、柄×柄やカジュアルときれい目のミックスは、ちょっと忙しい印象になっちゃうから、シンプルな組み合わせも試してみると、あなたらしさがもっと引き立つかも。これらを取り入れてみると、ますます魅力的になると思うよ！」

いかがでしたか？「恋人のスタイル改造」って、実は奥が深いテーマですよね。相手の気持ちを尊重しながら、より良い方向へ導いていく。これは、ファッションに限らず、人間関係全般で求められるスキルです。具体⇄抽象思考を使うことで、表面的な変化だけでなく、その奥にある価値や可能性を見出すことができます。そして、それを相手に伝える際も、具体的な提案と抽象的な価値をうまく組み合わせることで、より説得力のあるコミュニケーションが可能になります。

この考え方は、恋人との関係だけでなく、友人、家族、職場の同僚とのコミュニケーションにも応用できます。相手の立場に立って考え、具体と抽象を行き来しながら、お互いの成長につながる提案をする。そんなコミュニケーション力を身につけることで、きっとより豊かな人間関係が築けるはずです。

皆さんも、日常生活の中でこの「具体⇄抽象思考」を意識してみてください。きっと、新しい気づきや可能性が広がることでしょう。

説明思考

7

難易度：★★★★

視聴者の心を動かせるか？

この問題を解くことで、多様なターゲットの特性を理解し、
商品の魅力を効果的に伝える能力が身につきます。

テレビショッピングで
ポカリスエットを売ろう

テレビショッピングでポカリスエットを販売することになりました。視聴者の健康志向やライフスタイルが多様なため、メッセージを調整し、購買意欲を高める必要があります。しかし、どのようにアプローチすればいいか悩んでいます。

以下の状況を踏まえ、多様なターゲットに対してポカリスエットの魅力を効果的に伝える動画を考えてください。

- 視聴者の年齢層は10代から60代以上まで幅広い。
- 健康意識の高い視聴者と、味や便利さを重視する視聴者が混在している。
- スポーツをする人もいれば、デスクワークが中心の人もいる。
- 商品の特徴（電解質の補給、さっぱりした味など）を効果的に伝える必要がある。
- 視聴者の購買意欲を高め、即座の注文につなげたい。

HINT ポカリスエットの特徴を、具体的なシーンと抽象的な価値の両方で考えてみる。

異なるタイプの視聴者に共通する価値や欲求は何だろう？

STEP 1 商品の特徴を具体と抽象で確認する

まずは状況を確認します。ポカリスエットの特徴を具体的なものと抽象的なものに分けて整理していきましょう。これが具体⇄抽象思考の第一歩です。

たとえば、具体的な特徴としては、青い爽やかなパッケージが挙げられます。抽象的な価値としては、体調管理のサポートなどが挙げられるのではないでしょうか。

こんな感じで、具体と抽象、それぞれで整理してみてください。

例 ➡ 具体的な特徴

- 青い爽やかなパッケージ
- さっぱりとした味
- 電解質（ナトリウムやカリウムなど）を含む
- 粉末タイプもある

例 ➡ 抽象的な価値

- 体調管理のサポート
- 爽快感・リフレッシュ感
- 健康的なライフスタイル
- 水分補給の重要性

このように、具体と抽象の両方で整理すると、商品の多面的な魅力が見えてきますね。

STEP 2 ターゲットをセグメント化する

視聴者をいくつかのグループに分け、各グループにどのようなアプローチが効果的かを考えます。どんなグループに分けられるでしょうか。

例 ➡ ターゲットのグループ

- ・スポーツ愛好家
- ・健康意識の高いデスクワーカー
- ・子育て中の親
- ・アクティブなシニア

STEP 3 共通価値を見出す

異なるセグメントの中に共通する価値を見つけます。共通価値を見出すことで、多様な視聴者に一度にアピールできるメッセージが作れます。

例 ➡ 共通する価値
- ・どのセグメントでも「体調管理」は重要
- ・「爽快感」はどの年代にも魅力的
- ・「簡単に摂取できる」という便利さは万人に通じる

STEP 4 具体的なシーンと
抽象的な価値を結びつける

ここからは、相手の立場に立って伝えるフェーズに入っていきます。
まずは、具体的なシーンと抽象的な価値を結びつけてみましょう。そうすることによって、相手の共感を得やすくなります。
たとえば、「スポーツ後の爽快な1杯（具体）」は、どのような抽象的な価値と結びついているでしょうか。スポーツ後は汗をかくので、水分補給

をすることが大事ですよね。したがって、「体調管理のサポート（抽象）」と結びつけることができるのではないでしょうか。

こんな感じで、「オフィスでのリフレッシュタイム」「家族でのアウトドア活動」についても抽象的な価値に結びつけてください。

例 ➡ 具体的なシーンの抽象的価値

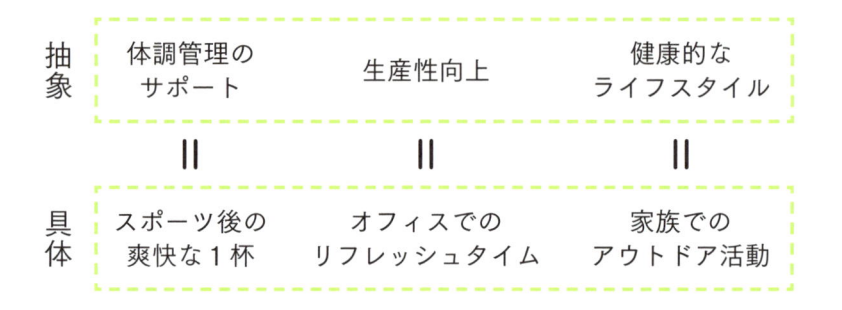

STEP 5 ストーリーを組み立てる

ここまでの要素を使って、テレビショッピングのストーリーを組み立てます。次のような流れにした場合、あなたならそれぞれ具体的にどんなことを訴求するか考えてみてください。

例 ➡ ストーリーの流れ

① 注目を集める導入

視聴者は多くの情報に囲まれているので、最初の数秒で興味を引くことが重要です。視覚的にインパクトを与え関心を引きつけましょう。

② 問題提起

視聴者が共感できる問題を提起することで、彼らの心に響くメッセージ

を形成します。それまで自分とは関係ないと思っていた商品を「あれ？自分のためになるかも」と感じてもらうことが大切です。

③ 解決策の提示

視聴者が抱える問題に対する具体的な解決策を示すことで、ポカリスエットの必要性を強調します。

④ 価値の説明

商品の具体的な特徴がどのように視聴者の生活に役立つかを説明します。抽象的な価値を伝えると、視聴者が商品を使うことで得られる利点を理解しやすくなります。

⑤ 具体的な使用シーン

視聴者が共感できるシーンを提示することで、商品の実用性を示します。この具体性が、商品の購買意欲を高める要因となります。

⑥ 専門家や利用者の証言

信頼性を高めるために、専門家や利用者の体験談を含めることで、視聴者は商品の効果をより信じやすくなります。具体的な証言は、視聴者が商品に対して持つ疑念を払拭し、購買を促進します。

⑦ まとめと購入の呼びかけ

ストーリーの締めくくりとして、共通価値を強調し、視聴者に行動を促します。メッセージを再確認することで、視聴者の記憶に残り、購入を考えるきっかけとなります。

複数のパターンを紹介します。

1 「24時間の健康サポート」アプローチ

導入：様々なシーンでポカリスエットを飲む人々の映像（朝・昼・夜）

問題提起：現代人の生活リズムの乱れと水分補給の重要性

解決策：ポカリスエットの電解質バランスと、いつでも飲みやすい特徴を紹介

価値説明：24時間健康をサポートする飲み物としての価値を強調

使用シーン：朝のジョギング、オフィスでの仕事中、夜の家事など多様なシーンを提示

証言：生活リズムが改善した利用者と、栄養士のコメント

まとめ：「24時間あなたの健康をサポートするポカリスエット」というメッセージで締めくくる

2 「家族の絆を深める」アプローチ

導入：家族でアウトドア活動を楽しむシーン

問題提起：忙しい現代社会での家族の時間の大切さと、共に健康であることの重要性

解決策：ポカリスエットの便利さ（粉末タイプ）と、全年齢で飲めるさっぱりした味を紹介

価値説明：家族の絆を深め、共に健康的な生活を送ることの価値を説明

使用シーン：家族でのピクニック、運動会、旅行などのシーンを提示

証言：家族で飲用を始めて健康的な習慣が身についた人のインタビュー

まとめ：「家族の絆と健康を支えるポカリスエット」というメッセージで締めくくる

3 「あなたのベストパフォーマンスを引き出す」アプローチ

導入：仕事、スポーツ、学業などで活躍する多様な年齢層の人々の映像

問題提起：日々のパフォーマンスを最大化することの難しさと、体調管理の重要性

解決策：ポカリスエットの科学的な設計と即効性を紹介
価値説明：最高のコンディションを維持し、ベストパフォーマンスを発揮
できる価値を強調
使用シーン：会議前、試験勉強中など、集中力が必要なシーンを提示
証言：アスリート、ビジネスパーソン、学生などによる体験談
まとめ：「あなたの可能性を最大限に引き出すポカリスエット」というメッ
セージで締めくくる

ま　と　め

この問題を通じて、私が皆さんに伝えたかったのは、「具体」と「抽象」
を行き来する思考の大切さです。具体的な商品特性や使用シーンを示し
つつ、そこから得られる抽象的な価値を伝える。そして、その価値をま
た別の具体的なシーンに結びつけていく。このような思考法は、商品販
売に限らず、プレゼンテーションやコミュニケーションの様々な場面で
活用できるスキルです。

認識のズレを解消できるか？

部下にお願いした仕事が
予想外の仕上がりで困ってしまった経験はありませんか？
今回はそんな認識のズレを解消するための問題です。

部下に頼んだ企画書が、
思ってたのと違う……

　最近、マネージャーに昇進したあなた。部下のAさんに新規プロジェクトの企画書作成を依頼しました。しかし、提出された企画書は期待していたものと大きく異なっていました。内容は間違っているわけではありませんが、焦点が違う印象です。

　以下の状況を踏まえ、どのようにAさんとコミュニケーションを取れば期待する企画書を作成してもらえるかを考えてください。

- Aさんは入社3年目の社員で、初めて大きなプロジェクトの企画を任されました。
- あなたは企画書に、市場分析と収益予測を盛り込んでほしいと伝えていました。
- しかし、Aさんの作成した企画書は、新しい技術や製品の詳細な説明に多くのページを割いています。
- プロジェクトの期限が迫っており、大幅な修正の時間はありません。
- Aさんは真面目で熱心な社員ですが、少し自信が不足しているようです。

HINT

あなたの期待と、Aさんの理解の違いを具体的に整理してみる

企画書に求める要素と、それがもたらす抽象的な価値（経営判断への貢献など）を考えてみる

Aさんの立場に立って、なぜそのような企画書を作成したのか考えてみる

具体的な指示と抽象的な目的を結びつけてみる

STEP 1 期待と現実のギャップを具体的に把握する

まずは、あなたが期待していた企画書と、Aさんが提出した企画書の違いを具体的に整理してみましょう。「焦点が違う」というだけでは不十分です。もっと具体的に、どこがどう違うのか分析してみましょう。

例 ➡ 期待していた企画書

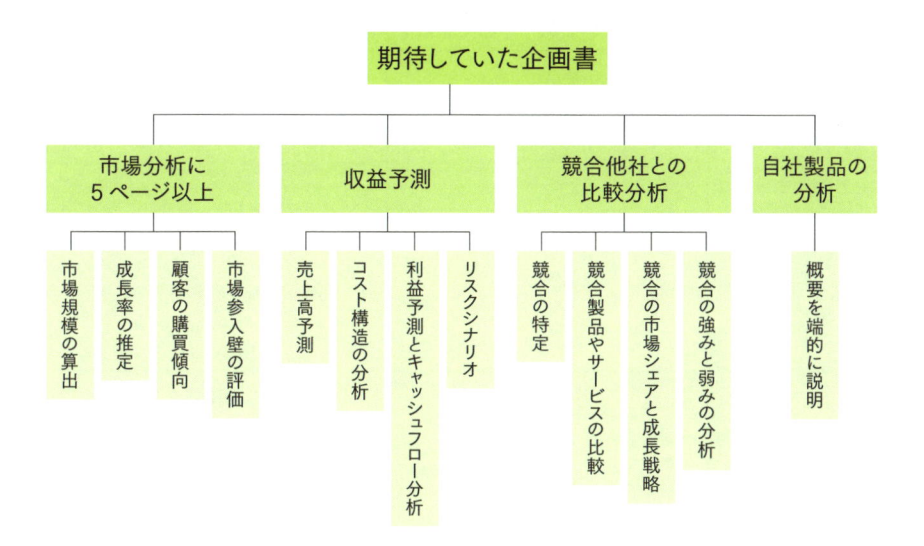

例 ➡ Aさんが提出した企画書

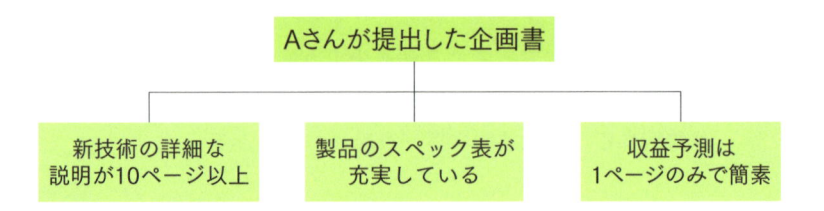

これをもとに、それぞれを比較してみましょう。

例 ➡ 期待していた企画書 VS Aさんが提出した企画書

	期待していた企画書	Aさんが提出した企画書
市場分析	・市場規模の算出 ・成長率の策定 ・顧客の購買傾向 ・市場参入の評価 ・合計5ページ以上	
収益予測	・売上高予想 ・コスト構造の分析 ・利益予測とキャッシュフロー分析 ・リスクシナリオ	・1ページのみで簡素
競合他社との比較分析	・主要競合の特定 ・競合製品やサービスの比較 ・競合の市場シェアと成長戦略 ・競合の強みと弱みの分析	
自社製品の分析	・概要を端的に説明	・新技術の詳細な説明が10ページ以上 ・製品のスペック表が充実

　このように具体的に把握することで、「ああ、ここがズレているんだ」という気付きが生まれます。

STEP 2　企画書の要素と抽象的な価値を結びつける

　次に、企画書に求める要素と、それがもたらす抽象的な価値を考えてみましょう。これは非常に大切なポイントです。単に「こういう内容が欲しい」だけでなく、「なぜそれが必要なのか」を考えるのです。

　たとえば、あなたは「市場分析」「収益予測」「競合分析」を重点的に盛り込むことが大切だと考えていました。それはなぜなのか？　抽象的な価値と結びつけて考えてみてください。

例 ➡ 企画書の要素と抽象的な価値

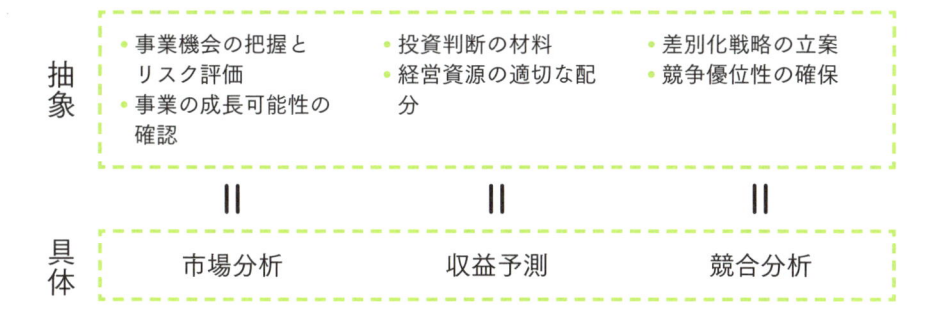

　このように、具体的な要素（具体）とそれがもたらす価値（抽象）を結びつけることで、「なぜこの内容が必要なのか」が明確になります。

STEP 3　部下の立場に立って考える

　最後に、部下にどのように伝えれば認識のズレが生じず、やる気をそぐ

こともなく、円滑に仕事を進められるかを考えていきます。

ここでも、先ほどの問題同様、大事なポイントは3つです。

① 部下の気持ちに寄り添う
② 部下がイメージしやすい内容にする（具体と抽象を結びつける）
③ わかりやすい構成を意識する

まず、①について。

なぜAさんは、このような企画書を作成したのでしょうか（そもそも、具体的に指示を出さなかったのが悪いという意見はごもっともなのですが、いったんそれは置いておきます）。

Aさんの思考や背景を想像してみましょう。

例 ➡ **Aさんの思考**

・新しい技術や製品に興味があり、それが重要だと考えた
・具体的な数字を出すことに自信がなかった
・「企画書」と聞いて、製品説明書のイメージを持ってしまった
・上司（あなた）の期待を確認するのを遠慮してしまった

このようにAさんの立場に立って考えることで、単なる「出来が悪い」ではなく、「なぜそうなったのか」が見えてきます。

つづいて、②について。

ここからが具体⇄抽象思考の真骨頂です。Aさんに伝える具体的な指示と、そのプロジェクトの抽象的な目的を結びつけて説明しましょう。

たとえば、「市場分析のページを増やしてほしい」というお願いは具体的な指示ですよね。おそらく、これだけでもAさんはちゃんと直してくれるでしょう。けれども、具体的な指示だけを伝えるやり方だと、Aさ

んを言われたことしかできない人間にしてしまうかもしれません。

　だから、抽象的な価値と結びつけて伝えることが大切なんです。「市場分析のページを増やしてほしい」という具体的指示だけではなく、「私たちのビジネスチャンスをしっかり把握するために必要なんだよ」という、抽象的価値を結びつけて伝えるのです。そうやって、具体的指示のその上に、大きな目的・価値があることがわかれば、それは単なる作業ではなくなるので、Aさん自身にもやりがいが生まれるでしょう。

　さらに、それぞれのタスクに自分なりに価値を見出し、大きな視点で仕事をしていけるようにもきっとなります。

　さぁ、こんな感じで、具体的指示と抽象的価値を結びつけて説明する方法は他にも色々あります。考えてみてください。

例 ➡ 具体的指示と抽象的価値を結びつける

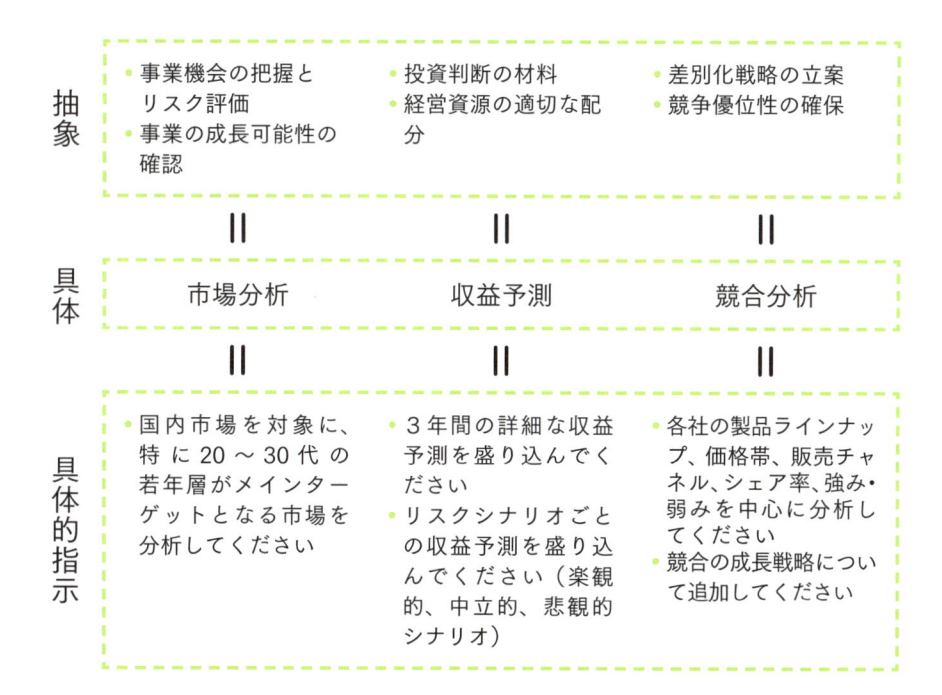

抽象	・事業機会の把握とリスク評価 ・事業の成長可能性の確認	・投資判断の材料 ・経営資源の適切な配分	・差別化戦略の立案 ・競争優位性の確保
	=	=	=
具体	市場分析	収益予測	競合分析
	=	=	=
具体的指示	・国内市場を対象に、特に20～30代の若年層がメインターゲットとなる市場を分析してください	・3年間の詳細な収益予測を盛り込んでください ・リスクシナリオごとの収益予測を盛り込んでください（楽観的、中立的、悲観的シナリオ）	・各社の製品ラインナップ、価格帯、販売チャネル、シェア率、強み・弱みを中心に分析してください ・競合の成長戦略について追加してください

最後に③について。

　これまでの要素を使って、Aさんに建設的なフィードバックをしていきましょう。「思っていたのと全然違うんだけど……」などと、いきなり否定から入るのは論外です。聞く耳を持ってもらうためには、まずは相手の努力を認める、肯定から入ることが大事。

　たとえば、次のような流れでフィードバックしてみてはいかがでしょうか。あなたなら、具体的にどのように伝えますか？

例 ➡ 建設的なフィードバック

・Aさんの努力を認める
・現状の企画書の良い点を具体的に伝える
・期待とのギャップを説明し、その理由（抽象的な目的）を伝える
・具体的な改善点を示し、それがもたらす価値を説明する
・Aさんの成長につながることを伝え、サポートを約束する

正解例
　「Aさん、企画書作成お疲れさま。初めての大きなプロジェクトで大変だったと思います。新しい技術や製品についての詳細な説明、とてもわかりやすくまとまっていましたよ。その部分は、後の製品開発段階できっと役立つはずです。

ただ、現段階の企画書としては、もう少し違う焦点も必要なんです。たとえば、市場分析のページをもっと増やしてほしいんです。これは、私たちのビジネスチャンスをしっかり把握するために重要なんです。また、3年間の詳細な収益予測も必要です。これは経営陣が適切な投資判断を下すために欠かせない情報です。

たしかに、数字を出すのは難しいし、自信が持てないかもしれません。でも、完璧である必要はありません。むしろ、どういう仮定を置いて、どう計算したかのプロセスが大切なんです。一緒に考えていきましょう。

このプロジェクトを通じて、Aさんにはビジネス全体を見る目を養ってほしいんです。製品のことだけでなく、市場のこと、お金のこと、競合のことなど、幅広い視点を持つことが、将来の大きな財産になりますよ」

まとめ

「部下との認識のズレを解消する」というテーマ、マネジメントの醍醐味とも言えますよね（私自身すごく耳が痛いです……）。「相手の立場に立って考える」ことと「具体と抽象を行き来する」ことの大切さ。部下の成長を促すためには、単に「こうしなさい」と言うだけでは不十分です。なぜそうする必要があるのか、それがどんな価値をもたらすのかを、相手の理解度や経験に合わせて説明することが重要なのです。

具体⇄抽象思考を使うことで、目の前の仕事（具体）と、それが持つ意味や価値（抽象）を結びつけることができます。これにより、部下の理解を深め、モチベーションを高めることができるでしょう。

最後に、良いマネージャーになるコツは、部下の成長を心から願う気持ちを持つことです。「ダメ出し」ではなく、「一緒により良いものを作る」という姿勢で接することが大切です。

具体⇄抽象思考ができると、仕事が楽しくなる

イソップの寓話「3人のレンガ職人」の話をご存じでしょうか。
こんなお話です。

======================================

旅人が町外れの一本道を歩いていると、レンガを積む3人の男に出会いました。最初の男は「レンガを積むだけのつらい仕事だ」と不満を漏らします。

次に出会った男は「家族を養うために仕事をしている」と語ります。

最後の男は「歴史に残る大聖堂を建てている」と誇らしげに話しました。

さて、この中で、具体⇄抽象思考の幅を大きく活用できているのは、誰でしょうか？

明らかに3番目の男ですよね（もちろん2番目の男もご家族を大事にして仕事を頑張る素敵な方だと思います）。自分自身の「レンガを積む」という具体的なタスクに、大きな目的・価値を見出して、人生としてのやりがいを感じています。このように、具体⇄抽象思考ができる人は、仕事に積極的になって、やりがいを感じやすくなるのです。ご自身の現在の仕事においても、目の前のタスクだけを見るのではなく、そのもっと上にある抽象的な価値（ビジョン）を意識してみると仕事がきっと楽しくなりますよ。

魅力を伝えられるか？

相手が詳しくない分野について、わかりやすく説明するのは大変です。
ビジネスシーンでよくある事例を通して伝え方を練習していきましょう。

相手が詳しくない分野の契約を
勝ち取るには？

　あなたの会社は、企業向けのクラウド型顧客関係管理（CRM）システムを販売しています。あなたは商品のことをよく理解していますが、顧客に説明する際にうまく伝わっていないようです。

　以下の状況を踏まえ、どのように説明すれば顧客に商品の価値が伝わるかを考えてください。

- 顧客は中小企業の経営者で、IT に詳しくありません。
- 顧客は現在、エクセルで顧客情報を管理しています。
- あなたの商品は、データ分析機能や自動レポート作成機能など、多くの機能を持っています。
- 顧客は「今のやり方で十分」と考えているようです。
- あなたは、商品の導入により顧客の業務効率が大幅に向上すると確信しています。

HINT

顧客の現状と課題を具体的に想像してみる

商品の機能と、それがもたらす抽象的な価値（時間短縮、収益アップなど）を考えてみる

顧客の立場に立って、どんな説明が響くか考えてみる

具体的な事例と抽象的な価値をうまく結びつける方法を検討する

STEP 1 状況を確認する

　まずは、顧客の現状を具体的に把握していきます。たとえば、問題文にあるように、顧客は現在エクセルで顧客情報を管理しています。けれども、「エクセルで管理している」と認識するだけでは不十分です。もっと具体的に顧客の日常を想像してみましょう。

　エクセルで日々管理をする顧客……どんな姿が思い浮かびますか？

例 ➡ エクセルで管理する顧客のリアル

```
            エクセルで管理する顧客のリアル
```

| 毎日、新しい顧客情報をエクセルで手入力している | 顧客ごとの対応履歴を別シートで管理していて探すのに手間がかかる | 営業成績レポートを作るのに、毎月何時間もかけている | 顧客の購買パターンを分析したいが、やり方がわからない |

　このように、抽象的な「エクセルで管理する」という状況を、具体的に分解していくことで、「あっ、こんな課題を抱えているんだ。これを解決できるとわかったら契約してもらえるかも」という気付きが生まれますね。

STEP 2 抽象的な価値を考える

　次に、あなたの商品の機能と、それがもたらす抽象的な価値を考えてみましょう。機能を説明するだけでは顧客の心には響きません。その機能が顧客にとってどんな価値をもたらすのかを考えるのです。機能（具体）と価値（抽象）を結びつけることで、「なぜこの機能が必要なのか」が明確になります。たとえば、以下の機能がある場合、それぞれどのような抽象的な価値があるかを考えてみてください。

【あなたの商品の機能】
　　・データ入力の自動化機能
　　・統合データベース（複数のソースからの情報を集約し、組織全体で共有利用するための情報システム）
　　・自動レポート作成機能
　　・データ分析機能

　私が考える、抽象的な価値はこちらです。

例 ➡ 具体的な機能と抽象的な価値

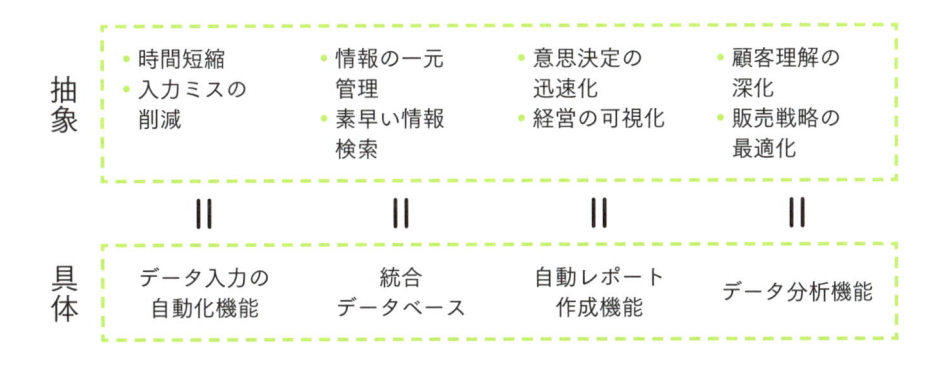

抽象	・時間短縮 ・入力ミスの削減	・情報の一元管理 ・素早い情報検索	・意思決定の迅速化 ・経営の可視化	・顧客理解の深化 ・販売戦略の最適化
	‖	‖	‖	‖
具体	データ入力の自動化機能	統合データベース	自動レポート作成機能	データ分析機能

STEP 3 顧客の立場に立って考える

いよいよ、相手に伝えるフェーズに入っていきます。ポイントは3つ。
① 顧客の気持ちに寄り添う
② 顧客がイメージしやすい内容にする（具体と抽象を結びつける）
③ わかりやすい構成を意識する

まず、①について。
大前提として、これらの顧客の思いに寄り添うことが大切です。
ITに詳しくない相手に、技術的な説明をしても響きません。顧客が日々感じている課題や、達成したい目標に寄り添った説明が必要です。
たとえば、
「もっと効率的に仕事を進めたい」という思い
「経営の全体像を把握したい」という願望
「顧客との関係をもっと深めたい」という目標
「新しいシステムを導入するのは怖い」という不安……など。

つづいて、②について。
ポイントの1つ目と少し似ていますが、顧客はITに詳しくないんです。だから、機能の説明を具体的にすればするほど、相手はちんぷんかんぷんになるでしょう。「よくわからないから、いらないよ」と、断られてしまう可能性が大です。そこで大切なのが、具体的な事例と抽象的な価値を結びつけることです（STEP1〜2で行ったこと）。
たとえば、相手は顧客データの入力作業に、毎日30分かかっているとします。けれども、あなたの会社のシステムを導入すれば5分で完了するとしましょう（ここまでは「具体的な事例」です）。だから、「システムを導入してくだされば、その時間をもっと価値のある仕事に使えるようになりますよ」と説明するのです（ここが抽象的な価値）。
これ以外にも、STEP1〜2をもとに、具体と抽象を結びつけて説明する方法は色々あります。

例 ➡ 具体的事例と抽象的な価値を結びつける

・データ入力の自動化機能→ 時間短縮、入力ミスの削減

「月末のレポート作成、今は丸一日かかっていませんか？（具体）私たちのシステムなら、ボタン一つで完了します。経営の全体像を、いつでも瞬時に把握できるんです（抽象）」

「顧客Aさんが、どんな商品をいつ買ったのか、すぐにわかりますか？（具体）うちのシステムなら、顧客ごとの購買履歴が一目でわかります。顧客一人一人に合わせた、きめ細かな対応ができるようになりますよ（抽象）」

「現在、従業員が手動で顧客情報を入力していますか？（具体）私たちのシステムでは、データ入力が自動化され、入力ミスも大幅に減ります。その分、重要な業務に専念できるようになりますよ（抽象）」

・統合データベース → 情報の一元管理、素早い情報検索

「顧客情報が複数のシステムに分散していると、必要な情報を探すのに手間がかかりますよね（具体）。私たちの統合データベースを使えば、すべての情報を1ヶ所で管理し、瞬時にアクセスできるので、作業効率が大幅に向上しますよ（抽象）」

・自動レポート作成機能 → 意思決定の迅速化、経営の可視化

「今、経営レポートを作成するために、複数のデータを手作業でまとめていませんか？（具体）私たちのシステムなら、すべてのデータが自動的にレポート化され、経営の状態をリアルタイムで簡単に把握できます（抽象）」

・データ分析機能 → 顧客理解の深化、販売戦略の最適化

「顧客がどの商品に最も興味を持っているのか、どのキャンペーンが効果的だったのか、すぐにわかりますか？（具体）私たちのデータ分析機能を使えば、顧客の行動パターンをより深く理解し、より効果的な販売戦略を立てることができます（抽象）」

最後に③、わかりやすい構成を意識する。

たとえば、次のような流れにすると、相手は聞く耳を持ち、共感し、納得してくれるはずです。最終的な解答を考えてみてください。

例 ➡ ストーリーの流れ

1　顧客の現状と課題に共感を示す
2　その課題を解決する具体的な機能を紹介
3　その機能がもたらす抽象的な価値を説明
4　具体的な導入事例や使用シーンを提示
5　導入後の未来像を描く

正解例

「○○様、日々の顧客管理、大変だと思います。エクセルでの管理って、入力に時間がかかったり、情報を探すのに苦労したりしますよね。当社のシステムは、そんなお悩みを解決します。たとえば、顧客データの入力。今まで30分かけていた作業が、たった5分で完了するんです。この時間を、もっと大切な仕事に使えるようになりますよ。さらに、顧客の購買履歴や対応履歴がすべて一元管理されます。お客様ごとの情報が瞬時に把握できるので、一人一人に合わせたきめ細かな対応ができるんです。実際、当社のシステムを導入したA社様は、顧客満足度が20%も向上したんですよ。もちろん、最初は新しいシステムに不安もあると思います。でも、ご安心ください。導入から運用まで、しっかりサポートさせていただきます。○○様の会社が、より効率的に、そしてお客様との関係をより深められるよう、私たちがお手伝いします。一緒に、素晴らしい未来を創っていきましょう」

ま と め

どんなに素晴らしい商品でも、相手の課題や目標と結びつかなければ心に響きません。具体⇄抽象思考を使うことで、相手の日常的な課題（具体）と、その解決がもたらす価値（抽象）を結びつけ、より説得力のある説明ができるようになりますよ。

相手の世界で語れるか？

ここからは「比喩思考」の問題です。
説明したときに「よくわからない」と言われてしまう人は
比喩思考を磨くと伝わりやすくなります。

おじいちゃんにスマホの便利さを 比喩で伝えよ

おじいちゃんにスマホをプレゼントしようとしたら、「あんなものはようわからん。必要ない！」と拒まれてしまいました。

技術に疎いおじいちゃんに、スマホの便利さと基本的な使い方を説明してください。

HINT 相手の経験に基づいた喩えを使う

複雑な機能を身近な概念に置き換える

STEP 1 説明したいものを具体化する

　スマホを、おじいちゃんがわかりやすい他のものに喩えるために、まずは「スマホとは何か？」を考えます。PART1の「分解思考」を使って、機能を分解してみましょう。

例 ➡ スマホの機能を分解

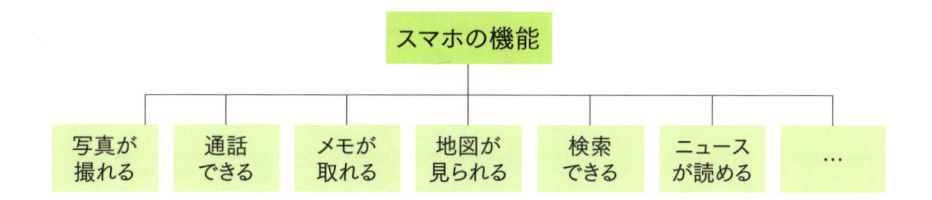

STEP 2 相手が馴染みのあるものを考える

　具体化した項目を、おじいちゃんが馴染み深いものに喩えられないかを考えます。あなたなら、それぞれ何に喩えますか？

例 ➡ おじいちゃんが馴染み深いものへの喩え

　写真が撮れる→カメラ

　通話できる→電話

　メモが取れる→手帳

地図が見られる→地図

検索できる→百科事典

ニュースが読める→新聞

あとは、この喩えを使っておじいちゃんに説明すれば OK です。

正解例 「おじいちゃん、スマホはカメラ、電話、手帳、地図、百科事典、新聞が一つになったものだよ。こんなに小さいスマホが 1 台あるだけで、それぞれを持ち歩く必要がなくなるんだよ。とっても便利だからプレゼントさせてよ」

ま と め
相手の立場で考えて、身近な喩えを探すことが大切です。

生成 AI を活用して具体・抽象力をさらに磨く！

　本書のドリルを解いていくなかで、そもそも知識がなくて解きようがないという問題もあったかもしれません。たとえば、分解思考で単純にピラミッドツリーを下りていく問題。本書では「生物」を分解していきましたが、これがもっと複雑な問題になると、知識不足によってピラミッドツリーを作れないこともあるでしょう。

　そういう場合は、生成 AI に聞いてみてください。知りたいことを、そのまんま投げてみる。あるいは、「どんな観点で考えればいい？」と、切り口を聞いてみたり、「どんなフレームワークが使える？」と、足がかりを聞いてみたりする。そうすれば生成 AI は答えてくれます。

　生成 AI がなんでも答えてくれるなら、人間がわざわざ思考力を鍛える意義はどこにあるのかと思われるかもしれません。けれども、生成 AI を使いこなすためには、自分が具体・抽象を理解しておかないといけないんです。具体的に聞けば具体的な答えが返ってくるし、抽象的に問いかければ抽象的な答えが返ってきます。だから、自分が欲しい答えを得るためには、ちゃんと具体・抽象を理解したうえで質問文を作成することが欠かせません。「もっと具体的な答えが欲しいから、こういう聞き方をしてみよう」と考えるのは、まさに具体・抽象力を使っている証です。ですから、具体・抽象を意識して、どんどん生成 AI に質問を投げかけてみてください。そうすれば、どんどん力がついていきます。

３歳児に伝えられるか？

「頭がいい人は難しい言葉を使わずに、
子どもにもわかるように伝えられる」と一般的に言われています。
今回はそんな人を目指す問題です。

「パパのお仕事って何？」に 簡潔に答えよ

　あなたは３歳の男の子のお父さんです。ふいに「パパのお仕事って何？」と聞かれました。そこであなたは丁寧に説明しました。「パパのお仕事はプログラマーと言ってね、コンピューターを動かすプログラミング言語を使って色々なシステムやソフトウェアを作る仕事なんだよ。パパは主にアプリを作っているよ」。

　しかし、息子さんはちんぷんかんぷんの様子。３歳児にわかるように伝え直してください。

HINT
3歳児が知っている身近なものや日常的な体験に喩える

仕事の一番大切な部分だけに焦点を当てる

難しい言葉は使わず、シンプルな言葉で説明する

STEP 1 説明する対象を具体化する

3歳の子どもでもわかる、何か別のものに喩えるために、まずは「プログラマーとは何か？」をざっくり分解してみましょう。

例 ➡ プログラマーを具体化

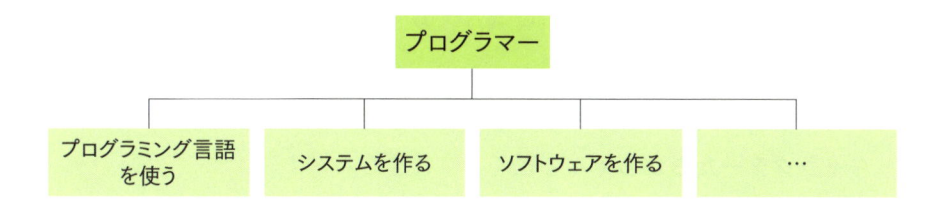

STEP 2 相手がわかる言葉で喩える

具体化した項目を、3歳児でもわかるように喩えられないかを考えます。あなたならどうしますか？

例 ➡ 3歳児がわかるものへの喩え

・プログラミング言語を使う
→プログラミング言語は、おもちゃのブロックで遊ぶときのルールみたいなものだよ。色や形に合わせて組み立てると、面白いものが出来上が

るよ。プログラマーは、このブロックみたいな道具を使ってコンピューターとお話ししているんだ。

・システムを作る
→システムを作るっていうのは、大きなレゴのお城を作るみたいな感じ。いろんな小さなパーツを集めて、それを組み合わせて、一つの大きなお城にしているんだよ。お城はおもちゃをしまう場所だったり、遊ぶ場所になったりするよね。プログラマーは、そのお城みたいなものをコンピューターの中に作っているんだ。

・ソフトウェアを作る
→ソフトウェアを作るっていうのは、ゲームやアニメのキャラクターを描いて、遊べるようにするみたいな感じだよ。プログラマーは、キャラクターが動いたり、しゃべったりするようにプログラムを書いて、そのキャラクターたちがちゃんと動くようにするんだよ。

STEP 3 伝えることをしぼる

　STEP2で言い換えたことをすべて伝えても、もちろんOKです。それを正解としてもかまいません。けれども、３歳児は理解力が成長途中のため、たくさん説明されると「結局、どんなお仕事なんだろう？」となる可能性もあります。そうならないために大切なのは、伝えることをワンメッセージにしぼることです。問題文によると、このお父さんは主にアプリを作っているということなので、その説明にしぼるのが賢明です。つまり、「ソフトウェアを作る」の説明にしぼるということです。

STEP 4 説明を抽象化する

　改めて、STEP2で考えた「ソフトウェアを作る」の説明を見てみましょう。これを、３歳の子どもでもわかる身近な言葉に抽象化してみてくださ

い。「ゲームやアニメのキャラクターを描いて遊べるようにする」というのが、ポイントになりそうです。

　私は、次のように抽象化しました。

「おもちゃ屋さん」

「おもちゃを売って、みんなが楽しく遊べるようにするおもちゃ屋さん」と「楽しいアプリやゲームを作って、みんなが楽しめるようにするソフトウェア開発者」の共通点に着目しました。

正解例 「パパのお仕事は、おもちゃ屋さんみたいなものだよ。おもちゃ屋さんは、おもちゃを売って子どもたちが遊べるようにしているけど、パパは、みんなに遊んでもらえるおもちゃ（ソフトウェア）を作っているんだよ」

ま と め

　３歳児に仕事を説明するのは、前提となる知識量がまったく違うので、意外と難しいですよね。

　大切なのは、相手の立場に立って考えることです。相手が生きている世界の住人になったつもりで、物事を置き換えて考えてみましょう。

　この「置き換えて考える力」は、大人同士のコミュニケーションでもとても役立ちます。たとえば、異なる分野の専門家に自分の仕事を説明するときにも使えるスキルです。

　また、自分の仕事をこんなふうに考え直してみると、日々の仕事の中に新しい喜びや意味を見出せるかもしれません。「みんなを笑顔にするおもちゃ屋さん」。そう考えるだけで、仕事へのモチベーションが上がりませんか？

感情を喩えられるか？

「なんとなく悲しい」「なんだか幸せ」など、
ふわふわした感情をひもとくのは難しいものです。
今回はそんな感情をテーマにした問題です。

感情を季節に喩えよう

　あなたは社内のカウンセリング講座に参加しています。講師からお題が出されました。やってみてください。

次の感情を、
季節や自然現象を使って表現してください

「幸せ」

HINT

感情が持つ特徴や性質を考える

その感情を感じたときの体の反応や心の動きを思い出す

天気や自然現象の中で、似たような特徴や動きを持つものがないか
を考える

五感（視覚、聴覚、触覚、嗅覚、味覚）を使って表現する

STEP 1 感情の特徴を具体化する

　まずは、「幸せ」という感情がどんな特徴を持っているのか考えてみま
しょう。その感情を感じたときの心や体の変化、周りの世界の見え方の変
化などを書き出してみてください。

例 ➡ 「幸せ」の具体化

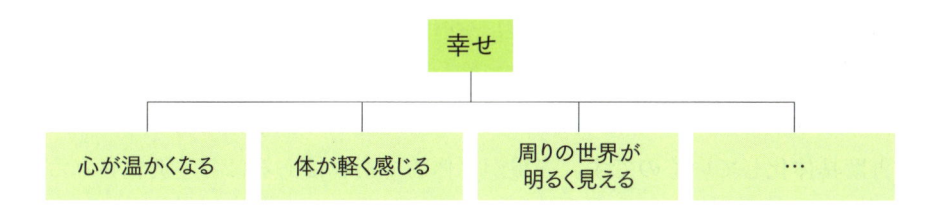

　これ以外にもたくさん考えられると思います。たくさん具体化できた人
は素晴らしいです！　色々な回答があるとは思いますが、ここでは上記の
３つをもとにして解説を進めていきたいと思います。

STEP 2 似ている季節や自然現象を探す

　先ほど挙げた特徴に似た性質を持つ季節や自然現象がないか、考えてみ

ましょう。

➡ **感情の言い換え**

心が温かくなる → 春の陽だまり
体が軽く感じる → そよ風
周りの世界が明るく見える → 晴れ渡った青空

STEP 3 イメージを具体化する

STEP2の言い換えを解答にしても OK です。「幸せは、春の陽だまりのよう」「幸せはそよ風のようなもの」などは、立派な喩えになっています。けれども、やや抽象的なため、他の人も同じような解答をする可能性があります。したがって、もし「あの人は感性が豊か」「喩えが上手」など、他の人より一歩抜きん出た喩えをしたい方は、さらに具体⇄抽象を進めていきましょう。

どうすればいいのかというと、STEP2で出した抽象的なイメージを、再度具体化していくのです。表現が具体的であればあるほど差別化されるからです。

イメージを具体化するときのポイントは、五感を使うこと。たとえば、「幸せ」を「春の陽だまり」に喩えるときに、五感を使って表現するとこんな感じになります。

➡ **五感を使って「春の陽だまり」を表現**

視覚：柔らかな光に包まれ、周りが明るく照らされる。新芽が輝き、花が咲き始め、世界が色づく。
聴覚：鳥のさえずりが心地よく、風が木々を揺らす優しい音。穏やかな静けさの中に自然のリズムが響く。

触覚：体全体が温かい日差しに包まれ、心も同時に温まる。肩の力が自然と抜け、リラックスした感覚。

嗅覚：花や緑の香りが優しく漂い、新鮮な空気が胸いっぱいに広がる。春の空気の中に希望の香りが混ざっている。

味覚：甘くてフレッシュな空気が口に広がる感覚。幸せが体内に染み渡るように感じられる。

　同様に、「そよ風」「晴れ渡った青空」も五感を使って表現してみてください。

例 ➡ 五感を使って「そよ風」を表現

視覚：緑が生き生きとし、風に揺れる葉や花びらが、穏やかな喜びを映し出す。光がきらめいて優しさを感じる風景。

聴覚：風が奏でる穏やかな音に、自然の中で安心感を得る。鳥が軽やかに歌い、風の音が心を癒す。

触覚：頬を撫でるそよ風が、心地よい安心感を与え、軽やかに幸せを感じる。心が解放されるような爽やかな触れ心地。

嗅覚：風が運んでくる自然の香り。新鮮な草の匂いや花の香りが混ざり合い、心に平和と幸せをもたらす。

味覚：そよ風が運んでくる新鮮で軽やかな空気が、まるで甘いハチミツのように感じられ、優しい幸福感が口に広がる。

例 ➡ 五感を使って「晴れ渡った青空」を表現

視覚：広がる果てしない青空が、心を晴れやかにし、未来への希望と安心感が溢れる。雲ひとつない清々しさ。

聴覚：静寂の中に鳥の歌や、遠くでかすかに聞こえる自然の音が混じり、心が穏やかに響く。

触覚：日差しが穏やかに体を包み込み、心と体を温める。空の広がりが心を解放し、幸福感を全身で感じる。

嗅覚：澄んだ空気が鼻を通り抜け、自然そのものの香りが広がる。清々しい空気の中に、平和な幸せが息づく。

味覚：新鮮で軽やかな空気が、まるで絹のように口の中に広がり、幸せの甘みが感じられる。

STEP 4 比喩表現にまとめる

さて、五感を使った表現が出揃いました。ここから、最終的な比喩表現にまとめていきます。

「春の陽だまり」「そよ風」「晴れ渡った青空」の中で、あなたの気持ちを最も表していると感じられるものはどれでしょうか？　伝え方を練る前に、そもそも何を伝えるかを決めましょう。ここでは、最初の「春の陽だまり」を例にとって考えていきます。

伝え方は、2パターンあります。

1つは、五感を使った表現全体の概要をまとめること。もう1つは、キャッチーな言葉を抜き取って端的に伝えることです。

2 パターン紹介します。

正解例

1 五感を使った表現全体の概要をまとめた場合

幸せは、春の陽だまりのよう。柔らかな光に包まれ、新芽や花が彩る景色が広がる。鳥のさえずりと風の音が心地よく響き、暖かな日差しが体を包みリラックスさせる。花の香りが漂い、甘く新鮮な空気を感じさせる。

2 キャッチーな言葉を抜き取って端的に伝えた場合

幸せは、春の陽だまりのよう。なぜならそれは、柔らかな光に包まれ、世界が色づくからだ。

ま と め

目で見えない「感情」というものを、他の人にもわかるように具体的なものに置き換えて喩える練習をしました。実は、この方法は自己理解にもつながるんです。自分の感情を自然現象に喩えることで、その感情をより客観的に見つめることができるからです。比喩思考を楽しみながら、あなたの表現力と理解力をより豊かにしていってください。そうすればきっと、新しい世界が広がっていくはずです。

相手の趣味に喩えられるか？①

部下を成長させたいのに、思いがうまく伝わらないことってありますよね。
そんなときは比喩思考を使うと相手が理解しやすくなりますよ。

喩え話で部下に気付きを与えよう
〜初級編〜

　一生懸命ではあるものの、細かいミスを繰り返している部下がいます。そこで、部下の趣味である野球に喩えて、部下に気付きを与えることにしました。部下が自分の状況（全体的には良いが細かいミスが多い）を客観的に理解し、改善の必要性を感じられるような比喩を考えてみてください。

HINT 現在の部下の状況を具体化する

それを野球に置き換えられないか考える

STEP 1 部下の状況を分析する

まずは、本来指導したいことを具体化していきます。仮に、以下のような状況だとして一緒に考えていきましょう。

例 ➡ 部下の状況

- ・全体的な仕事の質は良いけど、細かいミスがある（誤字脱字、数字の転記ミス、資料の体裁の乱れなど）
- ・ミスが頻繁に発生する
- ・真面目に取り組んでいる

STEP 2 野球に関連した状況を探す

次に、部下の仕事の状況に似た、野球に関連する状況を考えてみます。

STEP1で挙げた部下の状況を、それぞれ野球に置き換えて説明してみてください。

例 ➡ 部下の状況を野球に置き換える

- ・全体的な仕事の質は良いけど、細かいミスがある→高打率だが併殺打（1度のプレーで2つアウトを取られる）も多い打者
- ・ミスが頻繁に発生する→守備範囲は広いが、ときどきエラーする野手
- ・真面目に取り組んでいる→練習熱心な選手

これをもとに、部下がわかりやすいように比喩をまとめていきましょう。

「君の仕事ぶりは、チームの主軸を担う高打率バッターのようだね。3割5分を超える素晴らしい打率で、チームに大きく貢献している。でも、ときどき併殺打も出てしまう。全体的には素晴らしいんだけど、細かいミスが時にチャンスを潰してしまうことがある。でも心配しないで。併殺打を減らすために打撃フォームを少し調整するように、仕事の最終チェック方法を工夫してみないか？ そうすれば、君はきっとリーグを代表する選手になれるはずだ。一緒に頑張っていこう！」

ま と め

相手に合わせた比喩思考を使うことで、相手はより理解しやすくなります。また、直接的な指摘ではなく、親しみのある話題を通じて伝えることで、部下は素直にメッセージを受け取りやすくなる点もメリットだと言えるでしょう。ただし、比喩思考を使うときは、比喩が複雑になりすぎないように気をつけましょう。

比喩思考は、部下の指導だけでなく、チーム全体のコミュニケーション改善にも応用できます。チームメンバーの興味を把握し、それを活かしたコミュニケーションを心がけることで、より強固で生産的なチームづくりが可能になるでしょう。

自分に対して「問い」を立てる

　私がお世話になっているメンターに、元本田技研副社長を務められ、日本初の SUV 車オデッセイを開発した小田垣邦道さんという方がいらっしゃいます。その方から教わったのは、日頃から好奇心を持ち「なぜ」を問うてみようということ。当たり前に過ごしている中で、「なんでこうなんだろう」と考えてみる。たとえば、「なんで電信柱はここにあるんだろう」「なんでこの店は居心地が良いんだろう」などと考えてみるのです。これは分析思考でもあるし、日頃自分が意識していないものに視点を向けるという意味では、メタ認知思考も入ってくるかもしれません。このように、常に自分に対して『問い』を立てるようにしていくと、世の中の当たり前を当たり前と受け取らず、どんどん頭が柔らかくなって、新しい発想が生まれやすくなります。

相手の趣味に喩えられるか？②

先ほどの問題のレベルアップ版です。状況をより深く分析して、
部下の心に響く緻密な比喩を考えてみましょう。

喩え話で部下に気付きを与えよう
〜上級編〜

　部下が新しいプロジェクトで成果を上げている一方で、同じ種類の
ミスを繰り返しており、部下自身はそのミスを小さなものだと軽視し
ています。しかし、上司としては、この細かいミスがプロジェクト全
体に悪影響を与える可能性があると感じています。部下の趣味である
登山に喩えて、彼がミスの重要性に気づき、改善の必要性を感じるよ
うな比喩を考えてみてください。

STEP 1 部下の状況を具体化する

まず、部下の状況を具体化します。部下のミスがどのようにプロジェクトに影響を与えるか、また、部下自身がそのミスをどのように認識しているかを分析しましょう。

【部下の状況】
・新しいプロジェクトで成果を出している
・同じ種類のミスを繰り返している
・本人はそのミスを軽視している

ここで大切なのは、ただ「ミスが多い」ということだけでなく、ミスが繰り返されている点、そして部下がそのミスを軽視している点に注目することです。部下は「この程度ならプロジェクトに大きな影響はない」と考えています。しかし、上司であるあなたは、実際にはその積み重ねがプロジェクト全体に悪影響を与えるリスクがあると考えています。ここに、部下とあなたの間の認識のズレがあることがわかりますね。この認識のズレを把握しておかないと、話がかみあわなくなるので注意しましょう。

STEP 2 登山に置き換えて考える

つづいて、部下の趣味である登山に関連した状況を考えていきます。
たとえば、プロジェクトの進行を登山に喩えてみるとよいでしょう。
STEP1で具体化した部下の状況3つを、それぞれ登山に関連した状況に置き換えてみてください。

例 ➡ 部下の状況を登山に置き換える

- 成果を上げている→登山では順調に山を登っており、もうすぐ山頂が見えている。
- 同じ種類のミスを繰り返す→些細な判断ミスが積み重なると、山頂付近での体力切れや重大な事故につながる。
- ミスを軽視している→水分補給を怠ったり、靴ひもを締め直さなかったりといった小さなことを軽視している。

　登山では、目標である山頂に向かって着実に進んでいても、途中で些細な判断ミスや体力管理の誤りを軽視していると、最終的に大きな問題に発展することがあります。たとえば、水分補給を怠る、靴ひもを締め直さないといった小さなミスが積み重なると、山頂付近で体力切れや怪我につながり、登頂が困難になることもあります。

　ここでは、細かいミスがすぐに大きな問題を引き起こさないという点がポイントです。登山の比喩では、最初は順調に進んでいるように見えても、後で重大な問題が生じる可能性があるという要素を強調しています。これにより、部下が「ミスを軽視することの危険性」を具体的にイメージできるようになります。

　この結果をもとに、部下に伝える比喩表現をまとめてみてください。

正解例

「君は今、プロジェクトの山を順調に登っているように見える。もうすぐ山頂が見えているが、途中で靴ひもを締め直さなかったり、水分補給を怠ったりすると、登頂の直前で怪我をしたり体力が尽きてしまうかもしれない。仕事でも同じことが言える。細かいミスを軽視していると、それが積み重なり、最終的に大きな問題を引き起こすことがあるんだ。山頂にたどり着くために、今の段階で小さなミスにしっかり注意を払っておこう」

まとめ
比喩を使った後は、具体的な改善策についても話し合いましょう。比喩だけで終わらせないことが大切ですよ。

15

行動に落とし込めるか？

ここからは「具体 → 抽象 → 具体思考」の問題です。
これまでの思考法を活用する総決算となる問題です。
まずは基礎レベルで練習しましょう。

頑張っているのに
なぜか痩せない自分

　最近、あなたはダイエットを始めました。「ナッツを食べると痩せる」と聞いたので、ナッツを買って職場でも食べています。

　すると、その様子を見た同僚が声をかけてきました。

　同僚：「最近、ナッツにハマってるみたいだけど、なんで？」

　あなた：「痩せるためだよ。テレビ番組で、痩せている芸能人が、ダイエットにはナッツがいいって言ってたから」

　同僚：「でも、太ってきてるよ……？」

　あなた：「え!?」（痩せるにはどうすればいいんだろう？）

HINT 「痩せるには？」を具体化する

大事なことを抽出する

痩せるための行動に落とし込む

STEP 1 「痩せる」を具体化する

　頑張っているのになぜか痩せない。そういうことはよくあります（私自身も何度も経験済み……）。まずは「痩せる」という言葉自体を分解して具体化してみましょう。

　考え方としては、定量、定性という2つのアプローチがあります。

・数字にしてみる（定量）

　痩せるための大前提は、摂取カロリーよりも、消費カロリーを増やすということ。そこで、「カロリー」を「摂取カロリー」「消費カロリー」で分解してみましょう。

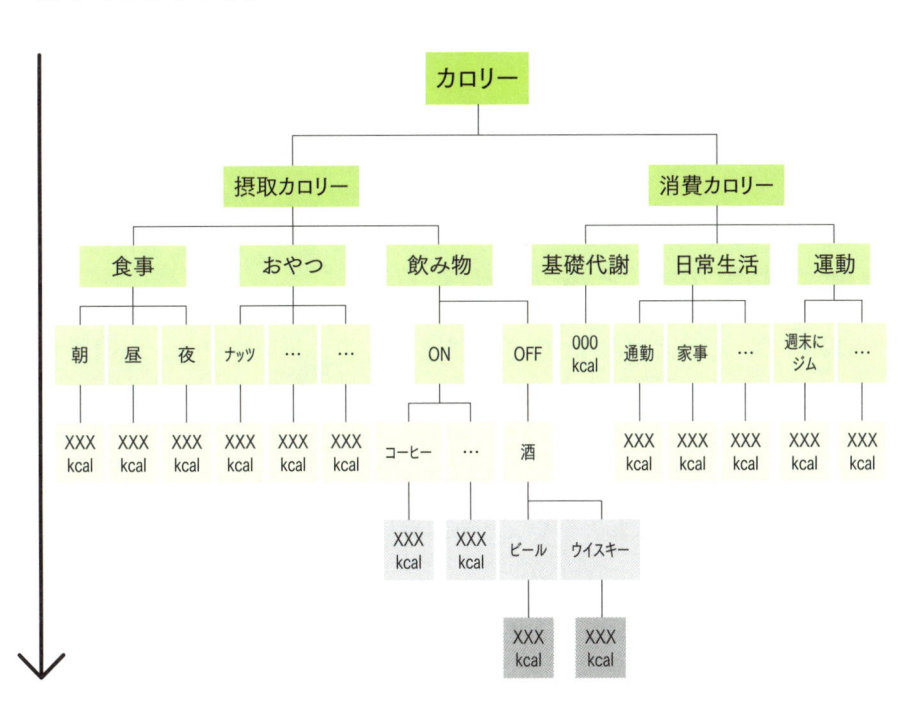

・シーンや時間の使い方で分解してみる（定性）

　たとえば、自分自身が過去に痩せていたときと太っていたときに、どういう違いがあったかを分解してみるのも一案です。切り口はなんでもOK。周りの人にヒアリングするのも有効です。

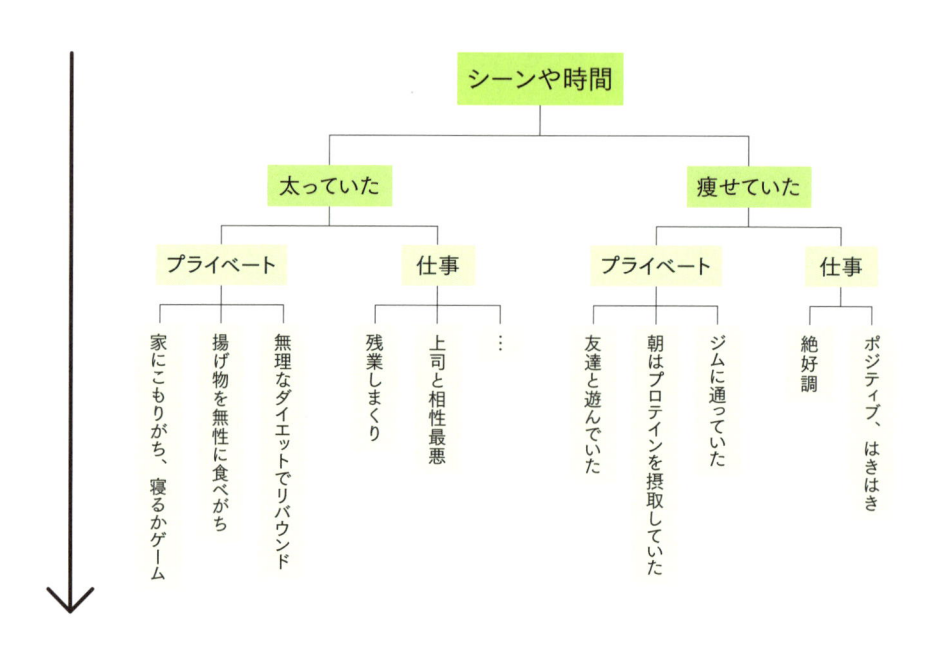

STEP 2 大事なことを抽出する

　STEP1で、たとえばおやつを食べすぎていて、摂取カロリーが消費カロリーを上回っていることが判明したとします。そうすると、「カロリー収支のバランス」に問題があることがわかります。それがわかれば、「まずはおやつの量を減らそう」という気付きが得られますね。

　こんな感じで、他にも大事なことを抽出してみてください。

例 ➡ 得られる洞察

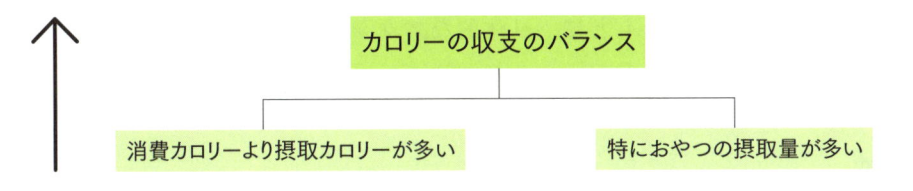

カロリーの収支のバランス

消費カロリーより摂取カロリーが多い

特におやつの摂取量が多い

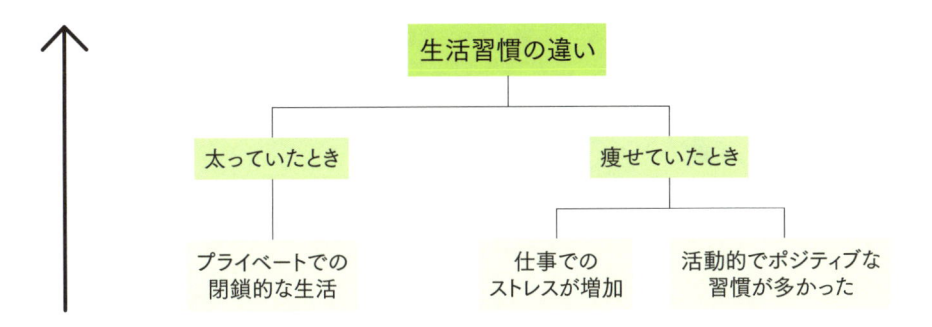

生活習慣の違い

太っていたとき

痩せていたとき

プライベートでの
閉鎖的な生活

仕事での
ストレスが増加

活動的でポジティブな
習慣が多かった

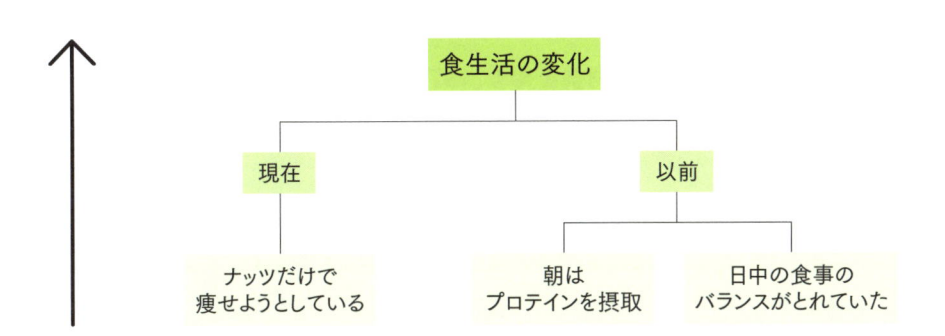

食生活の変化

現在

以前

ナッツだけで
痩せようとしている

朝は
プロテインを摂取

日中の食事の
バランスがとれていた

STEP 3 アクションプランを作成する

STEP2での洞察をもとに、具体的なアクションプランを作成していきましょう。

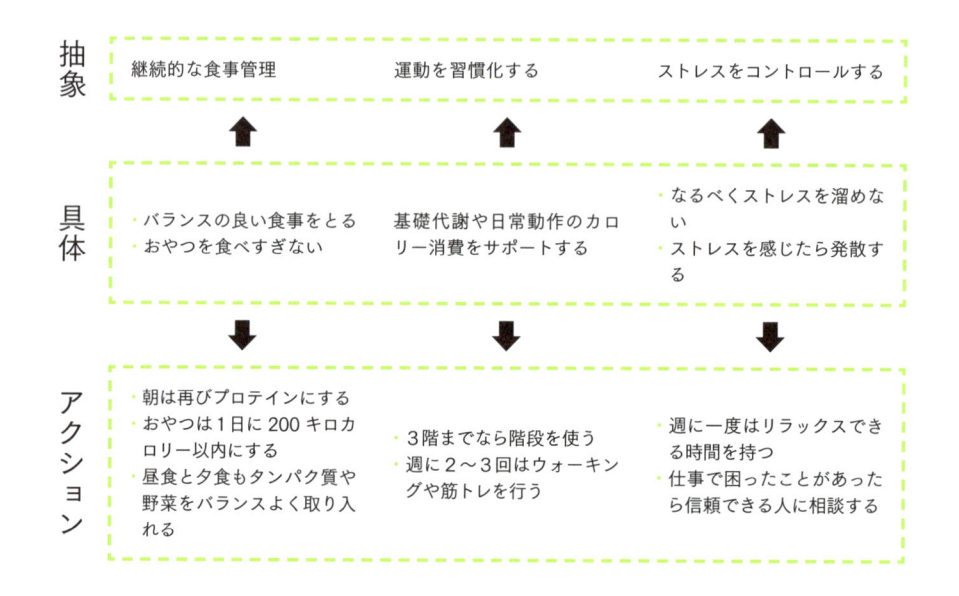

 正解例 現状を分析し、洞察を得て、STEP3 のような行動計画を立てる。

ま と め

具体的な行動「ナッツを食べる」に夢中になっていると、実は当初の抽象的な目的である「ダイエットをする」ということが蔑ろになってしまうことがあります（これは私もよくあります（泣））。改めて目的に立ち返り、「今の自分の行動ってそもそも合っているんだっけ？」と、定期的に問いかけていけるとよいですね。

効果的なアクションプランの立て方

　改善策を具体的なアクションプランに落とし込む際には、SMART 基準を用いるとよいでしょう。

【目標を達成し、成功をつかむ SMART 基準】

　Specific：「具体的、わかりやすい」を意味する

　Measurable：「計測可能、数字になっている」を意味する

　Achievable：「同意して、達成可能な」を意味する

　Relevant：「関連性」を意味する

　Time-bound：「期限が明確、今日やる」を意味する

　たとえば、おやつの摂取量を管理したい場合は、こんな感じです。

　S：おやつの摂取カロリーを1日200キロカロリー以内に抑える。

　M：毎日食べたおやつのカロリーを記録し、目標を守れているか確認。

　A：1日200キロカロリーなら無理のない範囲で実行可能。

　R：カロリーオーバーの主な原因であるおやつの摂取量を減らすことは、ダイエット成功に直接的に関係。

　T：1ヶ月間継続し、体重の変化を確認する。

　このようなプロセスを経ることで、より効果的で実行可能な改善策を立てることができますよ。

16

部署を改善できるか？

チームの成功率を上げるには、効果的な法則の導入が鍵です。
具体→抽象→具体思考を使って、実践に活かしましょう。

成功法則をチームに導入しよう

　あなたは営業部門の部長です。最近、部門全体の売上が伸び悩んでおり、新規顧客の獲得も以前ほど順調ではありません。一方で、一部のベテラン営業社員は依然として高い成果を上げています。そこで、成果を上げている社員に共通するポイントを見つけて、部門全体に適用したいと考えました。どのような手順で考えればよいでしょうか？

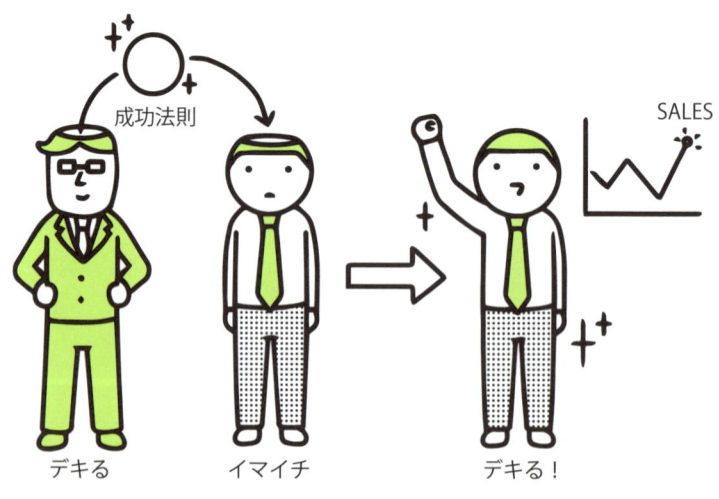

成功法則

デキる　　　　イマイチ　　　　デキる！

HINT 成功している営業社員の行動パターンを分析し、具体的な要因を挙げる

分析結果から、成功の要点や洞察を抽象化する

抽象化した洞察をもとに、部門全体の成果向上のための具体的な行動計画を立てる

STEP 1 成功パターンを具体的に分析する

まずは、成功しているベテラン営業社員の行動を具体的に観察することから始めます。ここでは、できるだけ細かい事実を集めることが大切です。たとえば、こんな点に注目してみてください。

例 ➡ 成果を上げるための着目点

- 1日のスケジュール管理
- 顧客とのコミュニケーション頻度と方法
- 提案書や見積書の作成プロセス
- 商品知識の習得方法
- 社内での情報共有の仕方
- 失注した際のフォローアップ方法

これを、成績が良い社員数名に当てはめていきます。

例 ➡ Aさん（トップセールス）

- 毎朝7時に出社し、1時間かけて1日のスケジュールを確認・調整
- 顧客には週1回以上、電話かメールで近況確認
- 提案書作成前に必ず顧客と対面で打ち合わせを実施
- 月に1冊以上、業界関連の書籍を読破
- 社内会議では必ず1つ以上の提案や質問を行う

・失注後も定期的に情報提供を続け、半年後に再提案

例 ➡ Bさん（安定した成績）

・顧客の決算期に合わせて提案のタイミングを調整
・SNS を活用し、顧客企業の最新情報をチェック
・提案書は３つ以上の選択肢を用意し、比較表を作成
・四半期に１回、関連部署と勉強会を開催
・案件の進捗状況を社内チャットツールで日々共有
・失注の理由を５段階で分析し、次回の戦略に反映

STEP 2 共通点や本質的な要素を見出す

　次に、具体的に書き出した成功パターンから、共通点や本質的な要素を見出していきます。これが抽象化のプロセスです。表面的な行動ではなく、その背後にある考え方や原則を探ることがポイントです。

　先ほどの具体例を見ながら、成功している営業社員に共通する要素を探してみましょう。

例 ➡ 得られる洞察

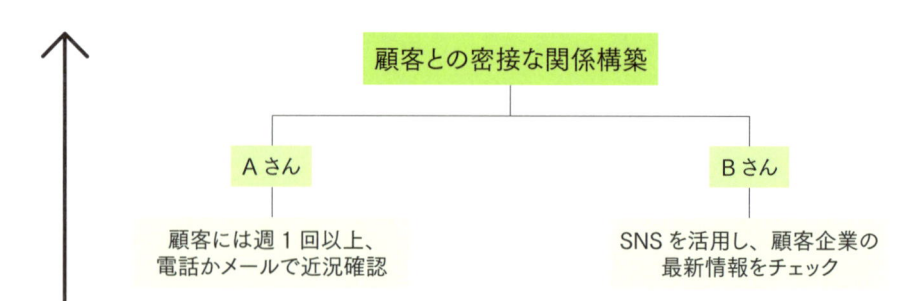

Aさんが顧客と定期的に連絡を取り、Bさんが SNS で顧客企業の情報をチェックすることで、常に顧客のニーズや状況を把握して関係性を強化していることがわかります。この行動から、密接な関係構築が重要であるという洞察が得られました。

提案の質へのこだわり

Aさん
提案書作成前に必ず
顧客と対面で打ち合わせを実施

Bさん
提案書は３つ以上の選択肢を
用意し、比較表を作成

顧客にとって最適な提案をするために、Ａさんは事前に打ち合わせを行い、Ｂさんは複数の選択
肢を提示しています。これらの行動から、質の高い提案が顧客への信頼と成約につながるという洞
察が導き出されます。

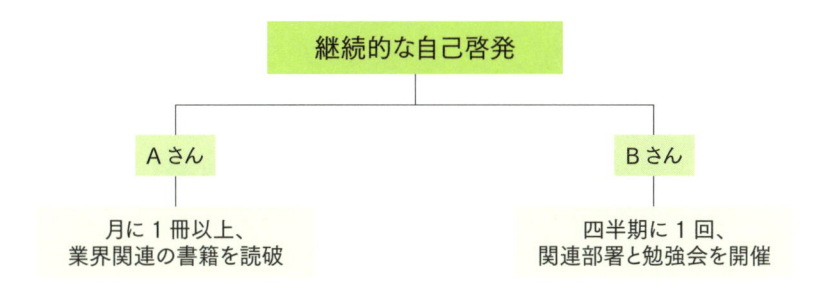

継続的な自己啓発

Aさん
月に１冊以上、
業界関連の書籍を読破

Bさん
四半期に１回、
関連部署と勉強会を開催

業界知識を継続的に学んでいるＡさんと、他部署と協力して知識を深めているＢさんの行動から、
自己啓発の積み重ねが営業力向上に重要であることがわかります。ここから、自己啓発の重要性と
いう洞察が得られました。

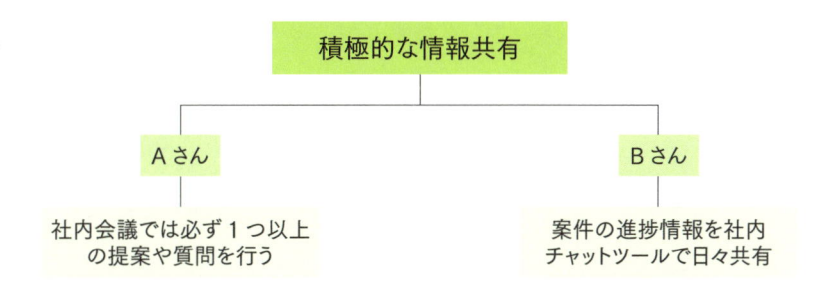

積極的な情報共有

Aさん
社内会議では必ず１つ以上
の提案や質問を行う

Bさん
案件の進捗情報を社内
チャットツールで日々共有

ＡさんやＢさんが積極的に社内で情報を共有していることから、部門内での知見や進捗の共有が
組織全体の成長や個人の成果向上に役立つことが理解されます。これが情報共有の重要性を示す
洞察に結びつきます。

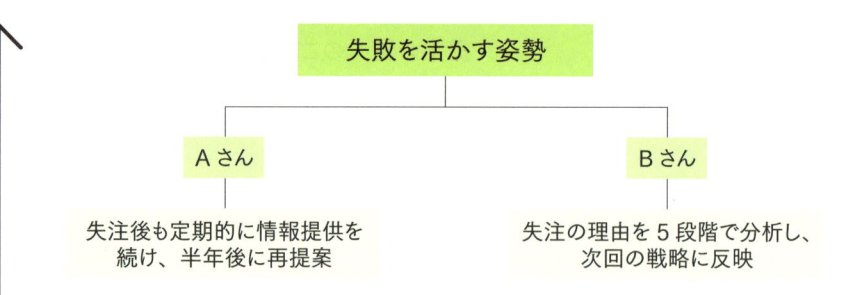

失注後もフォローを続けるAさんや、原因分析を行って次回に活かすBさんの行動から、失敗経験を糧に改善を図る姿勢が営業の成果につながっていることが確認できます。このことから、「失敗から学ぶ姿勢が必要」という洞察が生まれます。

STEP 3 具体的なアクションプランを作成する

　最後に、抽象化した洞察を部門全体に適用できる形に落とし込んでいきます。現在の課題である「売上の伸び悩みと新規顧客獲得の停滞」に対して、先ほどの洞察を適用し、具体的なアクションプランを考えてみましょう。

　たとえば、成功している営業社員は顧客との密接な関係を構築していることがわかりました。したがって、顧客関係管理（CRM）システムを導入し、顧客との接点や提案履歴を可視化すれば、長期的な関係を構築しやすくなるかもしれません。こんな感じで、具体的なアクションプランを作成してみてください。

例 ➡ アクションプラン

抽象	顧客関係管理（CRM）システムの導入と活用	顧客理解プログラムの実施	提案力強化プロジェクトの立ち上げ

具体	具体的なデータをもとにフォローアップを行うことで顧客理解が深まり、信頼関係を強化できる	部門内での勉強会や座談会を通じて顧客理解を高めるプログラムを実施する	提案の質を高めることで、顧客に対する説得力が増し、成約率が向上することが期待される

アクション	・週1回、CRMデータをもとにした顧客フォローアップの時間を設定する	・月1回、顧客企業や業界の動向について部門内で勉強会を開催する ・四半期に1回、主要顧客を招いた座談会を実施し、潜在的なニーズを探る	・成功事例と失敗事例を分析し効果的な提案のテンプレートを作成する ・提案書作成前に必ず社内レビューを実施し、多角的な視点を取り入れる

抽象	継続的学習文化の醸成	ナレッジシェアプラットフォームの構築	失注分析と改善サイクルの確立

具体	勉強会を導入することで、学びの機会を増やし、情報共有を促進する	優れた取り組みを共有し、他の社員も参考にできる環境を整えることで、組織全体の成果向上につなげる	失注の理由をデータベース化し、定期的に改善策を立案することで、営業戦略を常にアップデートし、次回の成功につなげる

アクション	・週に1回短い勉強会を導入し、成功事例と失敗事例を分析し効果的な提案のテンプレートを作成する ・提案書作成前に必ず社内レビューを実施し、多角的な視点を取り入れる	・社内SNSを活用し、日々の気付きや成功・失敗体験を共有する ・月1回の「ベストプラクティス共有会」を開催し、優れた取り組みを表彰する	・すべての失注案件について5W1Hで原因を分析し、データベース化する ・四半期ごとに失注分析結果をもとにした改善策を立案し、実行する

成功パターンを分析し、要点や洞察を得て、STEP3 のように行動計画を立てる。

ま と め

お疲れさまでした。具体⇄抽象思考を使った問題解決のプロセスを、この問題を通して体験していただけたでしょうか？　具体→抽象→具体思考のメリットは、私たちの周りに転がっている「当たり前」や「なんとなく」を、意識的に観察し、そこから新たな気付きを得られることです。成功しているベテラン社員の行動を「真似る」だけでなく、その背後にある本質を理解し、自分なりの形で実践することができるのです。

この思考のプロセスを繰り返し練習することで、次第に自然と「具体」と「抽象」を行き来できるようになります。そうすると、日々の業務の中で新たな気付きが生まれ、自分自身の成長はもちろん、組織全体の成果向上にもつながっていくはずです。

ぜひ、明日から自分の職場で、この具体⇄抽象思考を試してみてください。うまくいかないこともあるでしょう。でも、その「うまくいかない」経験も、また次の成功のための具体例になるのです。失敗を恐れず、まずは小さな課題から始めてみましょう。

17

難易度：★★★★

才能を取り入れられるか？

人を惹きつける伝え方にはコツがあります。
タレントのように伝え上手になるための練習を始めましょう。

タレントのような「上手な伝え方」を習得しよう

あなたは、伝え方を磨くために、表現のうまいタレントのトークや番組進行を観察し、彼らの卓越した伝え方の秘密を探りたいと考えています。そこで、古舘伊知郎さんと明石家さんまさんを分析することにしました。自身の表現力向上に活かすための方法を考えてください。

古舘さんの話し方や、さんまさんのバラエティ番組での進行に注目する

彼らがどのように視聴者の興味を引き付け、維持しているか、そのテクニックを観察する

両者の言葉選び、話の組み立て方、声のトーン、間の取り方にも注意を払う

古舘さんの知的で時に難解な表現と、さんまさんの機知に富んだユーモアある表現の違いにも着目する

STEP 1 特徴を具体的に分析する

まず、両者の表現の具体的な特徴を挙げてみましょう。言葉選びや、話の組み立て方の他、声のトーンや身振り手振りなどにも注目してみます。

例 ➡ 古舘伊知郎さんの特徴

（言葉選び）

- 豊富な語彙。時に難解な表現
- 独特の言い回しやフレーズの創出
- 時事問題や専門用語の巧みな使用

（話の組み立て方）

- 複雑な情報を段階的に説明する構成力
- 予想外の切り口からの問題提起
- 多角的な視点からの分析

（声のトーンと間）

- 抑揚のある独特の話し方
- 効果的な間の取り方とテンポの変化

（身振り手振り）

- 大げさすぎない、適度な身振り手振り
- 表情の微妙な変化

（視聴者との関係性）

- 視聴者の知的好奇心を刺激する問いかけ
- 時に挑戦的な態度で視聴者の思考を促す

例 ➡ 明石家さんまさんの特徴

（言葉選び）

・テンポの良い関西弁
・即興的な言葉遊びやダジャレ
・庶民的でわかりやすい表現

（話の組み立て方）

・予想外の展開や唐突な話題転換
・相手の発言を巧みに拾い、膨らませる能力
・ユーモアを交えた軽妙な進行

（声のトーンと間）

・抑揚の大きな、メリハリのある話し方
・テンポの良い掛け合いと絶妙な間

（身振り手振り）

・大きな身振り手振りと表情の変化
・全身を使ったダイナミックな表現

（視聴者・ゲストとの関係性）

・親近感を醸成する自己開示
・ゲストの個性を引き出す巧みな質問
・視聴者を楽しませることを最優先する姿勢

STEP 2 表現力の核心となる要素の抽出

　次に、これらの具体的な特徴から、両者の表現力の核心となる共通要素を抽出してみましょう。たとえば、お二人とも他の追随を許さない独特の表現スタイルを確立していらっしゃいますよね。そこからは、「独自性」というキーワードが浮かび上がってくると思います。

　こんな感じで、他にも両者の共通要素を抽出してみてください。

例 ➡ 共通要素
臨機応変さ：状況や相手に応じて柔軟に対応し、話を展開させる能力がある。
リズム感：声のトーンや間の取り方に優れ、聞き手を飽きさせない話し方ができる。

視聴者への配慮：それぞれの方法で視聴者を楽しませ、考えさせる工夫をしている。

豊富な知識と経験：多様な話題に対応できる幅広い知識と経験を持っている。

つづいて、両者の相違点についても見ていきましょう。古舘さんとさんまさんはまったく異なるタイプの伝え方の達人です。共通点だけではなく相違点を明確にすることで、多様なアプローチがあることがわかり、自分に合った表現方法を見つけやすくなります。

例 ➡ 古舘さんとさんまさんの相違点

	古舘さん	さんまさん
アプローチの スタイル	知的好奇心を刺激するアプローチ。情報やテーマを深く掘り下げ、論理的に説明するスタイルが特徴。	親しみやすさとユーモアを重視するアプローチ。聞き手を笑わせることに重点を置き、軽妙なトークでリラックスさせる。
表現の複雑さ	複雑な語彙や表現を用い、時には難解な内容を扱うことがあるため、聴衆に思考を促す。	シンプルで直感的な表現を好み、誰にでも理解できる言葉を使うことで、広い層にアプローチ。
エネルギーの 方向性	内面的なエネルギーを感じさせる話し方で、知的な刺激を与える印象を持たせる。	外向きのエネルギーを放出し、ダイナミックで楽しい雰囲気を演出。観客とのインタラクションを重視。
即興性の度合い	準備された構成力が強く、計画的に話を進めるスタイルが際立つ。	即興的な要素が強く、その場の状況や反応に応じて話を膨らませる柔軟性がある。
視聴者との 距離感	視聴者に対してやや挑戦的な姿勢を持ち、知的な刺激を与えるための問いかけを行うことが多い。	親しみやすさを重視し、視聴者との距離感を縮めるような自己開示を行い、リラックスした雰囲気を作り出す。
反応に対する アプローチ	聴衆の反応を引き出すような発言や問いかけを行い、聴衆を考えさせる意図が見える。	聴衆の反応を受けて即座にリアクションを返し、笑いを誘うことで場の空気を盛り上げる。

STEP 3 具体的な実践方法を考える

最後に、これまでの分析をもとに、自身の表現力を向上させるためのアクションを、具体⇄抽象を行き来しながら考えてみましょう。

例 ➡ 実践方法

抽象	独自性の確立	臨機応変さの向上	リズム感の改善
	⬆	⬆	⬆
具体	日々の出来事やニュースについて、自分なりの独特な表現や切り口を考える習慣をつける	友人との会話で、相手の言葉を受けて話を膨らませることを意識する	抑揚やテンポを意識しながら記事を音読する
	⬇	⬇	⬇
アクション	自分の性格や経験を活かした、オリジナルのフレーズや言い回しを10個作成し、日常会話で使用してみる	即興スピーチの練習を週1回行い、与えられたテーマに対して2分間話す	1つの文章を、古舘さん風とさんまさん風の2つのリズムで話す練習をする

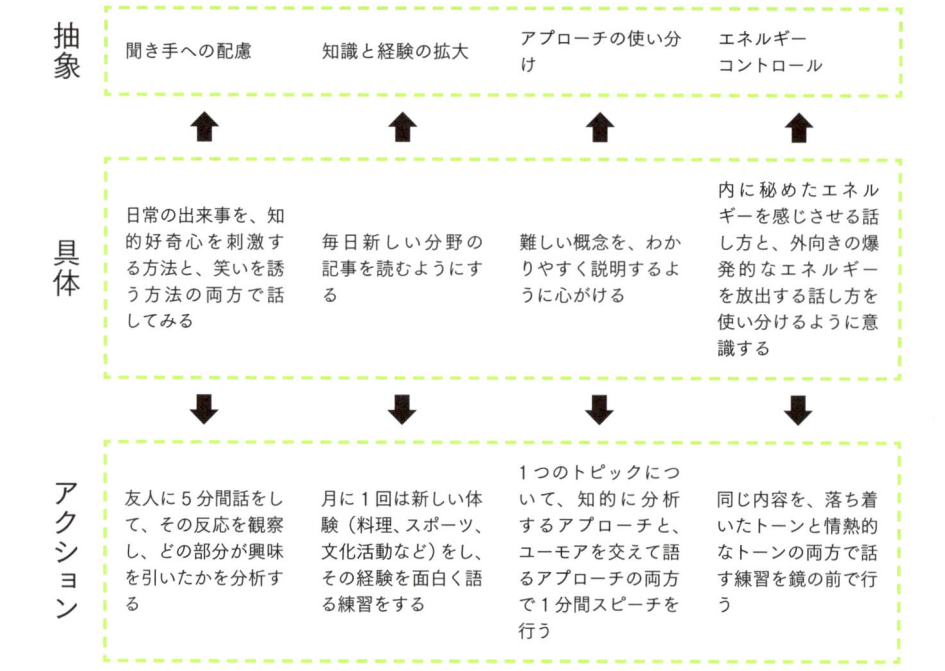

抽象	聞き手への配慮	知識と経験の拡大	アプローチの使い分け	エネルギーコントロール

| **具体** | 日常の出来事を、知的好奇心を刺激する方法と、笑いを誘う方法の両方で話してみる | 毎日新しい分野の記事を読むようにする | 難しい概念を、わかりやすく説明するように心がける | 内に秘めたエネルギーを感じさせる話し方と、外向きの爆発的なエネルギーを放出する話し方を使い分けるように意識する |

| **アクション** | 友人に5分間話をして、その反応を観察し、どの部分が興味を引いたかを分析する | 月に1回は新しい体験（料理、スポーツ、文化活動など）をし、その経験を面白く語る練習をする | 1つのトピックについて、知的に分析するアプローチと、ユーモアを交えて語るアプローチの両方で1分間スピーチを行う | 同じ内容を、落ち着いたトーンと情熱的なトーンの両方で話す練習を鏡の前で行う |

 正解例　両者の特徴を挙げ、共通点・相違点をもとに、STEP3 のような自分らしい実践方法を生活に取り入れる。

まとめ

「伝え方」という抽象的なスキルを、具体的な観察と実践を通じて習得する方法を一緒に見てきました。

大切なのは、まず対象を綿密に観察し、具体的な特徴を挙げること。そして、そこから本質的な要素を抽出し、最後にそれを自分の行動に落とし込むことです。この「具体→抽象→具体」のサイクルを繰り返すことで、スキルを効率的に習得できるようになります。

身近な人から習得できるか？

「具体⇄抽象思考を身につけるには？」という問題を通して、
今後も実生活で思考力をさらに磨いていきましょう。

具体⇄抽象思考を実生活で磨くには？

　あなたは具体⇄抽象思考のスキルを向上させたいと考えています。
具体⇄抽象思考を効果的に身につけるために、今後、実生活でどのようなことを意識していけばよいでしょうか？

具体　　　抽象

実生活でも
高めていきたい

HINT 具体⇄抽象思考を上手に活用している人々の成功パターンを具体的に分析する

分析結果から重要な要点や洞察を抽象化する

抽象化された洞察をもとに、自分自身が具体⇄抽象思考を身につけるための具体的な行動計画を立てる

STEP 1 具体⇄抽象思考の成功パターンを 具体的に分析する

　まずは、具体⇄抽象思考を上手に活用している人々の成功パターンをできるだけ具体的に書き出していきます。とはいえ、具体⇄抽象思考を上手に駆使している人というのは、すぐには思いつかないかもしれません。そこで、ここでは私が出会ってきた、具体⇄抽象思考の達人たちの具体例を挙げておきます。これをもとに一緒に考えていきましょう。

例 ➡ **具体⇄抽象思考を活用している人の特徴**

- 問題に直面したとき、まず5分間で関連する具体例をできるだけたくさん書き出す
- 定期的に日記をつけ、日々の出来事から一般的な原則を見出す習慣がある
- 新しいアイデアを考えるとき、まず抽象的な概念を挙げ、それぞれに具体例を当てはめていく
- 会議で問題提起する際、常に具体的な事例と、そこから導き出される一般原則をセットで提示する
- 複雑な問題に直面したとき、問題を構成要素に分解し、それぞれを個別に分析してから再統合する
- 読書の際、本の内容を自分の経験や知識と関連付け、具体例を考えながら読む
- 新しい概念を学ぶとき、その概念を3つ以上の異なる文脈で説明でき

るようになるまで考える

・定期的にマインドマップを作成し、アイデア間のつながりを視覚化する

・抽象的な概念を説明する際、必ず喩え話や比喩を用いる

・週に１回、その週の出来事から学んだことを抽象化し、他の場面にどう応用できるか考える時間を設ける

STEP 2 重要な要点や洞察を抽象化する

次に、STEP1で挙げた具体例から重要な要点を抽出し、そこから洞察を得ていきます。その際は、表面的な行動だけでなく、その背後にある原理原則や考え方を見出すよう心がけてください。

例 ➡ 得られる洞察

意識的な思考の往復

問題に直面したとき、
まず５分間で関連する具体例をできるだけたくさん書き出す

具体例から、問題を解決するためには具体的な事例を考えることが重要であり、これにより思考が具体から抽象へと移行し、逆に抽象から具体へと行き来することで柔軟性が生まれると考えられます。

定期的な内省と抽象化

定期的に日記をつけ、日々の出来事から一般的な原則を見出す習慣がある

日々の経験を振り返り、抽象的な教訓を見出すことは、過去の経験を活用して今後に活かすための基本的なスキルであることがわかりました。このプロセスにより、汎用的な知恵が蓄積され、内省が促進されます。

分解と再統合のプロセス

複雑な問題に直面したとき、
問題を構成要素に分解し、それぞれを個別に分析してから再統合する

複雑な問題を要素に分解することで、各部分の理解が深まり、再統合する際により創造的な解決策を生み出すことができるという原理が導かれました。このプロセスは、問題解決の新しい視点を提供します。

多角的な視点の活用

新しい概念を学ぶとき、
その概念を3つ以上の異なる文脈で説明できるようになるまで考える

一つの概念を複数の文脈で考えることは、より深い理解を促進し、抽象的な概念を具体的な事例に関連付けることで、新たな視点や応用の可能性が広がると考えられます。

視覚化と構造化

定期的にマインドマップを作成し、アイデア間のつながりを視覚化する

思考を視覚化することは、複雑な情報や関係性を整理しやすくなり、洞察を得るための効果的な手段であることが示されました。視覚的な構造は、理解を深め、アイデアの結びつきを明確にします。

比喩思考の重要性

抽象的な概念を説明する際、必ず喩え話や比喩を用いる

比喩を使うことで、抽象的な概念を具体的なイメージに変換し、他者の理解を助け、記憶にも残りやすくなることが明らかになりました。この手法は、理解を促進するための有効なコミュニケーション手段です。

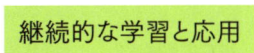

継続的な学習と応用

週に１回、その週の出来事から学んだことを抽象化し、
他の場面にどう応用できるか考える時間を設ける

学んだことを他の文脈に応用しようとする姿勢が、具体⇄抽象思考を深化させることが確認されました。定期的に内省し、学びを応用することで、自己成長が促進されます。

STEP 3 具体的な行動計画を立てる

　最後に、STEP2で得られた洞察をもとに、自分自身で具体⇄抽象思考を身につけるための具体的なアクションプランを立てます。抽象的な洞察を自分の現状や環境に合わせて具体化し、実行可能な行動に落とし込むことがポイントです。

例 ➡ **行動計画**

抽象	意識的な思考の往復	定期的な内省と抽象化	多角的な視点の活用
具体	目にしたものから抽象的な概念を考え、それを別の具体例に当てはめる練習をする	何かを経験したときに、そこからどんな洞察を得られるか考える	ふだんは読まないジャンルの本を読むようにする
アクション	週に１回、仕事上の課題について、具体例を５つ挙げ、そこから共通する原則を導き出す習慣をつける	毎晩寝る前に10分間、その日あった出来事から学んだことを日記に書き、一般化できる教訓を見出す	月に１冊、ふだん読まないジャンルの本を読み、そこで得た知識を３つの異なる分野（例：ビジネス、自然、芸術）に当てはめて考えてみる

抽象	分解と再統合のプロセス	視覚化と構造化	比喩思考の重要性	継続的な学習と応用
具体	日々の問題解決において、「分解→分析→再統合」のステップを意識的に踏む	考えていることや直面している問題がある場合はマインドマップを作成する	日常会話で、抽象的な概念を説明する際に必ず比喩を使うよう心がける	学んだことを異なる文脈に応用するように心がける
アクション	大きなプロジェクトに取り組む際、まず全体を構成要素に分解し、各要素を個別に分析してからつなぎ合わせる	重要な会議の前にマインドマップを作成し、要素間の関係性を可視化する	週に1回、難しい概念を喩え話で説明する練習をする	週に1回、学んだことを応用する方法を3つ以上考え、そのうち1つを実践してみる

 正解例 具体⇄抽象思考を上手に駆使している人の特徴を分析し、要点を抽象化して、STEP3のような行動計画に落とし込む。

ま と め

この問題では、私がこれまで見てきた具体⇄抽象思考の達人たちの例を用いましたが、今後は、あなた自身が周りの人をよく観察して、データを収集していきましょう。けれども、どんな人が具体的に「具体⇄抽象思考の達人」なのかはわかりにくいかもしれませんね。そういう場合は、漫才を見るのがおすすめです。具体的なボケに対して、大事なところを見抜いて端的につっこむ。漫才は具体・抽象のオンパレードで成り立っています。とりあえず「この人はすごい」と思った人を観察するだけでも十分です。そういう人はもれなく具体⇄抽象思考を駆使しています。

19

未来を見据えられるか？

これが最後の問題です。具体・抽象力をもとに、読者のみなさんが
ますます成長されることを願っています。そんな願いを込めた一問です。

自分を成長させる設計図を描こう

あなたは今の仕事にやりがいを感じていて、さらに自分を成長させ、キャリアを築いていきたいと考えています。しかし、具体的にどのようなステップを踏めばよいかわかりません。どのような思考の手順を踏むとよいでしょうか？

現在の状況と課題を具体的に分析する

分析結果から重要な要点を抽出し、洞察を得る

得られた洞察をもとに、具体的な行動計画を立てる

STEP 1 現在の状況と課題を具体的に分析する

キャリアアップは人それぞれ、状況も目標も異なります。新卒で入社したばかりの人、中堅として次のステップを模索している人、管理職としてさらなる高みを目指す人、あるいは転職や起業を考えている人など、様々な立場の人がいると思います。

どの段階にいる人でも、具体⇄抽象思考は強力なツールになります。

どのように考えていけばよいか、順を追って見ていきましょう。

まずは、現在の自分の状況をできるだけ具体的に書き出してみましょう。

ここでは、仕事内容、スキル、経験、目標など、キャリアに関連するあらゆる要素を列挙します。

例 ➡ 自分のキャリア

現在の職位：マーケティング部門の主任

勤続年数：5 年

主な業務：SNS マーケティング、コンテンツ制作、データ分析

得意なスキル：クリエイティブな企画立案

苦手な分野：財務分析、プレゼンテーション

最近の成果：新規顧客獲得キャンペーンで20% の成果向上

業界での評価：デジタルマーケティングのスキルが高いと認められている

今後のキャリア目標：マーケティング部門の管理職になりたい

現在の課題：戦略立案や部門横断的なプロジェクト管理の経験が不足している

STEP 2 大事なことを抽出する

次に、STEP1で挙げた具体的な状況と課題から、重要な要点を抽出し、そこから洞察を得ていきます。ここでの洞察とは、表面的な事実の奥にある意味や、将来の可能性を見抜くことです。

先ほどの具体例をもとにして、一緒にやってみましょう。

業界での評価として、デジタルマーケティングのスキルは高いと評価されています。そして、目標はマーケティング部門の管理職になることです。けれども、現状の分析結果を見る限り、マーケティングのスキルは十分でも、管理職として必要な「チームをまとめる力」や「会社全体を見る力」が少し足りていないかもしれません。こういった視点を持つことで、「次に何を学ぶべきか」という洞察を得ることができます。

こんな感じで、重要な要点を抽出してみてください。

例 ➡ 現状分析から得られる洞察

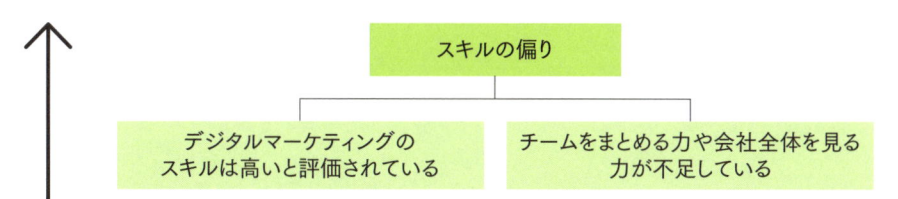

管理職としての役割には、個人のスキルだけでなく、チーム全体の成長を促し、組織全体の視点を持つことが重要。このギャップが、キャリアアップにおいて障害となっている可能性がある。次のステップとして、リーダーシップや部門横断的な視点を養う必要がある。

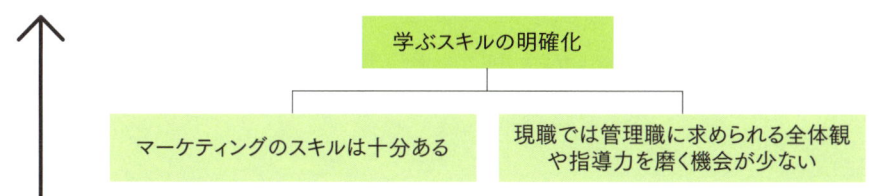

現状のスキルに加え、チーム全体の状況を把握し、部下を指導するためのスキルセットが必要。今後、リーダーシップや戦略的思考を学ぶことで、組織全体に貢献できる人材となる道が開ける。

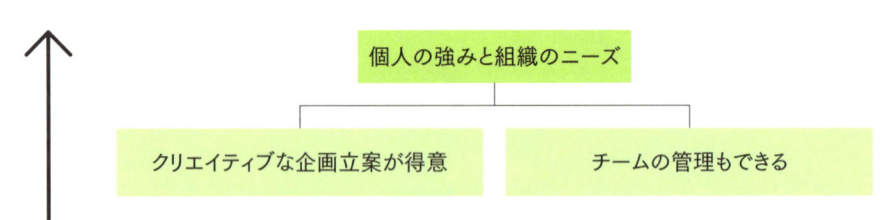

経験を広げる必要性

| 新規顧客獲得キャンペーンで
20% の成果を上げた | マーケティングスキルが高評価されて
いることがわかっている |

「管理職になるには成果だけでなく、他部署や会社全体を見渡す経験が必要かもしれない」と考えることで、「経験の幅を広げる必要性」という洞察につながる。

自己認識とキャリア目標のギャップ

| マーケティングスキルは
高評価されている | 管理職になるために必要な
財務分析やプレゼンが苦手 |

「自分の得意分野と目標に必要なスキルの差（ギャップ）」に注目。ここで「自分が評価されているスキル」と「目指す役職に必要なスキル」を比べ、これらの違いを埋める必要があると気づく。

業界動向との関連

| 「デジタルマーケティングのスキルが評価されている」という強みがある |

業界の変化を考え、「デジタルマーケティングの重要性が増している」と気づく。このことから「今の強みを活かしつつ、新しい役割にも対応する準備をする」という方針が見えてくる。

個人の強みと組織のニーズ

| クリエイティブな企画立案が得意 | チームの管理もできる |

自分の強みが「どのように組織に貢献できるか」に注目し、「管理職として組織的な課題解決にも活かせる」と考える。この観点から、強みをさらに大きな役割で活用する可能性を見出す。

　自分の状況に合わせて、重要だと思われる洞察を５〜８つ程度にまとめてみてください。

STEP 3　ビジョンや価値観と照らし合わせる

　さらに、自分のビジョンや価値観と照らし合わせていきましょう。以下の観点で整理すると、キャリアアップが自分の人生全体の文脈でとらえられ、より深い洞察を得られます。

・個人的価値観との整合性

　キャリアパスは、自分の価値観（例：ワークライフバランス、社会貢献、創造性の発揮）に一致しているか？

・ライフステージとの関連

　独身や子育て中など、現状のライフステージとキャリア目標がどう影響し合うか？

・長期的なビジョンとの一致

　今のキャリアの方向性が、人生の大きな目標や夢とつながっているか？

　このように、キャリアを自分の人生全体の文脈の中でとらえることで、より深い洞察が得られるでしょう。

STEP 4　具体的な行動計画を立てる

　最後に、STEP3で得られた洞察をもとに行動計画を立てます。ここでの具体化は、キャリアアップに向けた具体的なアクションプランです。

　あなたならどのようなアクションプランを立てますか？

例 → アクションプラン

抽象	スキルセットの拡大	経験の幅を広げる	管理職スキルの強化
具体	管理職になるために必要な財務分析やプレゼンのスキルが不足している	他部署との連携や戦略立案に関する経験が不足している	管理職になるための統合的なスキルが不足している
アクション	・3ヶ月以内に財務分析の基礎講座を受講する ・6ヶ月以内にプレゼンテーションスキル向上のためのワークショップに参加する	・上司に相談し、部門横断的なプロジェクトにアサインしてもらう ・1年以内に、全社的な戦略立案に関わるタスクフォースに参加する	・社内のメンタリングプログラムに参加し、現役管理職から学ぶ ・リーダーシップ開発プログラムに応募し、選抜されるよう準備する

抽象	戦略的思考の強化	ネットワーキングの強化
具体	自分の役割をより戦略的にする機会がある	個人の強みを組織や業界で活かす必要がある
アクション	・毎月1冊、ビジネス戦略に関する書籍を読み、学びをチームに共有する ・半期ごとに、自部門の戦略レビューを行い、上司にフィードバックを求める	・業界のカンファレンスに年2回以上参加し、他社の管理職と交流する ・社内の異なる部門の同僚と月1回、ランチミーティングを行う

STEP 5 アクションプランをブラッシュアップする

さらに、自分のビジョンや価値観を反映させた計画も加えましょう。

（ビジョンの明確化）
- 1ヶ月かけて「理想の人生」について深く考える
- 3ヶ月以内に、信頼できる友人や家族と「自分の人生の目的」について話し合う機会を持つ

（価値観との整合性確認）
- 四半期ごとに、自分の行動が価値観に沿っているかの振り返りの時間を持つ
- 年に1回、「自分の価値観トップ5」を見直し、必要に応じてキャリア計画を調整する

（ワークライフバランスの改善）
- 毎週金曜日は定時退社し、家族と過ごす時間や趣味の時間を確保する
- 3ヶ月以内に、上司と柔軟な勤務形態について交渉する

現状分析を行い、洞察を得て、具体的なアクションプランを作成する。

ま と め

いかがでしたか？　自分を成長させたいけれど、何から始めればいいか、意外とわからないですよね。今回は、具体→抽象→具体思考を使うことで、アクションプランを作成する方法をお伝えしました。

これ以外に、メンターを見つけることも有効です。キャリア目標に向かって進む過程で、すでにその道を歩んできた人からのアドバイスは実践的で効果的です。良いメンターを見つけるためには、「業界や職種での経験が豊富な人」「自分が目指すキャリアパスを歩んでいる人」「フレンドリーで率直なフィードバックをくれる人」などを意識するとよいでしょう。意識して周りを見渡せば、きっとあなたの道しるべとなってくれる人がいるはずです。

たくさんの問題を通して、具体⇄抽象思考を鍛えてきましたが、一人でなんでもできるスーパーパーソンを目指す必要はありません。わからないことや、うまくできないことがあったら、素直にまわりの人に助けを求めてください。人に助けを求めるというのは、非常に大切なことであるにもかかわらず、意外とできない人が多いです。かつて、私はデロイトでクビになりかけたとき、藁にもすがる思いで、優秀な方々に意見を請うたことで人生が変わりました。どうかあなたも、自分を成長させたいという向上心を持ちつつ、ときには人を助け、ときには助けられながら、人生を切り拓いていってください。私もまだまだ修行中です。一緒に頑張りましょう！

おわりに

拝啓、読者の皆様

本書をお手に取っていただき、心より感謝申し上げます。

私の学生時代は、論理的思考による答えが決まった世界で、窮屈で苦しいものでした。必ず決まっている答えに向かうことが息苦しくて仕方がありませんでした。

そんな私を解き放ってくれたのが具体⇄抽象思考でした。
具体・抽象の世界は、答えが決まっていない世界。
答えのない世界。自分たちで問題や答え（仮説）を作り、それを自分で答えにしていく世界なのです。
人生もそういうものと感じています。だからこそ面白いと、日々感じています。
（さて、私自身のこの人生の過ごし方も、果たして答えなのでしょうか？ 今35歳の私ですが、10年後、20年後、30年後、死ぬ間際に、どうだったか答え合わせをしたいと思います。）

前著『「解像度が高い人」がすべてを手に入れる』で、解像度スキルと具体⇄抽象思考について述べさせていただきました。AI時代における「ビジネス現場における解像度の高さのニーズ」から、元ディズニーランドの伝説のマーケッター渡邊喜一郎様や、元 LINE CEO の森川亮様にも書評で推薦していただくなど、自身初めての出版の中、お陰様で2025年3月時点で2万部の販売をさせていただきました。

しかし、前著は要素技術の説明・解説にとどまり、読者の皆様が日常生

活や仕事の場で具体的に実践し、使いこなせるところまでまだもう一歩昇華できていないのではないか、という思いが私の中にしこりとして残っておりました。

　本書では、より楽しみながら実践のシーンに合わせて考え、読める本を目指しました。「具体⇄抽象思考を身につけるにはどうしたらよいですか？」とよく質問をいただくのですが、一番は「日頃での実践」です。そのため、本書ではドリル形式を採用し、読者の皆様が実践できる足掛かりとなる工夫を凝らしました。

　全部一気に進めるのは少々骨が折れるかもしれませんので、関心があるところからかいつまんで読んだり解いてみていただいたり、ご自身流のベストな解答例を作成してみていただけますと幸いです。

　前著に引き続き、感想やコメントをメールにてお聞かせくださいませ。

info-contact@keymessage.co.jp

までご連絡くださいませ。

　なお、本書の出版にあたり、直接御礼を申し上げられない方々も含め、多くの方々のお力添えをいただきました。一部こちらで御礼させてください。

　構成の壁打ちやアイデア出しを助けていただいた友人のめぐみさん、権藤が締め切りを過ぎる中、辛抱強く推進してくださった編集者の水早将さん、私の散漫な原稿を美しく整理してくださったライターの森本裕美さんに心からの感謝を申し上げます。皆様のご尽力なくして、本書の完成はありませんでした。

ここから私の個人的なお話をさせてください。「今のままでは日本はだめだ」という危機感から起業し、まだまだ船として漕ぎ出したところの弊社キーメッセージにご参画いただいている顧問の Boardwalk Capital の那珂通雅さん、佐伯トムさんには大先輩として時には厳しく時には温かく応援していただき感謝申し上げます。そして仲間としてこの旅を伴走してくれている宮本広大くんにも頭が上がりません。いつも支えて頂いているすべての仲間に感謝申し上げます。

　私は小さなころからこの方35年、知らず知らず夢や志を話して生きてきませんでした。部活の野球はキャッチャーでピッチャーやチームを立てるポジション。仕事も経営者の代弁者としての人事や、お客様のためのコンサル。いつも誰かの夢を応援するポジションでした。

　昨年は人生で初めて「自分の志」を語ることで、先輩経営者、投資家の皆様に投資いただいた年でした。私の人生にベット（賭けて）いただけた。涙が出ました。人の夢を応援、出資できる人間になりたい。先の世界を見せていただきました。株主が私だけでなくなり、身が引き締まる思いです。

　この場で名前を挙げさせていただく方は一部になりますが、さくらインターネット田中さん、みらいワークス岡本さん、SHIFT グループ Airitech 山﨑さん、クラウドエース吉積さん、LTS 星山さん、スプーン北見さん。応援していただき心から感謝申し上げます。いつもメンターとして深い相談に乗っていただいているベイシス吉村さん、ココペリ近藤さん、機会を頂き悩み多き私を支えてくださるグリーンエナジー＆カンパニー鈴江さん、Noah 山本準也さん、DAOBASE 淵上さん、4FUL 佐藤さんに深く御礼申し上げます。前向きに日本、業界、地域をよりよくする起業家団体のベンチャー三田会、EO Setouchi、HIB（広島イノベーションベース）の皆様にも感謝申し上げます。

　まさに私自身が、このスタートアップとしての営みの中で「最具体⇄最

抽象」の行き来を常にしています。お客様、仲間、投資家、パートナーの皆様……それぞれの皆様と具体⇄抽象を行き来しながらコミュニケーションをする日々です。常に脳が動くとパンクします。

なので皆様、無理なくご一緒させてください。

具体⇄抽象思考が人生を豊かにします。その思いから、5歳になった愛する娘、りんかにも本書を捧げたいと思います。

私は平成元年生まれ、いわゆる「失われた30年」を過ごしてきました。一方、りんかは令和元年生まれです。次の輝かしい30年、明るい未来を娘に贈るために、この本が次世代へのバトンとなることを願っています。りんかが強くたくましく成長し、輝かしい未来を築いていけることを心から願っています。

時には大喧嘩をしつつも、学生時代からずっと支えてくれている最愛の妻には、感謝の言葉もありません。そして、天から温かく見守ってくれている祖父母、先祖の皆様に心からの感謝を捧げます。父さん母さんは柴犬の小雪と長生きしてください。妹の愛も元気に。

最後になりますが、私は起業家の世界ではこれからの身です。さらなる進化が必要だと感じていますが、読者の皆様と手を取り合い、一緒に新しい時代を作っていきたいと思います。

本書が読者の皆様の人生に新たな視点と可能性をもたらし、具体と抽象を自在に行き来する力強い思考の翼を得るきっかけになりましたら、これ以上の喜びはありません。

「人とデジタルの共創で、働き方をアップデートする」ことで「次世代に続く、ゆたかな社会を実装する」ことが私の人生のミッション、ビジョンです。組織人事のデジタル化の課題解決から半世紀をかけて日本のGDP1%向上に挑みます。

長い人生、やりたいことがいっぱいあります。
だからこそ一歩一歩進んでまいります。
いつも助けていただける皆様に感謝を込めて。

敬具

著者略歴

権藤 悠 (ごんどう・ゆたか)

株式会社キーメッセージ代表取締役社長。1989年、広島県生まれ。
慶應義塾大学理工学部情報工学科卒業。ベンチャー三田会幹事。
ITベンチャー企業にて人事、IT新規事業開発をした後、株式会社ZUUに人事企画マネージャーとして
参画し、東証マザーズ（現・東証グロース）市場上場前の採用・組織開発に従事。
その後、デロイト トーマツ コンサルティング合同会社に経営コンサルタントとして入社。仕事ができ
ず、解雇寸前までいくも「仕事ができる人」を研究した結果「具体・抽象力」に出会い、挽回。大手企
業へのDX・組織人事高度化コンサルティング業務に従事し、合計社員数20万人以上の各業界企業を支援。
上位1％の人材としてSランク評価を受ける。
2022年、株式会社キーメッセージを創業。大手企業からスタートアップへ経営コンサルティング、AIや
データ分析を活用した新規事業開発や人的資本経営、M&Aコンサルティングを提供する。著書に『「解
像度が高い人」がすべてを手に入れる』（SBクリエイティブ）がある。本書は2冊目の出版。

頭のいい人になる 具体⇄抽象ドリル

2025年5月11日　初版第1刷発行
2025年8月5日　初版第4刷発行

著　者	権藤 悠（ごんどう ゆたか）	
発 行 者	出井 貴完	
発 行 所	SBクリエイティブ株式会社	
	〒105-0001　東京都港区虎ノ門2-2-1	
装　丁	小口 翔平＋嵩あかり（tobufune）	
本文デザイン	相原 真理子	
イラスト	大野 文彰	
D T P	Isshiki	
校　正	ペーパーハウス	
編集協力	森本裕美	
編集担当	水早 將	
印刷・製本	中央精版印刷株式会社	

 本書をお読みになったご意見・ご感想を
下記URL、またはQRコードよりお寄せください。

https://isbn2.sbcr.jp/30232/